D'après la photog: Walery PARIS. — Héliographie SILVESTRE & Cie, 97, rue Oberkampf.

JOURNAL

DE

MARIE BASHKIRTSEFF

— AVEC UN PORTRAIT —

TOME PREMIER

SIXIÈME MILLE

PARIS

G. CHARPENTIER ET Cie, ÉDITEURS

11, RUE DE GRENELLE, 11

1890

A LA MÉMOIRE DE MARIE BASHKIRTSEFF

(APRÈS LA LECTURE DE SON JOURNAL)

La mort n'est qu'un vain mot. La substance éternelle
De ceux que nous pleurons flotte éparse dans l'air;
Son, couleur ou parfum, une forme nouvelle
Évoque à chaque instant l'être qui nous est cher.

Entre les hauts talus d'une châtaigneraie,
Ce matin, deux enfants se tenant par la main,
Et plus loin une fille assise sous la haie,
L'œil tourné vers la fuite ombreuse du chemin;

Le ciel d'azur, la mer aux couleurs d'améthyste,
Les champs silencieux et la plage en émoi;
Tout, ô Marie, ardente et merveilleuse artiste,
M'a rappelé ton œuvre et reparlé de toi.

Ton altière raison, ta grâce ensorcelante,
Ton esprit, sur lesquels un nimbe de beauté
Brillait comme la fleur au sommet de la plante,
Tout cela reste entier, par la mort respecté.

A LA MÉMOIRE DE MARIE BASHKIRTSEFF

(APRÈS LA LECTURE DE SON JOURNAL)

La mort n'est qu'un vain mot. La substance éternelle
De ceux que nous pleurons flotte éparse dans l'air;
Son, couleur ou parfum, une forme nouvelle
Évoque à chaque instant l'être qui nous est cher.

Entre les hauts talus d'une châtaigneraie,
Ce matin, deux enfants se tenant par la main,
Et plus loin une fille assise sous la haie,
L'œil tourné vers la fuite ombreuse du chemin;

Le ciel d'azur, la mer aux couleurs d'améthyste,
Les champs silencieux et la plage en émoi;
Tout, ô Marie, ardente et merveilleuse artiste,
M'a rappelé ton œuvre et reparlé de toi.

Ton altière raison, ta grâce ensorcelante,
Ton esprit, sur lesquels un nimbe de beauté
Brillait comme la fleur au sommet de la plante,
Tout cela reste entier, par la mort respecté.

Non, non, toi qui trempais aux sources de la Vie
Ta lèvre impatiente avec tant de candeur,
Le néant ne t'a pas aveuglément ravie
A ce monde, qui fut le souci de ton cœur.

Tu promenais partout ta hautaine espérance
Dans un rêve brûlant de gloire et d'action,
Et tour à tour Paris, Naples, Rome et Florence
Chauffaient à leur foyer ta jeune ambition.

Le rude froissement des passions humaines
Te meurtrissait le cœur jusqu'à l'ensanglanter,
Tu n'en sentais pas moins bouillonner dans tes veines
Un désir obstiné de vivre et de lutter.

Un jour tu t'arrêtas, non pas craintive ou lasse,
Mais afin d'incarner dans la réalité,
Par delà ce qui meurt, par delà ce qui passe,
Tes beaux rêves d'art pur et de sincérité.

Et tu créas ton œuvre, — humaine, simple et vraie,
Ayant ce naturel qui seul peut nous toucher,
Belle de la beauté des roses de la haie
Et de la source vive au sortir du rocher.

Le monde saluait déjà ta jeune étoile,
Et, tandis que ta gloire et ton nom célébrés
Montaient, l'Ange de mort t'emporta sous son voile
Dans le linceul soyeux de tes cheveux dorés.

Ta forme a disparu, mais ton âme d'artiste,
Tes tableaux imprégnés de la splendeur du Beau,

Le plus grand, le meilleur de toi-même subsiste ;
Il demeure avec nous en dépit du tombeau.

Non, la mort n'est qu'un mot. Je te sens si vivante,
En lisant ces feuillets où se posa ta main,
Qu'il me semble te voir, dans la grâce mouvante
De tes longs vêtements, passer sur le chemin...

Tu m'apparais de gloire et de clarté vêtue.
— Au travers de ton œuvre, ainsi dans l'avenir
Les foules te verront, blanche et pure statue,
Te dresser, radieuse, au fond du souvenir.

ANDRÉ THEURIET.

Saint-Enogat, septembre 1885

PRÉFACE

A quoi bon mentir et poser? Oui, il est évident que j'ai le désir, sinon l'espoir, de *rester* sur cette terre, par quelque moyen que ce soit. Si je ne meurs pas jeune, j'espère rester comme une grande artiste ; mais si je meurs jeune, je veux laisser publier mon journal qui ne peut pas être autre chose qu'intéressant.—Mais puisque je parle de publicité, cette idée qu'on me lira a peut-être gâté, c'est-à-dire anéanti, le seul mérite d'un tel livre? Eh bien, non!— D'abord j'ai écrit très longtemps sans songer à être lue, et ensuite c'est justement parce que j'espère être lue que je suis absolument sincère. Si ce livre n'est pas *l'exacte, l'absolue, la stricte* vérité, il n'a pas raison d'être. Non seulement je dis tout le temps ce que je pense, mais je n'ai jamais songé un seul instant à dissimuler ce qui pourrait me paraître ridicule ou désavantageux pour moi.— Du reste, je me crois trop admirable pour me censurer.— Vous pouvez donc être certains, charitables lecteurs, que je m'étale dans ces pages *tout entière*. *Moi* comme intérêt, c'est peut-être mince *pour vous*, mais ne pensez pas que c'est *moi*, pensez que c'est un être humain qui vous raconte toutes ses impressions depuis l'enfance. C'est très intéressant comme document humain. Demandez à M. Zola et même à M. de Goncourt, et même à Maupassant! Mon journal commence à douze ans et ne signifie quelque chose qu'à quinze ou seize ans. Donc il y a une lacune à remplir et je vais faire une espèce de préface qui permettra de comprendre ce monument littéraire et humain.

Là, supposez que je suis illustre. Nous commençons :

Je suis née le 11 novembre 1860. C'est épouvantable rien que de l'écrire. Mais je me console en pensant que je n'aurai certainement plus d'âge lorsque vous me lirez.

Mon père était le fils du général Paul Grégorievitch Bashkirtseff, d'une noblesse de province, brave, tenace, dur et même féroce. Mon aïeul a été nommé au grade de général après la guerre de Crimée, je crois. Il a épousé une jeune fille, fille adoptive d'un très grand seigneur; elle mourut à trente-huit ans, en laissant cinq enfants : mon père et quatre sœurs.

Maman s'est mariée à vingt et un ans, après avoir

dédaigné de très beaux partis. Maman est une demoiselle Babanine. Du côté des Babanine nous sommes de vieille noblesse de province, et grand-papa s'est toujours vanté d'être d'origine Tartare, de la première invasion. Baba Nina sont des mots tartars, moi je m'en moque... Grand-papa était le contemporain de Lermontoff, Poushkine, etc. Il a été Byronien, poète, militaire, lettré. Il a été au Caucase... Il s'est marié très jeune à mademoiselle Julie Cornélius, âgée de quinze ans, très douce et jolie. Ils ont eu neuf enfants, excusez du peu !

Après deux ans de mariage, maman alla vivre chez ses parents avec ses deux enfants. Moi, j'étais toujours avec grand'maman qui m'idolâtrait. Avec grand'maman, il y avait pour m'adorer ma tante, lorsque maman ne l'emmenait pas avec elle. Ma tante plus jeune que maman, mais pas jolie, sacrifiée et se sacrifiant à tout le monde.

En 1870, au mois de mai, nous sommes parties pour l'étranger. Le rêve si longtemps caressé par maman s'est accompli. A Vienne, on resta un mois, se grisant de nouveautés, de beaux magasins et de théâtres. On arriva à Baden-Baden au mois de juin, en pleine saison, en plein luxe, en plein Paris. Voici combien nous étions : Grand-papa, maman, ma tante Romanoff, Dina (ma cousine germaine), Paul et moi, et nous avions avec nous un docteur, cet angélique, incomparable

Lucien Walitsky. Il était Polonais, sans patriotisme exagéré, une bonne nature, très câlin, qui se dépensait en charges d'atelier. A Achtirka il était médecin du district. Il était à l'Université avec le frère de maman et fut de tout temps de la maison. Au moment du départ pour l'étranger, il fallait un médecin pour grand-papa et on emmena Walitsky. C'est à Bade que j'ai compris le monde et l'élégance et que je fus torturée de vanité...

Mais je n'ai pas assez parlé de la Russie et de moi, c'est le principal. Selon l'usage des familles nobles habitant la campagne, j'eus deux institutrices, une russe et l'autre française. La première (russe), dont j'ai gardé la mémoire, était une Mme Melnikoff, une femme du monde, instruite, romanesque et séparée de son mari, se faisant institutrice par coup de tête après la lecture de nombreux romans. Ce fut une amie pour la maison. On la traita en égale. Tous les hommes lui faisaient la cour, et elle s'enfuit un beau matin, après je ne sais quelle histoire romanesque. — On est très romanesque en Russie. — Elle aurait pu dire adieu et partir tout naturellement, mais le caractère slave, greffé de civilisation française et de lectures romanesques, est une drôle de machine. En femme malheureuse, cette dame a tout de suite adoré la petite fille qui lui était confiée. Moi, je lui ai rendu son adoration par esprit de pose, déjà. Et ma famille gobeuse et poseuse a cru que ce départ devait me rendre malade; on me regardait ce jour-là avec compassion, et je crois même que grand'maman a fait faire un potage exprès, un potage de malade. Je me sentais devenir toute pâle devant ce déploiement de sensibilité. J'étais, du reste, assez chétive, grêle et pas jolie. Ce qui n'empêchait pas tout le monde de me considérer comme un être qui devait fatalement, absolument, devenir un jour ce qu'il y a de plus beau, de plus brillant et de plus magnifique. Maman alla chez un juif qui disait la bonne aventure :

— Tu as deux enfants, lui dit-il, le fils sera comme tout le monde, mais la fille sera une étoile!...

Un soir, au théâtre, un monsieur me dit en riant :

— Montrez vos mains, mademoiselle... Oh! à la façon dont elle est gantée, il n'y a pas à en douter, elle sera terriblement coquette.

J'en restai toute fière. Depuis que je pense, depuis l'âge de trois ans (j'ai tété jusqu'à trois ans et demi), j'ai eu des aspirations vers je ne sais quelles grandeurs. Mes poupées étaient toujours des reines ou des rois; tout ce que je pensais et tout ce qu'on disait autour de maman semblait toujours se rapporter à ces grandeurs qui devaient infailliblement venir.

A cinq ans, je m'habillais avec des dentelles à maman, des fleurs dans les cheveux, et j'allais danser au salon. J'étais la grande danseuse Petipa, et toute la maison était là à me regarder. Paul n'était presque rien, et Dina ne me portait pas ombrage, bien que fille du bien-aimé Georges. — Encore une histoire. Lorsque Dina vint au monde, grand'maman alla la prendre sans cérémonie à sa mère et la garda toujours. C'était avant ma naissance à moi.

Après Mme Melnikoff, j'eus pour gouvernante Mlle Sophie Dolgikoff, âgée de seize ans. — Sainte Russie!! — Et une autre, française, qu'on appelait Mme Brenne, qui portait une coiffure à la mode du temps de la Restauration, avait des yeux bleu pâle et semblait très triste, avec ses cinquante ans et sa phtisie. Je l'aimais beaucoup. Elle me faisait dessiner. J'ai dessiné, avec elle, une petite église au trait. Du reste, je dessinais souvent; pendant que les grands faisaient leur partie de cartes, je venais dessiner sur le tapis vert.

Mme Brenne est morte en 1868, en Crimée. — La petite Russe, traitée en enfant de la maison, a été sur le point de se marier avec un jeune homme que le docteur avait amené et qui était connu par ses échecs matrimoniaux. Cette fois, tout semblait marcher à ravir, lorsque, un soir, en entrant dans sa chambre, je vois Mlle Sophie qui pleurait comme une perdue, le nez dans ses coussins. Tout le monde est arrivé.

— Quoi, qu'y a-t-il?

Enfin, après bien des larmes et des sanglots, la pauvre enfant finit par dire qu'elle ne pourrait jamais, non, jamais!... Et des pleurs!

— Mais pourquoi?

— Parce que... parce que je ne puis pas m'habituer à sa figure !

Le fiancé entendait tout cela du salon. Une heure après, il bouclait sa malle en l'arrosant de larmes et partait. C'était le dix-septième mariage manqué.

Je me rappelle si bien ce : « Je ne puis pas m'habituer à sa figure ! » ça partait tellement du cœur, que je compris alors, même très bien, que ce serait vraiment horrible d'épouser un homme à la figure duquel on ne peut s'habituer.

Tout ça nous ramène à Bade en 1870. La guerre étant déclarée, nous avons filé sur Genève, moi le cœur rempli d'amertume et de projets de revanche. Tous les jours avant de me coucher, je récitais tout bas cette prière supplémentaire :

— Mon Dieu, faites que je n'aie jamais la petite vérole, que je sois jolie, que j'aie une belle voix, que je sois heureuse en ménage et que maman vive longtemps !

A Genève, nous avons logé à l'hôtel de la Couronne, au bord du lac. On m'a donné un professeur de dessin qui a apporté des modèles à copier : des petits chalets où les fenêtres étaient dessinées comme des troncs d'arbres et qui ne ressemblaient pas aux vraies fenêtres des vrais chalets. Aussi n'en ai-je pas voulu, ne comprenant pas qu'une fenêtre fût faite ainsi. Alors le vieux bonhomme m'a dit de copier la vue de la fenêtre, tout bonnement, d'après nature. A ce moment nous avions quitté l'hôtel de la Couronne pour loger dans une pension de famille, et le mont Blanc était en face de nous. J'ai donc copié scrupuleusement ce que je voyais de Genève et du lac, et ça en est resté là, je ne sais plus pourquoi. A Bade on avait eu le temps de faire faire nos portraits d'après des photographies, et ces portraits m'ont paru laids et léchés dans leur effort d'être jolis.....

Quand je serai morte, on lira ma vie que je trouve, moi, très remarquable. (Il n'aurait plus manqué qu'il en fût autrement!) Mais je hais les préfaces (elles m'ont empêchée de lire une quantité de livres excellents) et les avertissements des éditeurs. Aussi, j'ai voulu faire ma préface moi-même. On aurait pu s'en passer, si je publiais tout; mais je me borne à me prendre à douze ans, ce qui précède est trop long. Je vous donne, du reste, des aperçus suffisants dans le courant de ce journal. Je reviens en arrière souvent à propos de n'importe quoi.

Si j'allais mourir comme cela, subitement, prise d'une maladie!... Je ne saurai peut-être pas si je suis en danger; on me le cachera, et, après ma mort, on fouillera dans mes tiroirs; on trouvera mon journal, ma famille le détruira après l'avoir lu et il ne restera bientôt plus rien de moi, rien... rien... rien!... C'est ce qui m'a toujours épouvantée. Vivre, avoir tant d'ambition, souffrir, pleurer, combattre et, au bout, l'oubli!... l'oubli... comme si je n'avais jamais existé. Si je ne vis pas assez pour être illustre, ce journal intéressera les naturalistes; c'est toujours curieux, la vie d'une femme, jour par jour, sans pose, comme si personne au monde ne devait jamais la lire et en même temps avec l'intention d'être lue; car je suis bien sûre qu'on me trouvera sympathique... et je dis tout, tout, tout. Sans cela, à quoi bon? Du reste, cela se verra bien que je dis tout.....

Paris, 1er mai 1884.

JOURNAL

DE

MARIE BASHKIRTSEFF

1873

Janvier (à l'âge de 12 ans). — *Nice, promenade des Anglais, Villa Acqua-Viva.*

La tante Sophie joue, au piano, des airs petits-russiens, et cela m'a rappelé notre campagne, j'y suis toute transportée et quels souvenirs puis-je avoir de là, si ce n'est de la pauvre grand'maman? Les larmes me viennent aux yeux; elles sont dans les yeux et vont couler à l'instant; elles coulent déjà... Pauvre grand'maman! Comme je suis malheureuse de ne t'avoir plus ici! comme tu m'aimais, et moi aussi! mais j'étais un peu trop petite pour t'aimer comme tu le méritais! Je suis tout émue de ce souvenir. Le souvenir de grand'maman est un souvenir respectueux, sacré, aimé, mais il n'est pas vivant. — O mon Dieu, donne-moi du bonheur dans la vie et je serai reconnaissante. Mais, que dis-je? il me semble que je suis dans ce monde pour le bonheur : faites-moi heureuse, ô mon Dieu!

La tante Sophie joue toujours, les sons arrivent vers moi par intervalles et ils me pénètrent l'âme. Je n'apprends pas de leçons pour demain, c'est la fête de

Sophie. O mon Dieu, donne-moi le duc de H...! je l'aimerai et je le rendrai heureux; je serai heureuse, moi aussi, je ferai du bien aux pauvres. C'est un péché de croire qu'on peut acheter les grâces de Dieu avec les bonnes œuvres, mais je ne sais comment m'exprimer.

J'aime le duc de H... et je ne puis lui dire que je l'aime, et si je le lui disais même, il n'y ferait pas attention. Quand il était ici, j'avais un but pour sortir, m'habiller, mais maintenant !... J'allais à la terrasse dans l'attente de le voir, de loin, pour une seconde au moins. Mon Dieu, soulage ma peine; je ne puis te prier davantage, entends ma prière. Ta grâce est si infinie, ta miséricorde est si grande, tu as fait tant de choses pour moi ! Cela me fait de la peine de ne pas le voir à la promenade. Sa figure s'est distinguée parmi les figures vulgaires de Nice.

⁎

Mme Howard nous a invitées hier à passer le dimanche avec ses enfants. Nous étions sur le point de partir, quand Mme Howard est rentrée, et nous a dit qu'elle était chez maman et lui a demandé la permission de nous garder jusqu'au soir. Nous restâmes, et après le dîner nous allâmes au grand salon, qui était sombre, et les filles m'ont tellement priée de chanter, elles se sont mises à genoux, les enfants de même; nous avons beaucoup ri; j'ai chanté : « Santa Lucia » « Le soleil s'est levé », et quelques roulades. Ils étaient tous tellement extasiés qu'ils se sont mis à m'embrasser affreusement : oui, c'est le mot. Si je pouvais produire le même effet sur le public, je me serais mise sur la scène aujourd'hui même.

C'est une si grande émotion d'être admirée pour

quelque chose de plus que la toilette! Vraiment, de ces paroles admiratives des enfants, je suis toute ravie. Que serait-ce donc si j'étais admirée *par d'autres?*...

Je suis faite pour des triomphes et des émotions; donc le mieux que j'ai à faire, c'est de me faire cantatrice. Si le bon Dieu veut me *conserver*, *fortifier* et *agrandir* la voix, là, je puis avoir le triomphe dont j'ai soif. Là, je puis avoir la satisfaction d'être célèbre, connue, admirée; et c'est par là que je puis avoir celui que j'aime. Rester comme je suis, j'ai peu d'espoir qu'il m'aime, il ignore mon existence. Mais quand il me verra entourée de gloire et de triomphe!... Les hommes sont ambitieux... Et je puis être reçue dans le monde, parce que je ne serai pas une célébrité sortie d'un débit de tabac ou d'une rue sale. Je suis noble, je n'ai pas besoin de faire quelque chose, mes moyens me le permettent, donc j'aurai encore plus de gloire et de facilité à m'élever. Comme cela ma vie sera parfaite. Je rêve la gloire, la célébrité, être connue partout!

En paraissant sur la scène, voir ces milliers de personnes qui attendent avec un battement de cœur le moment où vous chanterez. Savoir, en les voyant, qu'une note de votre voix les met tous à vos pieds. Les regarder d'un regard fier (je puis tout); voilà ce que je rêve, voilà ma vie, voilà mon bonheur, voilà mon désir. Et alors, étant entourée de tout cela, Mgr le duc de H... viendra comme les autres se prosterner à mes pieds, mais il n'aura pas la même réception que les autres. Cher, tu seras ébloui de ma splendeur, et tu m'aimeras; tu verras le triomphe dont je serai entourée, et c'est vrai, tu n'es digne que d'une femme comme j'espère l'être. Je ne suis pas laide, je suis même jolie, oui, plutôt jolie. Je suis extrêmement bien faite, comme une statue, j'ai d'assez beaux cheveux, j'ai une manière de coquetterie très bonne, je sais me comporter avec les hommes.

Je suis honnête, et jamais je ne donnerai un baiser à un autre homme que mon mari, et je puis me vanter de quoi ne peuvent pas toujours les petites filles de douze à quatorze ans, de n'avoir jamais été embrassée, ni d'avoir embrassé quelqu'un. — Alors une jeune fille qu'il verra au plus haut point de la gloire que peut obtenir une femme, l'aimant d'un amour ferme depuis son enfance, étant honnête et pure, cela l'étonnera, il voudra m'avoir à tout prix, et m'épousera par orgueil. Mais, que dis-je ? pourquoi ne puis-je admettre qu'il peut m'aimer ? Ah ! oui, avec l'aide de Dieu. Dieu m'a fait trouver le moyen d'avoir celui que j'aime... Merci, ô mon Dieu, merci !

Vendredi 14 mars. — Ce matin, j'entends un bruit de voitures dans la rue de France ; je regarde et je vois le duc de H., à quatre chevaux, allant du côté de la promenade. O mon Dieu, s'il est ici, il prendra part au tir aux pigeons en avril ; j'irai absolument !

*_**

Aujourd'hui j'ai vu encore le duc de H... Personne ne se tient comme lui ; il a l'air tout à fait d'un roi quand il est dans sa voiture.

A la promenade, j'ai vu plusieurs fois G... (1) en noir ; elle est belle, pas tant elle que sa coiffure ; son entourage est parfait, il n'y manque rien. Tout est

---

(1) La maîtresse du duc.

distingué, riche, magnifique ; vraiment on la prendrait pour une grande dame. Il est naturel que tout cela contribue à sa beauté : — sa maison avec des salons, des petits coins avec une lumière douce venant à travers des draperies ou des feuillages verts ; elle-même coiffée, habillée, soignée comme on ne peut mieux, assise dans un salon magnifique, comme une reine, où tout est accommodé et arrangé pour la rendre le mieux possible. Il est tout naturel qu'elle plaise et qu'il l'aime. Si j'avais tout son entourage, je serais encore mieux. Je serais heureuse avec mon mari, car je ne me négligerais point, je me soignerais pour lui plaire comme je me soignais quand je voulais lui plaire pour la première fois. D'ailleurs, je ne comprends pas comment un homme et une femme, tant qu'ils ne sont pas mariés, peuvent s'aimer toujours et tâchent de se plaire sans cesse, puis se négligent après le mariage...

Pourquoi se faire une idée qu'avec le mot mariage, tout passe et qu'il ne reste que la froide et réservée amitié? Pourquoi profaner le mariage, en se représentant la femme en papillotes, en peignoir, avec du cold-cream sur le nez et cherchant à obtenir de son mari de l'argent pour ses toilettes?...

Pourquoi la femme se négligerait-elle devant l'homme pour lequel elle doit se soigner le plus?

Je ne vois pas pourquoi on traiterait son mari en animal domestique, et pourquoi, tant qu'on n'est pas mariée, on veut plaire à cet homme? Pourquoi ne resterait-on pas toujours coquette avec son mari et ne le traiterait-on pas comme un étranger qui vous plaît? Avec la différence qu'à un étranger on ne doit rien permettre de trop. Est-ce que c'est parce qu'on peut s'aimer ouvertement, et parce que ce n'est pas un crime, et parce que le mariage est béni par Dieu? Est-ce parce que ce qui n'est pas défendu n'est rien? et parce qu'on ne trouve du plaisir que dans les choses défendues et cachées? Mon Dieu, cela ne doit pas être ainsi; je comprends bien autrement tout cela !

Je force ma voix pour chanter, et je l'abîme, et c'est pour cela que j'ai juré à Dieu de ne plus chanter (serments que j'ai cent fois violés) jusqu'à ce que je prenne des leçons, et je l'ai prié de me purifier, agrandir et fortifier la voix. Pour m'empêcher de chanter, j'y mets une condition terrible, c'est que si je chante, je perdrai la voix. C'est affreux; mais je ferai tout pour accomplir cette promesse.

Vendredi 30 décembre. — Aujourd'hui, une robe antédiluvienne, ma petite jupe et casaque en velours noir, par-dessus, la tunique et la jaquette sans manches de Dina, cela fait très bien. Je crois que c'est parce que je sais porter la robe et que j'ai la tournure élégante, (j'avais l'air d'une petite vieille). On m'a beaucoup regardée. Je voudrais savoir pourquoi on me regarde, si c'est parce que je suis drôle ou jolie. Je paierais cher celui qui me dirait la vérité. J'ai envie de demander à quelqu'un (à un jeune homme) si je suis jolie. J'aime toujours croire aux bonnes choses et j'aime croire que c'est plutôt parce que je suis jolie. Je me trompe peut-être; mais si c'est une illusion, j'aime mieux la garder, parce qu'elle est flatteuse. Que voulez-vous? dans ce monde, il faut tourner les choses au mieux possible? La vie est si belle et si courte !

Je pense à ce que va faire mon frère Paul quand il sera grand. Quelle profession? car il ne peut pas passer sa vie comme bien des gens : se promener avant, puis se jeter dans le monde de joueurs et de cocottes, fi ! D'ailleurs il n'en a pas le moyen, je lui écrirai tous les dimanches des lettres raisonnables, pas des conseils, non; mais en camarade. Enfin, je saurai m'y prendre, et, avec l'aide de Dieu, j'aurai quelque influence sur lui, car il doit être un homme.

J'étais si préoccupée que j'ai presque oublié (quelle honte!) l'absence du Duc!... il me semble qu'un si grand abîme nous sépare, surtout si nous allons en Russie, en été! On parle de cela sérieusement. Comment puis-je croire que je l'aurai? Il ne pense pas à moi plus qu'à la neige de l'hiver dernier; je n'existe pas pour lui. Restant encore à Nice l'hiver, je puis espérer; mais il me semble qu'avec le départ pour la Russie toutes mes espérances s'envolent; tout ce que je croyais possible s'évanouit; je sens une douleur lente et calme qui est affreuse, je perds tout ce que je croyais possible. Je suis dans un moment de douleur le plus grand, c'est un changement de tout mon être. Comme c'est étrange! je pensais tout à l'heure à la gaieté du tir, et maintenant j'ai les plus tristes idées imaginables dans la tête.

Je suis brisée par ces pensées. O mon Dieu, à la pensée qu'il ne m'aimera jamais, je meurs de douleur! Je n'ai plus d'espoir, j'étais folle de désirer des choses aussi impossibles. Je voulais du trop beau! Ah! mais, non, je ne dois pas me laisser aller. Comment! j'ose me désespérer ainsi! N'y a-t-il pas Dieu, qui peut tout, qui me protège? Comment, j'ose penser de cette façon? n'est-il pas partout, toujours à veiller sur nous? Lui peut tout, Lui est tout-puissant; pour Lui, il n'y a ni temps, ni distance. Je puis être au Pérou et le duc en Afrique et, s'il le veut, il nous réunira. Comment ai-je pu admettre une minute une pensée désespérée, comment ai-je pu pour une seconde oublier sa divine bonté? Est-ce parce qu'il ne me donne pas tout de suite ce que je désire que j'ose le nier? Non, non, il est plus miséricordieux, il ne laissera pas ma belle âme se déchirer par des doutes criminels.

Ce matin, j'ai montré à Mlle Colignon (ma gouvernante) un charbonnier, en lui disant : Regardez comme cet homme ressemble au duc de H... Elle m'a dit en souriant : « Quelle bêtise ! » Cela m'a fait un plaisir immense de prononcer son nom. Mais je vois que, quand on ne parle à personne de celui qu'on aime, cet amour est plus fort, tandis que si on en parle constamment (ce n'est pas là mon cas) l'amour devient moins fort ; c'est comme un flacon d'esprit : s'il est bouché, l'odeur est forte, tandis que s'il est ouvert, elle s'évapore. C'est justement ce qu'est mon amour, plus fort, car je n'en entends jamais parler, je n'en parle jamais moi-même, je le garde tout entier pour moi.

Je suis d'une humeur si triste ; je n'ai aucune idée positive de mon avenir, c'est-à-dire que je sais ce que je voudrais, mais je ne sais pas ce que j'aurai. Comme j'étais gaie l'hiver dernier ! tout me souriait, j'avais de l'espoir. J'aime une ombre que je ne pourrai peut-être jamais avoir. Je suis désolée avec mes robes, j'en ai pleuré. Je suis allée avec ma tante chez deux couturières ; mais c'est mauvais. J'écrirai à Paris, je ne peux supporter les robes d'ici, cela me rend trop misérable.

**

Le soir, à l'église ; c'est le premier jour de notre semaine sainte, j'ai fait mes dévotions.

Je dois dire que je n'aime pas bien des choses dans ma religion, mais ce n'est pas à moi de la réformer. Je crois en Dieu, au Christ, à la sainte Vierge, je prie

Dieu tous les soirs et je ne veux pas m'occuper de quelques bagatelles qui ne font rien à la vraie religion, à la vraie croyance.

Je crois en Dieu, et il est bon pour moi et il me donne plus que le nécessaire. Oh! s'il me donnait ce que je désire tant! le bon Dieu aura pitié de moi; bien que je puisse me passer de ce que je demande, je serais si heureuse si le duc faisait attention à moi et je bénirais Dieu.

Je dois écrire son nom, car si je reste sans le dire à personne, sans même l'écrire ici, je ne pourrai plus vivre. Je craquerai, parole d'honneur! Cela soulage la peine, quand, au moins, on l'écrit.

•

A la promenade, je vois une voiture à volonté avec un jeune homme, grand, mince, brun; je crois reconnaître quelqu'un. Je pousse un cri de surprise : oh! *caro* H...! On me demande : qu'est-ce? et je dis que Mme Colignon m'a marché sur le pied.

Il n'a rien de son frère; tout de même, je suis contente de le voir. Oh! si on faisait sa connaissance au moins, car, par lui, on pourrait connaître le duc! J'aime celui-là comme mon frère, je l'aime, parce qu'il est son frère. A dîner, Walitsky dit tout à coup : « H.... » J'ai rougi, j'étais confuse, je suis allée vers l'armoire. Maman m'a reproché ce cri, en disant que ma réputation, etc., etc., que ce n'était pas bien. Je crois qu'elle devine un peu, car toutes les fois qu'on dit : « H... », je rougis, ou je sors brusquement de la chambre. Elle ne me gronde pas.

•

On est assis dans la salle à manger à causer tranquillement, me croyant occupée à étudier. Ils ignorent ce qui se passe en moi et ne savent pas ce que sont mes pensées maintenant. Je dois être ou la duchesse de H..., c'est ce que je désire le plus (car Dieu voit combien je l'aime), ou une célébrité sur la scène ; mais cette carrière ne me sourit pas comme l'autre. C'est sans doute flatteur de recevoir les hommages du monde entier, depuis le plus petit jusqu'aux souverains de la terre, mais l'autre !... Oui, j'aurai celui que j'aime, c'est tout un autre genre et je le préfère.

Grande dame, duchesse, j'aime mieux être parmi la société que d'être la première parmi les célébrités du monde, car alors je suis dans un autre monde.

6 mai. — Maman est levée et Mlle C... aussi, car elle était malade. Après la pluie, il faisait si beau, si frais et les arbres étaient si beaux, éclairés par le soleil, que je ne pouvais aller étudier, d'autant plus qu'aujourd'hui j'ai du temps. Je suis allée au jardin, j'ai posé ma chaise près de la fontaine, j'avais un si splendide tableau, car cette fontaine est entourée de grands arbres ; on ne voit ni le ciel, ni la terre. On voit une espèce de ruisseau et des rochers couverts de mousse et tout autour des arbres de différentes espèces, éclairés par le soleil. Le gazon vert, vert et mou, vraiment j'avais envie de me rouler dedans. Cela formait comme un bosquet, si frais, si mou, si vert, si beau, qu'en vain je voudrais en donner une idée, je ne le pourrais pas. Si la villa et le jardin ne changent pas, je l'amènerai ici pour lui montrer l'endroit où j'ai tant pensé à lui. Hier soir, j'ai prié Dieu, je l'ai imploré, et quand je suis arrivée au moment où je demande de faire sa connaissance, de me l'accorder, j'ai pleuré à

genoux. Trois fois déjà il m'a entendue et m'a exaucée:
la première fois, je demandais un jeu de croquet, et ma
tante me l'apporta de Genève; la deuxième fois, je demandais son aide pour apprendre l'anglais, j'ai tant
prié, tant pleuré, et mon imagination était tellement
excitée qu'il m'a semblé voir une image de la Vierge
dans le coin de la chambre, qui me promettait. Je
pourrais même reconnaître l'image...

*
* *

J'attends Mlle Colignon pour la leçon depuis une
heure et demie, et c'est tous les jours comme cela. Et
maman me fait des reproches, et ne sait pas que j'en
suis chagrinée, que je suis brûlée dans l'intérieur par
la colère, l'indignation! Mlle C... manque les leçons, elle
me fait perdre mon temps.

J'ai treize ans; si je perds le temps, que deviendrai-je?

Mon sang bout, je suis toute pâle, et par moments le
sang me monte à la tête, mes joues brûlent, mon cœur
bat, je ne puis rester en place, les larmes me pressent
le cœur, je parviens à les retenir, et j'en suis plus
malheureuse; tout cela ruine ma santé, abîme mon
caractère, me fait irritable, impatiente. Les gens qui
passent tranquillement leur vie, cela se voit sur la
figure, et moi qui suis à chaque instant irritée! c'est-à-dire que c'est toute ma vie qu'elle me vole en me volant mes études.

A seize, dix-sept ans, viendront d'autres pensées, et
maintenant c'est le temps pour étudier; c'est heureux
que je ne sois pas une petite fille enfermée dans un
couvent et qui, en sortant, se jette comme une folle au
milieu des plaisirs, croit à tout ce que lui disent les

fats à la mode et, en deux mois, se trouve désillusionnée, désappointée.

Je ne veux pas qu'on croie qu'une fois fini d'étudier, je ne ferai que danser et m'habiller ; non. Mais ayant fini les études de l'enfant, je m'occuperai sérieusement de peinture, de musique, de chant. J'ai du talent pour tout cela et beaucoup ! — Comme cela soulage d'écrire ! je suis plus calme. Non seulement tout cela nuit à ma santé, mais à mon caractère, à ma figure. Cette rougeur qui me vient, mes joues brûlent comme du feu, et, quand le calme revient, elles ne sont plus ni fraîches ni roses... Cette couleur qui devrait être toujours sur ma figure me fait pâle et chiffonnée, c'est la faute de Mlle C..., car l'agitation qu'elle cause fait cela ; j'ai même des petits maux de tête après avoir brûlé comme cela. Maman m'accuse ; elle dit que c'est ma faute si je ne parle pas anglais ; comme cela m'outrage !

Je pense que s'il va lire un jour ce journal, il le trouvera bête, et surtout mes déclarations d'amour ; je les ai tant répétées, qu'elles ont perdu toute leur force.

Mme Savelieff est mourante ; nous allons chez elle ; il y a deux jours qu'elle est sans connaissance et ne parle plus. Dans sa chambre, il y a la vieille Mme Paton. Je regardais le lit, et d'abord je n'ai rien vu et cherchais des yeux la malade ; puis, j'ai vu sa tête, mais elle a tellement changé que d'une femme forte elle est devenue presque maigre, la bouche ouverte, les yeux voilés, la respiration difficile. On parlait à voix basse, elle ne faisait aucun signe ; les médecins disent qu'elle ne sent rien ; mais moi, je crois qu'elle entend tout et comprend tout autour d'elle, mais ne peut ni crier, ni rien dire ; quand maman l'a touchée, elle a poussé un gémissement. Le vieux Savelieff nous a rencontrées sur l'escalier et, fondant en larmes, il prit la main de maman en sanglotant, et lui dit : « Vous êtes vous-même malade, vous ne vous soignez pas, voyez-vous, pauvre ! » Puis je l'ai embrassé en silence. Puis est arrivée sa fille ; elle s'est jetée sur le lit, appelant sa mère ! Il y a cinq jours qu'elle est dans cet état. Voir sa mère mourir de jour en jour ! Je suis allée avec le vieux dans une autre chambre. Comme il a vieilli en quelques jours ! Tout le monde a une consolation, sa fille a ses enfants, mais lui, seul ! ayant vécu avec sa femme trente ans, c'est quelque chose ! A-t-il bien ou mal vécu avec elle ? mais l'habitude fait beaucoup. Je suis retournée plusieurs fois auprès de la malade. La femme de charge est tout éplorée ; c'est bien de voir dans une domestique un si grand attachement pour sa maîtresse. Le vieux est devenu presque un enfant.

**

Ah ! quand on pense comme l'homme est misérable ! Chaque animal peut, quand cela lui plaît, faire la figure qu'il veut ; il n'est pas obligé de sourire quand il a envie de pleurer. Quand il ne veut pas voir ses semblables, il ne les voit pas, et l'homme est l'esclave de tout et de tous ! Et cependant moi-même je m'inflige cela, j'aime à aller, j'aime qu'on vienne.

C'est la première fois que je vais contre mon désir, et combien de fois serai-je obligée, ayant envie de pleurer, serai-je forcée de sourire, et c'est moi-même qui me suis choisi cette vie, cette vie mondaine ! Ah ! mais, alors je n'aurai plus de chagrin quand je serai grande; quand *il* sera avec moi, je serai toujours gaie...

⁂

Mme Savelieff est morte hier soir. Moi et maman, nous allâmes chez elle. Il y avait là beaucoup de dames. Que dire de cette scène? douleur à droite, douleur à gauche, douleur au plafond, douleur au plancher, douleur dans la flamme de chaque cierge, douleur dans l'air même. Mme Paton, sa fille, a eu une crise; tout le monde pleurait. Je lui ai embrassé les mains, je l'ai menée et assise à côté de moi, je voulais lui dire quelques mots de consolation, mais je ne pouvais pas. Et quelles consolations! le temps seul! Et puis je trouvais toutes les consolations banales et bêtes, je dis que le plus à plaindre était le vieux qui restait seul! seul!! seul!!! Ah! mon Dieu, que faire? Je dis que tout doit finir. Voilà mon raisonnement. Mais si quelqu'un des nôtres mourait, je ne le mettrais pas en pratique.

Aujourd'hui, j'ai eu une grande discussion avec mon professeur de dessin, M. Binsa : je lui ai dit que je voulais étudier sérieusement, commencer par le commencement; que ce que je faisais ne m'apprenait rien, que c'est du temps perdu, que je veux dès lundi commencer le dessin. Ce n'est pas de sa faute s'il ne me faisait pas étudier comme il faut. Il a cru qu'avant lui j'ai pris des leçons et que j'avais fait tous les yeux, bouches, etc., et ce dessin qu'on lui a montré est le premier dessin que j'aie fait de ma vie et *par moi-même*.

⁂

Voici une journée qui se sépare un peu des autres jours si monotones et si toujours les mêmes. A la leçon,

je demandai une explication d'arithmétique à Mlle C....
Elle m'a dit que je dois comprendre moi-même. Je
lui ai fait remarquer que les choses que je ne sais pas,
on doit me les expliquer. « Il n'y a pas de *doit* ici! »
me dit-elle. — Il y a un *doit* partout, lui ai-je répondu.
— Attendez une minute, je vais tâcher de comprendre
ce premier avant de passer à l'autre. » Je lui répondais d'un ton extra calme, elle enrageait de ne pouvoir
trouver rien de grossier dans mes paroles. Elle vole
mon temps; voilà quatre mois de ma vie de perdus...
C'est facile à dire : Elle est malade ; mais pourquoi
me faire du tort? Elle abîme mon bonheur futur en me
faisant ainsi perdre mon temps. Toutes les fois que je
lui demande une explication, elle me répond d'un ton
grossier; je ne veux pas qu'on me parle ainsi ; elle
est un peu enragée, surtout étant malade, cela la
rend insupportable. Dans les occasions où je suis
très irritée, même fâchée, il me vient un calme surnaturel. Ce ton l'a irritée, elle s'attendait à une explosion de mon côté. — « Vous avez treize ans, comment
osez-vous?... — Justement, mademoiselle, si vous dites
que j'ai treize ans, je ne veux pas qu'on me parle de la
sorte ; ne criez pas, je vous prie. » Elle est partie,
comme une bombe, à dire toutes sortes de malhonnêtetés. Pour tout, je lui répondais placidement, elle
n'en enrageait que plus. — « C'est la dernière leçon
que je vous donne! — Oh! tant mieux! » dis-je. Au
moment où elle quittait la chambre! j'ai poussé un
soupir, comme lorsqu'on est délivré d'une centaine de
livres qui étaient sur votre cou! Je suis sortie satisfaite pour aller chez maman. Elle court dans le corridor, et elle recommence. Je continue ma tactique et
ne fais pas attention. Nous avons fait le chemin du corridor à la chambre ensemble, elle comme une furie, et

moi d'un air des plus imperturbables. Je suis allée chez moi, et elle a demandé à parler à maman....

*
* *

Cette nuit, j'ai eu un horrible rêve : Nous étions dans une maison que je connais pas, quand tout à coup, moi ou je ne sais qui, je ne m'en souviens pas, regarde par la fenêtre : je vois le soleil qui s'agrandit, et couvre presque la moitié du ciel, mais il n'est pas brillant et n'échauffe pas. Puis, il se divise, un quart disparaît, le reste se divise en changeant de couleur, nous sommes aurifiés ; puis, il se couvre à moitié d'un nuage, et tout le monde s'écrie : « Le soleil s'est arrêté ! » Comme si sa fonction naturelle était de tourner. Il est resté quelques instants immobile, mais pâle ; puis, toute la terre est devenue étrange ; ce n'est pas qu'elle ait chancelé, je ne puis exprimer ce que c'est, cela n'existe pas dans ce que nous voyons tous les jours. Il n'y a pas de parole pour exprimer ce que nous ne comprenons pas. Puis encore il s'est mis à tourner comme deux roues, l'une dans l'autre, c'est-à-dire que le soleil clair était couvert par instants d'un nuage aussi rond que lui. Le trouble était général ; je me demandais si c'était la fin du monde ; mais je voulais croire que ce n'était que pour un moment. Maman n'était pas avec nous, elle arriva dans une espèce d'omnibus et semblait ne pas être effrayée. Tout était étrange ; cet omnibus n'était pas comme les autres. Puis, je me mis à regarder mes robes ; nous emballions nos affaires dans une petite malle. Mais à l'instant tout recommence. C'est la fin du monde, et je me demande comment Dieu ne m'en a rien dit, et je me demande comment je suis digne d'assister à ce jour, vivante. Tout le monde a peur, et nous nous mettons en voiture avec maman, et nous retournons je ne sais où...

Que veut dire ce rêve? Est-il envoyé de Dieu pour m'avertir de quelque grand événement ou est-ce simplement nerveux?

Mlle C... part demain. C'est tout de même un peu triste; même un chien avec lequel on a vécu nous fait de la peine en partant. Malgré les relations, bonnes ou mauvaises, j'ai un ver dans le cœur.

* * *

En passant devant la villa de Gioia, la petite terrasse à droite attira mon attention. C'est là que l'année dernière, en allant aux courses, je le vis assis avec elle. Il était assis de sa manière habituelle, noble et légère en même temps, un gâteau à la main. Je me souviens si bien de toutes ces bagatelles!

En passant nous l'avons regardé; lui aussi. Il est le seul dont maman parle, elle l'aime beaucoup et j'en suis charmée. Elle a dit : « Vois, si H... mange des gâteaux, c'est tout naturel, il est chez lui. » Je ne m'étais pas encore rendu compte de cette espèce de trouble en moi en le voyant. Maintenant seulement je comprends et je me souviens des moindres détails le concernant, des moindres paroles prononcées par lui.

Quand Remi vint me dire, aux courses de Bade, qu'il venait de parler au duc de H..., mon cœur eut une secousse que je ne compris pas. Puis quand, à ces mêmes courses, la Gioia était assise à côté de nous et parlait de lui, j'écoutais à peine. Oh! combien n'aurais-je pas donné pour les entendre aujourd'hui, ces paroles! Puis, lorsque j'ai passé devant les magasins anglais, il était là, il me regardait ayant l'air de dire:

« Comme elle est drôle, cette fillette, qu'est-ce qu'elle s'imagine ? » d'un air moqueur... Il avait raison alors, j'étais très drôle, avec mes petites robes de soie, j'étais ridicule ! Je ne le regardais pas. Puis enfin, toutes les fois que je le rencontrais, mon cœur donnait un coup si fort dans ma poitrine que cela me faisait mal. Je ne sais si quelqu'un a éprouvé cela ; mais j'ai peur que mon cœur batte si fort et qu'on l'entende ; autrefois je croyais que le cœur n'est qu'un morceau de chair ; mais je vois qu'il communique avec l'esprit.

Je comprends maintenant quand on dit : « Mon cœur a battu. » Avant, au théâtre, quand on le disait, j'y pensais sans attention ; maintenant je reconnais les émotions que j'ai éprouvées.

Le cœur est un morceau de chair qui communique par une petite ficelle avec le cerveau qui à son tour reçoit les nouvelles des yeux ou des oreilles, et tout cela fait que c'est le cœur qui vous parle, parce que la petite ficelle s'agite et le fait battre plus qu'à l'ordinaire, et fait monter le sang à la figure.

Le temps passe comme une flèche. Le matin, j'étudie un peu ; le piano à deux heures. L'Apollon du Belvédère que je vais copier a un peu de ressemblance avec le duc ; quand on le regarde surtout, l'expression, c'est très ressemblant. La même manière de porter la tête, et le nez comme le sien.

Mon professeur de musique Manote est très content de moi ce matin. J'ai joué une partie du Concerto en sol mineur de Mendelssohn sans une seule faute. Le lendemain à l'église Russe, la Trinité. L'église était tout ornée de fleurs et de verdure. On a fait des prières où le prêtre priait pour le pardon des péchés, il les énumérait tous ; puis il a prié à genoux. Tout ce qu'il disait s'appliquait si bien à moi, que je suis restée immobile, écoutant et secondant cette prière.

J'ai prié pour la deuxième fois si bien à l'église : la première, c'est le jour de l'an. La messe est devenue si banale et puis les choses qu'on y dit ne sont pas celles de tous les jours, de tout le monde. Je vais à la messe ; puis je ne prie pas. Les prières et les hymnes qu'on chante ne répondent pas à ce que disent mon cœur et mon âme. Ils m'empêchent de prier en liberté, tandis que ces *Te Deum*, où le prêtre prie pour tout le monde, où chacun trouve quelque chose à s'appliquer, me pénètrent.

.*.

PARIS. — Enfin j'ai trouvé ce que j'ai désiré, sans savoir quoi. Vivre, c'est Paris !... Paris, c'est vivre. Je me martyrisais parce que je ne savais pas ce que je voulais, maintenant je vois devant moi, je sais ce que je veux ! Déménager de Nice à Paris, avoir un appartement, le meubler, avoir des chevaux comme à Nice. Entrer dans la société par l'ambassadeur de Russie ; voilà, voilà ce que je veux. Comme on est heureux quand on sait ce qu'on veut ! Mais voici une idée qui me déchire, c'est que je crois que je suis laide ! C'est affreux !

Nous sommes allées chez le photographe Valéry, 9, rue de Londres ; là je vois la photographie de G... Comme elle est belle ! Mais dans dix ans elle sera vieille, dans dix ans, je serai grande ; je pourrais être plus belle, si j'étais plus grande. J'ai posé huit fois, le photographe a dit : « Si cette fois cela réussit, je serai content. » Nous sortons sans savoir le résultat.

Après la dernière promenade en ville, nous arrivons à temps et nous partons.

Un orage éclate ; les éclairs sont terribles, parfois ils tombent sur la terre au loin, et laissent une ligne argentée sur le ciel, mais étroite comme une chandelle romaine.

•

Nice. — Je regarde Nice comme un exil ; surtout je dois m'occuper de régler les jours, les heures des professeurs. Lundi je recommence mes études si infernalement interrompues par Mlle Colignon.

Avec l'hiver viendra le monde, avec le monde la gaieté. Ce ne sera plus Nice, mais un petit Paris, et les courses ! Nice a son bon côté. Tout de même les six ou sept mois qu'il faut passer me semblent une mer qu'il faut traverser et sans quitter des yeux le phare qui me guide. Je n'espère pas aborder, non, je n'espère que voir cette terre, et la seule vue me donnera du caractère, de la force pour vivre jusqu'à l'année prochaine. Et après ? Et après !… ma foi, je n'en sais rien !… mais j'espère, je crois en Dieu, en sa bonté divine, voilà pourquoi je ne perds pas courage.

« Celui qui habite sous sa protection trouvera son repos dans la clémence du Tout-Puissant. Il te couvrira de ses ailes ; sous leur appui, tu seras en sûreté, sa vérité te servira de bouclier, tu ne craindras ni les flèches qui parcourent les airs pendant la nuit, ni les fléaux pendant le jour ! »

Je ne puis exprimer combien je suis émue et combien je reconnais la bonté de Dieu envers moi.

Maman est couchée et tous nous sommes autour d'elle, lorsque le docteur, revenant de chez les Paton, dit qu'Abramowich est mort ! C'est terrifiant, incroyable, étrange !... Je ne peux pas croire qu'il soit mort. On ne peut pas mourir quand on est charmant, aimable. Il me semble toujours que l'hiver il reviendra avec sa fameuse pelisse et son plaid. C'est affreux, la mort ! Vraiment, je suis très fâchée de sa mort. Il y a donc des G..., des S... qui vivent et un jeune homme comme Abramowich meurt ! Tout le monde en est consterné, même Dina a laissé échapper une exclamation ! Je m'empresse d'écrire une lettre à Hélène Howard. Tout le monde est dans ma chambre lorsque cette triste nouvelle arrive.

9 juin. — J'ai commencé l'étude du dessin ; je me sens fatiguée, molle, incapable de travailler. Les étés à Nice me tuent ; il n'y a personne, je suis prête à pleurer, enfin je souffre. On ne vit qu'une fois. Passer un été à Nice, c'est perdre la moitié de la vie. Je pleure maintenant, une larme est tombée sur le papier. Oh ! si maman et les autres savaient combien cela me coûte de rester ici, ils ne me garderaient pas dans cet AFFREUX désert. Rien ne me préoccupe de *lui*, il y a si longtemps que je n'en ai entendu parler ! Il me semble mort. Et puis, je suis dans un brouillard ; le passé, je me le rappelle à peine, le présent me semble hideux !... Je suis toute changée, la voix enrouée, je suis laide ; avant, en me réveillant, j'étais rose et fraîche.... Mais qu'est-ce qui me ronge ainsi ? Que m'est-il arrivé, que m'arrivera-t-il ?

On a loué la villa Bacchi. A dire vrai, c'est une peine énorme de demeurer là ; pour le bourgeois, ça va, mais pour nous !... *Moi,* je suis aristocrate. J'aime mieux un gentilhomme ruiné qu'un bourgeois riche, je vois plus de charme dans du vieux satin ou de la dorure noircie par le temps, des colonnes et des ornements passés, que dans des garnitures riches, sans goût et se jetant aux yeux. Un vrai gentilhomme ne mettra pas son amour-propre à avoir des bottes brillantes, bien cirées et des gants collants. Non que la mise doive être négligée, non !... Mais entre le négligé noble et le négligé pauvre il y a si grande différence !

⁂

Nous quittons cet appartement, je le regrette beaucoup, non parce qu'il est commode et beau, mais parce qu'il est un ancien ami, que j'y suis habituée. Quand je pense que je ne verrai plus mon cher cabinet d'études ! J'y ai tant pensé à lui ! Cette table sur laquelle je m'appuie et sur laquelle j'écrivais tous les jours tout ce qu'il y a de plus doux et de plus sacré dans mon âme ! Ces murs où mon regard se promenait en voulant les percer et aller loin, loin ! Dans chaque fleur du papier, je le voyais ! Combien de scènes je m'imaginais dans ce cabinet, où il jouait le principal rôle. Il me semble qu'il n'y a pas au monde une seule chose à laquelle je n'aie pensé dans cette petite chambre, en commençant par les plus simples jusqu'aux plus bizarres.

Le soir, Paul, Dina et moi, nous restons ensemble, puis je suis restée seule. La lune éclairait ma chambre et je n'ai pas allumé les bougies. Je suis sortie sur la terrasse et j'entendis des sons lointains, de violons, guitares et harmoniflûtes ; je suis rentrée vite et me suis mise à la fenêtre pour mieux écouter. C'était un trio charmant. Il y a longtemps que je n'ai écouté de la musique avec tant de plaisir. Dans un concert, on est plus occupé à examiner le public qu'à écouter, mais ce soir, toute seule, au clair de la lune, j'ai dévoré, si je peux parler ainsi, cette sérénade, car c'en était une. Les jeunes gens Niçois nous ont joué une sérénade. On ne peut être plus galant. Malheureusement les jeunes gens à la mode ne veulent plus de ces amusements, ils préfèrent passer leur temps dans les cafés chantants; tandis que la musique... Qu'y a-t-il au monde de plus noble que de chanter une sérénade comme dans l'ancienne Espagne? Ma parole, après les chevaux, je passerais ma vie sous la fenêtre de ma belle et finalement à ses pieds.

Je voudrais tellement avoir un cheval! maman me le promet, ma tante aussi. Le soir dans sa chambre, je suis venue de ma manière légère, pleine d'enthousiasme, je le lui ai demandé, elle m'a sérieusement promis. Je me couche tout heureuse. Tout le monde me dit que je suis jolie ; sur ma foi, devant moi-même je ne crois pas. Ma plume ne veut pas l'écrire. Je suis gentille seulement, parfois jolie, je suis heureuse!...

.

J'aurai un cheval! A-t-on jamais vu une petite comme moi avec un cheval de course? Je ferai fureur... Quelle couleur de jockey? Gris et iris? non, vert et rose tendre. Pour moi, un cheval! Que je suis heureuse! quelle créature je suis! Comment ne pas verser de ma coupe trop pleine à des pauvres qui n'ont rien?... Maman me donne de l'argent, j'en donnerai la moitié aux pauvres.

J'ai encore arrangé ma chambre, elle est plus jolie sans la table au milieu : j'ai mis plusieurs bagatelles, un encrier, une plume, deux vieux chandeliers de voyage, qui étaient depuis longtemps dans la boîte aux oublis.

Le monde, c'est ma vie; il m'appelle, il m'attend, je voudrais courir vers lui. Je n'ai pas l'âge encore d'aller dans le monde. Mais il me tarde d'y être, pas, par le mariage, mais je voudrais que maman et ma tante secouassent leur paresse. — Pas le monde de Nice, mais de Pétersbourg, de Londres, de Paris; c'est là où je pourrai facilement respirer, car les gênes du monde sont mes aises.

Paul n'a pas encore de goût, il ne comprend pas la beauté des femmes. Je lui ai entendu dire : Belles, de telles laideronnes ! Il faut que je lui donne des manières et des goûts. Je n'ai pas encore beaucoup d'influence sur lui, mais avec le temps j'espère... Maintenant, d'une façon à peine visible, je lui communique ma manière de voir, je lui donne des sentiments de la plus sévère moralité, sous une forme frivole ; cela amuse, et c'est bien. S'il se marie, il doit aimer sa femme, rien que sa femme. Enfin j'espère, si Dieu le permet, lui donner de bonnes idées.

Mardi 29 juillet. — Nous voilà parties pour Vienne; le départ a été fort gai, en somme. J'étais, comme toujours, l'âme de la partie.

Depuis Milan le pays est adorable, si vert, si plat, qu'on peut étendre le regard jusqu'à l'infini, sans qu'on craigne qu'une montagne se mette comme un mur devant les yeux.

A la frontière autrichienne, comme je m'habillais à la hâte, on a ouvert la portière et le médecin nous a parfumées avec une poudre contre la maladie (que je n'ose pas nommer) (1). Je me rendormis encore jusqu'à onze heures. Je n'osais rouvrir les yeux. Quelle verdure, quels arbres, quelles maisons propres, quelles gentilles Allemandes, comme les champs sont cultivés! C'est charmant, délicieux, superbe. Je ne suis pas du tout, comme on dit, insensible aux beautés de la nature, mais au contraire. Je n'admire pas, sans doute, les roches arides, les oliviers pâles, le paysage mort; mais j'admire les montagnes couvertes d'arbres, les plaines cultivées délicieusement ou couvertes d'un tapis de velours, avec des laboureurs, des femmes, des paysages.

Ici, je ne pouvais me lasser d'être à la fenêtre et d'admirer. On va vite avec l'express, tout passe, tout fuit et tout est si beau! voilà ce que j'admire de tout mon cœur. A huit heures, je me suis assise, car j'étais fatiguée; à une station, des petites Allemandes viennent crier à nos oreilles : « *Frisch Wasser! Frisch Wasser!* » Dina a mal à la tête.

A propos, très souvent je tâche de savoir ce que j'ai en face de moi-même, mais bien caché, la vérité enfin. Car tout ce que je pense, tout ce que je sens, est seulement extérieur. Eh bien, je ne sais pas, il me semble qu'il n'y a rien. Comme, par exemple, quand je vois le duc, je ne sais si je le hais ou je l'adore; je veux rentrer dans mon âme et je ne le puis. Lorsque j'ai à faire un difficile problème, je pense, je commence, il me semble que j'y suis; mais au moment où je veux rassembler mes idées, tout s'en va, tout se perd, et ma pensée s'en va si loin; que je m'étonne et je ne comprends rien. Tout ce que je dis n'est pas encore mon fond, je n'en ai pas. Je ne vis qu'en dehors. Rester ou

---

(1) Le choléra.

aller, avoir ou n'avoir pas, m'est égal; mes chagrins, mes joies, mes peines n'existent pas. Si je m'imagine seulement ma mère ou H..., alors l'amour entre dans moi. Et encore ce dernier, non; cela me paraît tellement incroyable que je n'y pense que dans les nuages; je ne comprends rien.

*
* *

Il y a des gens qui disent qu'un mari et une femme peuvent se permettre des distractions et s'aimer beaucoup.

C'est un mensonge ; on ne s'aime pas, car lorsqu'un jeune homme et une jeune fille sont amoureux l'un de l'autre, est-ce qu'ils peuvent penser aux autres? Ils s'aiment et trouvent bien assez de distractions l'un dans l'autre.

Une seule pensée, un seul regard pour une autre femme prouvent qu'on n'aime plus celle que l'on a aimée. Car, encore une fois, lorsque vous êtes amoureux d'une femme, pouvez-vous penser à en aimer une autre? Non. Eh bien, à quoi servent la jalousie et les reproches? On pleure un peu et l'on doit se consoler, comme de la mort, en se disant que rien ne peut y remédier. Le cœur plein d'une femme, il n'y a pas de place pour une autre ; mais dès qu'il commence à se vider, une autre y entre tout entière, dès qu'elle y a mis un petit doigt.

(*Écrit en marge à la date de Mars* 1875 :)

J'ai raisonné alors avec assez de justesse, seulement on voit que j'étais une enfant. Ces mots « amour » employés si souvent!... Pauvre moi! Il y a des fautes de français, tout serait à corriger. Je crois que j'écris mieux, mais pas encore comme je le voudrais.

Dans quelles mains tombera mon journal ? Jusqu'à présent, il ne peut intéresser que moi et mes proches. Je voudrais devenir une personne telle que mon journal fût intéressant pour tous. En attendant, je continue pour moi, et ne sera-ce pas une belle chose que de revoir toute ma vie ?...

Vendredi 29 août. — Ce matin, j'ai été au marché aux fruits avec la princesse; elle marchandait et je donnais ce qu'on demandait. Je n'y vais qu'une fois par hasard et je marchanderais !... J'ai donné quelques sous aux enfants. Mon Dieu, quelle joie! On me regardait comme une Providence : je ne marchande pas et je donne des sous. Une femme a dit : « Que vous êtes gentille ! » Oh ! si le bon Dieu voulait jeter un regard sur moi !

Je suis rentrée à la maison, on me regarde, on m'envie. J'ai commencé à arranger mes heures d'études, je finirai demain ! Neuf heures d'études par jour. O mon Dieu, donnez-moi de l'énergie, du courage pour étudier; j'en ai, mais j'en veux encore.

2 septembre. — Le professeur de dessin est venu, je lui ai donné une liste pour qu'il m'envoie les professeurs du lycée. Enfin, je me mettrai à l'œuvre ! A cause de Mlle Colignon et du voyage, j'ai perdu quatre mois, c'est énorme. Binsa s'est adressé au censeur, qui demande une journée. Voyant la note que j'ai donnée, il a demandé : Quel âge a la jeune fille qui veut étudier tout cela et qui a su faire un tel programme ? Cette bête de Binsa a dit : Quinze ans. Aussi, je l'ai assez grondé, je suis furieuse, enragée. Pourquoi dire que j'ai quinze ans; c'est un mensonge. Il s'excuse en prétendant que par mon raisonnement j'ai vingt ans, qu'il a cru bien faire en disant deux ans de plus, qu'il ne croyait pas, etc., etc. J'ai exigé aujourd'hui même, au dîner, que cet homme dise au censeur l'âge que j'ai, *je l'ai exigé.*

Vendredi 19 septembre. — Je conserve partout ma bonne humeur; il ne faut pas s'attrister par des regrets. La vie est si courte, il faut rire autant qu'on peut. Les pleurs viennent eux-mêmes, on peut les éviter. Il y a des chagrins qu'on ne peut fuir; c'est la mort et la séparation, et même cette dernière est aimable, tant qu'on espère. Mais pour se gâter la vie avec les petites misères, fi donc! Je ne fais aucun cas des petites bagatelles; comme j'ai horreur des petits ennuis de chaque jour, je les passe en riant.

Samedi 20 septembre. — Scalkiopoff est venu, et, je ne sais plus à propos de quoi, a dit que les hommes sont des singes dégénérés. C'est un petit avec des idées de l'oncle Nicolas. « Alors, lui dis-je, vous ne croyez pas en Dieu? » Lui : « Je ne puis croire qu'à ce que je comprends. »

O la vilaine bête! tous ces garçons qui commencent à avoir de la moustache pensent comme cela. Ce sont de petits blancs-becs qui pensent que les femmes ne peuvent pas raisonner et comprendre. Ils les regardent comme des poupées qui parlent sans savoir ce qu'elles disent. Ils les laissent dire d'un air protecteur... Je lui ai dit tout cela, à l'exception de vilaine bête et blanc-bec. Il a sans doute lu quelque livre qu'il n'a pas compris et dont il récite des passages. Il prouve que Dieu ne pouvait créer, car, dans les pôles, on a trouvé des ossements et des plantes glacés. Donc, cela a vécu et maintenant il n'y a rien.

Je ne dis rien contre cela ; mais notre terre n'était-elle pas bouleversée par des révolutions diverses avant la création de l'homme ? On ne prend pas à la lettre que Dieu a créé le monde en six jours. Les éléments se sont formés pendant des siècles, des siècles et des siècles ! Mais Dieu est ; peut-on le nier, en voyant le ciel, les arbres et les hommes eux-mêmes ? Ne dirait-on pas qu'il y a une main qui dirige, châtie et récompense, et qui est celle de Dieu ?...

Lundi 13 octobre. — Je cherche ma leçon, lorsque la petite Heder, ma gouvernante anglaise, me dit : « Savez-vous que le duc se marie avec la duchesse M. ? » J'approche le livre plus près de ma figure, car je suis rouge comme le feu. J'ai senti comme un couteau aigu s'enfoncer dans ma poitrine. Je commençais à trembler si fort que je tenais le livre à peine. J'avais peur de m'évanouir, mais le livre me sauva. Je feignis de chercher pendant quelques minutes pour me calmer. Je disais la leçon d'une voix entrecoupée par la respiration qui tremblait. J'assemble tout mon courage comme jadis pour me jeter du pont aux bains, et me dis qu'il faut me dompter. J'ai fait une dictée pour ne pas avoir le temps de parler.

Avec délices, je vais au piano, j'essaye de jouer : mes doigts sont raides et froids. La princesse vient me prier de lui apprendre le croquet. « Avec plaisir », répondis-je gaiement ; mais la voix et la respiration tremblent toujours. — La voiture vient, je cours m'habiller. Robe verte, mes cheveux sont couleur d'or, je suis blanche et rose, je suis jolie comme un ange ou comme une femme. Nous sortons. La maison de G... est ouverte, il y a des ouvriers, des maçons, il m'a semblé des experts; elle est partie... où? Je suppose en Russie, pour faire fortune.

Je pense tout le temps : Il se marie ! est-ce possible? Je suis malheureuse! pas malheureuse comme autrefois pour le papier d'une chambre et le meuble de l'autre; mais réellement malheureuse !

Je ne sais pas comment dire à la princesse qu'il se marie (car ils le sauront un jour) et il vaut mieux que je le dise moi-même.

Je choisis un moment où elle s'assied sur un canapé, la lumière derrière moi. On ne voit pas ma figure. « Savez-vous une nouvelle, princesse ? (nous parlons russe,) le duc de H... se marie. » Enfin ! j'ai dit... Je n'ai pas rougi, je suis calme, mais ce qui s'est fait en moi, dans mon fond !!!

Depuis le moment malheureux où cette péronnelle m'a dit cette horreur, je continue à être essoufflée comme si j'avais couru une heure, et le même sentiment, le cœur me fait mal et bat.

J'ai joué du piano avec furie, mais, au milieu de la fougue, mes doigts faiblissent et je m'adosse à la chaise. Je reprends, — même histoire, — et cinq minutes au moins, j'ai commencé et cessé. Il se forme dans mon gosier quelque chose qui empêche la respiration. Dix fois je saute du piano au balcon. Mon Dieu! ô quel état !...

⁂

Nous allons nous promener, mais Nice n'est plus Nice, G.... non plus! La vue de sa villa ne me faisait plus rien. Tout cela s'attache au duc, et c'est pour cela que mon cœur se déchire à la vue de ces deux maisons vides!... Tout ce qui m'attachait à Nice, c'était lui, je hais Nice et la supporte à peine. !Je m'ennuie! Ah! je m'ennuie!...

> Mon âme rêveuse
> Ne songe qu'à lui.
> Je suis malheureuse,
> L'espoir a fui...

Mon Dieu, sauvez-moi du malheur! Mon Dieu, pardonnez-moi mes péchés, ne me punissez pas! C'est fini!... fini!... Ma figure devient violette lorsque je pense que c'est fini!...

.*.

Aujourd'hui, je suis heureuse, je suis gaie de pouvoir croire que ce n'était pas vrai, parce que la terrible nouvelle n'a pas été répétée, et je préfère l'ignorance à la triste vérité.

Vendredi 17 octobre. — Je jouais du piano, lorsqu'on apporta les journaux; je prends le *Galignani's Messenger*, et les premières lignes qui tombent sous mes yeux parlaient du mariage du duc de H...

Le journal ne tomba pas de mes mains, au contraire, il y resta collé, attaché. Je n'avais pas la force de rester debout, je m'assis et je relus ces lignes foudroyantes encore dix fois, pour bien m'assurer que je ne rêvais pas. O charité divine! qu'ai-je lu? Mon Dieu! qu'ai-je lu! Je ne puis écrire le soir, je me jette à genoux et je pleure. Maman entre et, pour qu'elle ne me voie pas ainsi, je feins d'aller voir si le thé est prêt. Et je dois prendre une leçon de latin! ô torture!

Ô supplice ! Je ne puis rien faire, je ne puis rester tranquille. Il n'y a pas de paroles au monde pour dire ce que je sens ; mais ce qui me domine, m'enrage, me tue, c'est la jalousie, l'envie ; elle me déchire, me rend enragée, folle !.. Si je pouvais la faire paraître ! mais il faut la dissimuler et être calme, je n'en suis que plus *misérable*. Lorsqu'on débouche du champagne, il mousse et se calme, mais lorsqu'on entr'ouvre seulement le bouchon pour faire mousser, pas assez pour calmer !... Non, cette comparaison n'est pas juste, je souffre, je suis brisée !!!...

J'oublierai sans doute, avec le temps !... Dire que mon chagrin sera éternel, serait ridicule, il n'y a rien d'éternel ! Mais le fait est qu'à présent je ne peux penser à autre chose. Il ne se marie pas, on le marie. Ce sont des machineries de sa mère. (*1880.) Tout ça pour un monsieur que j'ai vu une dizaine de fois dans la rue, que je ne connais pas et qui ne sait pas que j'existe.*) Oh je le déteste ! je ne veux pas, je veux le voir avec elle ! Ils sont à Bade, à Bade que j'aimais tant ! Ces promenades où je le voyais, ces kiosques, ces magasins !...

(*Relu tout cela en 1880, ça ne me fait plus rien.*)

Aujourd'hui, je change dans ma prière tout ce qui a rapport à lui, je ne prierai plus Dieu pour être sa femme !...

Me séparer de cette prière me semble impossible, mortel ! je pleure comme une bête ! Allons ! allons ! ma fille, soyons raisonnable !

C'est fini, eh bien ! c'est fini.. Ah ! je vois maintenant qu'on ne fait pas ce qu'on veut !

Préparons-nous au supplice de changer de prière.

Oh ! c'est le plus cruel sentiment du monde, c'est la fin de tout.

Amen !

Samedi 18 octobre. — J'ai fait ma prière, j'ai omis la prière pour lui et pour *tout* enfin. J'ai senti comme si on m'arrachait le cœur, comme si je voyais emporter le cercueil d'un mort bien-aimé. Tant qu'il était encore là, ce cercueil, on est malheureux, mais pas encore autant que lorsqu'on sent le vide partout.

Je m'aperçois que lui était l'âme de ma prière qui est à présent calme, froide, raisonnable, tandis qu'avant elle était vive et passionnée et brûlante !! Il est mort pour moi et on a emporté le cercueil ! C'était une douleur mouillée et *c'est* une douleur sèche ; que sa volonté soit faite ! J'avais l'habitude de lui envoyer des signes de croix de tous les côtés, ne sachant où il est ; je ne l'ai pas fait aujourd'hui et mon cœur bat.

Je suis une étrange créature, personne ne souffre comme moi, et pourtant je vis, je chante, j'écris. Comme je suis changée depuis le 13 octobre, jour fatal ! La souffrance est constamment sur ma figure. Son nom n'est plus une chaleur bienfaisante ; mais c'est du feu, c'est un reproche, un réveil de jalousie, de tristesse. C'est le plus grand malheur qui puisse arriver à une femme, je sais ce que c'est !... triste moquerie !

Je commence à penser sérieusement à ma voix, je voudrais si bien chanter ! A quoi bon, maintenant ?

Il était dans mon âme comme une lampe, et cette lampe s'est éteinte. Il fait noir, sombre, triste, on ne sait pas de quel côté marcher. Avant, dans mes petits ennuis, je trouvais toujours un point d'appui, une lumière qui me guidait et me donnait de la force dans mes petites misères, et à présent, j'ai beau chercher, regarder, tâter, je ne trouve que le vide et l'obscurité. C'est affreux ! affreux ! lorsqu'on n'a rien au fond de l'âme...

Mardi 21 octobre. — Nous rentrons, on dîne déjà, et nous recevons un petit savon de maman pour avoir mangé avant dîner. La charmante vie de famille s'agite. Paul est grondé par maman ; grand-papa empêche maman, il se mêle où il n'a rien à faire et par cela anéantit le respect de Paul pour maman. Paul s'en va, barbotant comme un domestique. Je vais dans le corridor pour prier grand-papa de ne pas empêcher l'administration et de laisser maman faire ce qu'elle veut. Car c'est un crime de soulever, par manque de tact seulement, les enfants contre leurs parents. Grand-papa s'est mis à crier ; cela m'a fait rire, toutes ses bourrasques me font toujours rire et me font ensuite pitié pour tous ces malheureux qui n'ont pas de malheurs et qui se martyrisent à force de ne rien faire. Mon Dieu, si j'avais dix ans de plus ! surtout si j'étais libre ! Mais comment faire quand on a les pieds et les mains liés par des tantes, grand-papa, les leçons, les institutrices, la famille ?... Quel bataclan, mille trompettes !...

Ma douleur n'est plus aiguë, effarouchée et inattendue ; mais elle est lente, calme et raisonnable ; elle n'est pas pour cela plus faible.

Non ! non !... il ne me reste que le souvenir et, si je le perds, je serai bien malheureuse !...

Je parle d'un style si fleuri que cela devient bête ; et dire que je ne lui jamais parlé, je l'ai vu dix ou quinze fois de près et puis de loin ou en voiture ; mais j'ai entendu sa voix et je ne l'oublierai jamais ! Plus je dis, plus je voudrais dire. Je ne peux cependant écrire ce que je sens ! Je suis comme ces peintres malheureux qui inventent un tableau au-dessus de leurs forces.

Je l'aime et je l'ai perdu, voilà tout ce que je peux dire, et cela dit plus que tout au monde !

Après dîner, j'ai chanté et enchanté toute l'orageuse famille !...

Samedi 25 octobre. — Hier soir, on frappe à ma porte et on vient me dire que maman est très malade ; je descends tout endormie et je trouve, dans la salle à manger, maman assise, dans un état affreux ; autour, tout le monde avec des faces troublées. Je vois qu'elle est bien mal. Elle veut me voir, dit-elle, avant de mourir. Je suis saisie d'horreur ; mais je ne le fais pas paraître. C'est une attaque de nerfs terrible, jamais ce n'a été aussi fort. Tout le monde est au désespoir. On envoie chercher les docteurs Reberg et Macari. On a expédié des domestiques de tous côtés pour chercher des remèdes. Jamais je ne pourrai donner une idée de cette horrible nuit. Je suis restée tout le temps dans un fauteuil près de la fenêtre ; il y avait assez de monde pour faire ce qu'il fallait, d'ailleurs je ne sais pas soigner. Jamais je n'ai tant souffert ! Si ! le 13 octobre, j'ai souffert, mais d'une autre manière.

Un moment, maman s'est trouvée très mal, je ne pouvais me contenir et ma première pensée a été de prier. Les médecins allaient et venaient continuellement. Enfin, on parvint à coucher maman dans sa chambre, et nous étions tous autour du lit. Mais elle ne va pas mieux... Le souvenir de cette nuit me fait frémir. Les médecins disent que ces attaques sont dangereuses ; mais, grâce à Dieu, cette fois, le danger est passé. Nous sommes plus tranquilles tous, et nous restons dans sa chambre. Comme la mer après une grande tempête devient calme et semble gelée, ainsi nous étions tous, après de si grands troubles, assis si calmement que je ne comprenais pas ce qui s'était passé.

Mardi 28 octobre. — Pauvre maman ne va pas mieux; ces bourreaux de médecins lui ont mis un vésicatoire qui la fait souffrir horriblement. Le meilleur remède, c'est de l'eau fraîche ou du thé; c'est naturel et simple.

Si l'homme doit mourir, il meurt avec le secours de tous les médecins du monde; si, au contraire, il ne doit pas mourir, il ne mourra pas, si même il est seul et sans aucun secours.

Raisonnez bien calmement, il me semble qu'il vaut mieux se passer de toutes les horreurs pharmaceutiques.

Oh! comme je voudrais avoir vingt ans! je ne suis rien qu'une rêveuse, sans avenir et pleine d'ambition; c'est comme mon affliction! c'est comme ma vie! je l'avais préparée dans mes pensées, et en un instant tout s'est écroulé.

Bien que le duc soit mort pour moi, je pense à lui. Je suis dans les nuages; tout est devenu incertain pour moi, je n'ai plus de prière à Dieu.

Paul ne veut rien faire; il n'étudie pas, il n'est pas assez sérieux, il ne comprend pas qu'il doit étudier, cela me chagrine. Mon Dieu, inspire-lui la sagesse, fais-lui comprendre qu'il doit étudier, inspire-lui un peu d'ambition, un peu, juste assez pour être quelque chose. Mon Dieu! entends ma prière, dirige-le, garde-le contre tous ces mécréants qui le déroutent!...

Jamais un homme au-dessous de ma position ne pourra me plaire, tous les gens communs me *dégoûtent*, m'énervent. Un homme pauvre perd la moitié de soi-même; il semble petit, misérable et a l'air d'un pion. Tandis qu'un homme riche, indépendant, porte avec lui *l'orgueil* et a un certain air *confortable*. L'assurance a un certain air victorieux. Et j'aime en H... cet air sûr, capricieux, fat et cruel; il a du Néron.

Samedi 8 novembre. — Il ne faut jamais se laisser trop voir, même à ceux qui nous aiment. Il faut s'en aller au beau milieu et laisser des regrets, des illusions. On paraîtra mieux, on semblera plus beau. On regrette toujours ce qui est passé; on aura le désir de vous revoir, mais ne contentez pas ce désir immédiatement; faites souffrir : pas trop cependant. La chose qui coûte trop de peines perd, après tant de difficultés. On s'attendait à mieux. Ou bien faites trop souffrir, plus que trop... alors vous êtes reine.

Je crois que j'ai la fièvre, je suis très bavarde, surtout lorsque je pleure intérieurement. Personne ne s'en douterait. Je chante, je ris, je plaisante, et plus je suis malheureuse, plus je suis gaie. Aujourd'hui je ne suis pas capable de remuer la langue, je n'ai presque rien mangé.

Tout ce que j'écrirai ne dira jamais ce que je sens. Je suis bête, folle, offensée superbement. Il me semble qu'on me vole en me prenant le duc, mais, vraiment c'est comme si on me prenait mon bien. Quel état désagréable! je ne sais comment m'exprimer, tout me semble trop faible; pour un rien j'emploie les expressions les plus fortes et, lorsque je veux parler sérieusement, je me trouve à sec; c'est comme... Non, assez! Si je continue à tirer des conclusions, des exemples et des ressemblances, je n'en finirai pas. Les idées se poussent, se confondent, et finissent par s'évaporer.

∴

Ce n'est que maintenant que, regardant maman comme une étrangère, je découvre qu'elle est ravissante, belle comme le jour, bien que fatiguée par toutes sortes d'ennuis et de maladies. Lorsqu'elle parle, elle a la voix si douce, sans être flûtée, mais mâle et douce; des manières jolies, bien que naturelles et simples.

Je n'ai pas vu, dans ma vie, une personne moins pensant à elle que ma mère. Elle est la nature toute naturelle; et si elle pensait un peu à sa toilette tout le monde l'admirerait. On a beau dire, la toilette fait beaucoup. Elle s'habille de débris, de je ne sais pas quoi. Aujourd'hui elle a une jolie toilette et, ma parole d'honneur, elle est adorable !

Samedi 29 novembre. — Je ne suis pas un moment tranquille, je voudrais me cacher, loin, loin ! où il n'y a personne. Je reviendrais à moi peut-être.

Je sens la jalousie, l'amour, l'envie, la déception, l'amour-propre blessé, tout ce qu'il y a de hideux dans ce monde !... Par-dessus tout je sens *sa* perte ! je l'aime ! Que ne puis-je retirer tout ce que j'ai dans mon âme ! mais, si je ne sais pas ce qui s'y passe, je sais seulement que je suis très tourmentée, que quelque chose me ronge, m'étouffe, et tout ce que je dis, ne redit pas la centième partie de ce que je sens.

La figure couverte d'une main, tandis que de l'autre je tiens le manteau qui m'enveloppe tout entière, même la tête, pour être dans l'obscurité, pour rassembler mes pensées qui s'envolent de tous côtés et ne laissent que confusion en moi. Pauvre tête!

Une chose me tourmente, c'est que dans quelques années je me moquerai et j'aurai oublié! — (1875.) *Il y a deux ans de cela et je ne me moque pas et je n'ai pas oublié!* — toutes ces peines me sembleront enfantillage, affectation. Mais non, je t'en conjure, n'oublie pas! Lorsque tu liras ces lignes, retourne en arrière, pense que tu as treize ans, que tu es à Nice, que cela se passe en ce moment! pense que c'est vivant alors!... tu comprendras!... tu seras heureuse!...

Dimanche 30 novembre. — Je voudrais qu'il se marie plus vite, je suis toujours comme cela; quand il y a quelque chose de désagréable, au lieu de l'éloigner, je voudrais le rapprocher. Pour partir de Paris, je pressai à l'heure du départ tout le monde; je savais qu'il fallait avaler cette pilule. De même, pour arriver à Nice, je brûlai d'y arriver plus vite pour ne plus attendre. Car l'attente est plus terrible que l'événement lui-même.

1874

Dimanche 4 janvier. — Comme il est doux de se réveiller naturellement! Mon réveil n'a pas sonné et j'ouvre les yeux de moi-même; c'est comme lorsqu'on est en bateau, on s'oublie, et lorsqu'on se réveille on est arrivé.

Vendredi 9 janvier. — En rentrant de promenade, je me disais que je ne serais pas comme les autres, qui sont sérieuses comparativement et réservées. Je ne comprenais pas comment ce sérieux vient? comment de l'enfance on passe à l'état de jeune fille! Je me demandais : Comment cela vient-il? Peu à peu ou en un jour? Ce qui mûrit, développe ou change, c'est un malheur ou l'amour. Si j'étais un bel esprit, je dirais que c'est synonyme; mais je ne le dis pas, car, l'amour, c'est ce qu'il y a de plus beau au monde. Je me compare à une eau qui est gelée au fond et ne s'agite qu'à la surface, car rien ne m'intéresse et ne m'amuse dans mon FOND.

11 janvier. — Je brûle d'impatience pour que demain soir arrive, *12 janvier*, la veille du nouvel an russe, pour faire la bonne aventure devant une glace.

La tante Marie nous raconte des choses saisissantes : elle-même faisait la bonne aventure devant le miroir, elle vit son mari et plusieurs choses qui ne sont pas encore accomplies. Elle dit aussi qu'on voit des horreurs et des frayeurs. J'étais si animée et agitée que je ne peux rien manger. J'ai résolu de faire la bonne aventure !...

A onze heures et demie du soir, je m'enferme : j'arrange les glaces et m'y voilà ! enfin !... Pendant longtemps, je ne voyais rien, puis, peu à peu, je distinguai quelques petites figures, mais pas plus grandes que 10 ou 12 centimètres. Je vis une multitude de têtes seulement, coiffées de la manière la plus bizarre du monde : toques, perruques, bonnets démesurés, tout cela tourné ; puis je distingue une femme, qui me ressemble, en blanc, un fichu sur la tête, le coude appuyé sur une table ; le menton sur les mains, mais légèrement, les yeux levés ; puis elle se dissipe. Je vois un plancher d'église en marbre blanc et noir, et au milieu un groupe costumé, plusieurs assis ou debout ; je n'ai pas bien compris. Il m'a semblé voir sur la gauche plusieurs hommes, comme dans un brouillard, un homme en habit, et une fiancée ; mais les figures étaient invisibles.

Au centre encore, un homme dont je ne puis voir la figure. Ce qui dominait, ce sont les têtes coiffées, et puis je suppose, moi, toutes sortes de costumes qui changeaient à chaque instant. Les scènes étaient très brillantes. Tout à fait au commencement, les garnitures du miroir, réfléchies sans fin, me parurent un instant comme un cercueil ; mais je m'aperçus de l'erreur. Il faut savoir que j'étais un peu agitée; je pensais à chaque minute que je verrais quelque chose d'affreux. Demain, je raconterai cela à tous, car c'est étrange ; j'aurais sans doute vu mieux, mais j'ai remué le miroir et les yeux. J'ai commencé la nouvelle année en rencontrant ces costumes et coiffures indéfiniment étranges et fantastiques.

Vive l'année 1874 en Russie et adieu à 1873!

Jeudi 24 juin. — Tout cet hiver, je ne pouvais pousser un son ; j'étais au désespoir, je croyais avoir perdu la voix, et je me taisais et je rougissais quand on m'en parlait ; maintenant elle revient, ma voix, mon trésor, ma fortune! Je la reçois les larmes aux yeux, et je me prosterne devant Dieu!... Je ne disais rien, mais j'étais cruellement chagrinée, je n'osais en parler, et j'ai prié Dieu et il m'a entendue!... Quel bonheur! quel plaisir que de bien chanter! on se croit toute-puissante, on se croit reine! on est heureuse! heureuse de son propre mérite. Ce n'est pas l'orgueil que donne l'or, ni le titre. On est plus qu'une femme, on se sent immortelle. On se détache de la terre, on monte au ciel! Et tout ce monde qui est suspendu à vos lèvres, qui écoute votre chant comme une voix divine, qui est électrisé, enthousiasmé, ravi!... Vous les dominez tous!... Après la véritable royauté, c'est celle que l'on doit chercher. La royauté de la beauté ne vient qu'ensuite, car elle n'est pas toute-puissante sur tout le monde; mais le chant enlève l'homme de la terre ; il plane dans un nuage pareil à celui dans lequel Vénus apparut à Enée!

. . . .

Nice 4 juillet. — Nous allons à l'église de Saint-

Pierre, les demoiselles seules. J'ai bien prié, agenouillée et le menton appuyé sur ma main très blanche et fine ; mais, me souvenant où j'étais, je cachais les mains et m'arrangeais de façon à m'enlaidir en guise de pénitence. Je suis de l'humeur d'hier, j'ai mis la robe et le chapeau de ma tante. En sortant de l'église, nous voyons A... passer en voiture et ôter son misérable chapeau niçois.

Dans mes dispositions, je ne peux rentrer chez moi ; je mène ma compagnie au couvent qui est en face de l'église et qui communique par une porte de derrière avec la maison habitée par les Sapogenikoff. Nous entrons dans le couvent, apportant sur nos ailes tant de joie et de folie que l'air sanctifié est remué, et les sœurs calmes, blanches, sont égayées et montrent derrière les portes des faces curieuses. Nous voyons la mère supérieure à travers sa double grille ; elle est depuis quarante ans au couvent... Misère ! De là, nous montons au parloir des pensionnaires, et je fais danser la sœur Thérèse. Elle veut me convertir et me vante le couvent, et moi, je veux aussi la convertir et lui vante le monde.

Nous sommes jusqu'au cou dans la religion catholique. Eh bien, je comprends la passion qu'on peut avoir pour les églises et couvents.

Mardi 6 juillet. — Rien ne se perd dans ce monde. Si on cesse d'aimer l'un, on porte immédiatement cette affection sur l'autre, même sans le savoir, et quand on n'aime personne, on se trompe. Si on n'aime pas un homme, c'est un chien ou un meuble, et avec la même force, seulement sous une autre forme. Si j'aimais, je voudrais être aimée comme j'aimerais, je ne souffrirais rien, pas même un mot dit par un autre. Un pareil amour est introuvable. Aussi n'aimerai-je jamais, car personne ne m'aimera comme je sais aimer.

14 juillet. — On a parlé du latin, du lycée, des examens; cela me donne une furieuse envie d'étudier, et quand Brunet vient, je ne le fais pas attendre, je lui demande des renseignements sur les examens. Il m'en donne de tels, qu'après un an de préparation, je me sens capable de me présenter pour le baccalauréat ès sciences. Nous en parlerons.

Je travaille le latin depuis février de cette année, nous sommes en juillet. En cinq mois, j'ai fait, au dire de Brunet, ce qu'on fait au lycée en trois ans. C'est prodigieux! Jamais je ne me pardonnerai d'avoir perdu cette année, ce sera un chagrin immense, je ne l'oublierai jamais!...

15 juillet. — Hier au soir, j'ai dit à la lune, après avoir quitté les Sapogenikoff : « Lune, ô belle lune, fais-moi voir celui que j'épouserai de mon vivant. »

Après, il ne faut plus prononcer une parole, et l'on dit que l'on voit en rêve celui qu'on épousera.

Ce sont des bêtises. J'ai vu S. et A., deux impossibilités!

Je suis de mauvaise humeur, je manque tout, rien ne me réussit. Je serai punie pour mon orgueil et mon arrogance stupide. Lisez cela, bonnes gens, et apprenez! Ce journal est le plus utile et le plus instructif de tous les écrits qui ont été, sont ou seront. C'est une femme avec toutes ses pensées et ses espérances, déceptions, vilenies, beautés, chagrins, joies. Je ne suis pas encore une femme entière, mais je le serai. On pourra me suivre de l'enfance jusqu'à la mort. Car la vie d'une personne, une vie entière, sans aucun déguisement ni mensonge, est toujours chose grande et intéressante.

Vendredi 16 juillet. — En raison des transmigrations de l'amour, tout ce que je contiens en ce moment est concentré sur Victor, un de mes chiens. Je déjeune, et lui en face de moi, sa bonne grosse tête sur la table. Aimons les chiens, n'aimons que les chiens! Les hommes et les chats sont des êtres indignes. Et pourtant, c'est sale un chien, cela vous regarde manger avec des yeux avides, cela s'attache pour le manger. Cependant, je ne nourris jamais mes chiens, et ils m'aiment. Et Prater qui m'a abandonnée par jalousie pour Victor et a passé à maman!.... Et les hommes, est-ce que ça ne demande pas à être nourri, est-ce que ce n'est pas vorace et mercenaire?

J'évite ma fatalité, je n'irai pas en Russie, ne voulant pour rien au monde manquer le centenaire de Michel-Ange. La Russie sera aussi bien l'année prochaine, mais pour le centenaire il faudra vivre encore cent ans, lequel espoir je n'ai pas... Et puis, si je ne vais pas en Russie, c'est que Dieu le veut ainsi. *Tout ce qui se fait se fait pour le mieux*, dit un proverbe russe. *On n'évite pas sa destinée*, dit encore un autre proverbe.

Je vais encore dire à la lune : « Lune, ô belle lune, fais-moi voir en dormant celui que j'épouserai de mon vivant. »

Samedi 17 juillet. — On dit qu'en Russie, il y a un tas de faquins qui veulent la Commune, c'est une horreur. Tout diviser et avoir tout en commun. Et leur maudite secte est si répandue que les journaux font des appels désespérés à la société. Est-ce que les pères de famille ne mettront pas un terme à cette infection? Ils

veulent tout anéantir. Plus de civilisation, plus d'art, plus de belles et grandes choses. Simplement les moyens matériels pour subsister. Le travail aussi en commun, personne n'aura le droit de s'élever par quelque mérite que ce soit au-dessus des autres. On veut anéantir les Universités, l'enseignement supérieur, pour réduire la Russie en une espèce de caricature de Lacédémone. J'espère que Dieu et l'empereur les confondront. Je prierai Dieu de préserver mon pays de ces bêtes féroces.
— D... paraît frappé de tout ce que je dis et s'étonne de trouver en moi une telle fièvre de la vie. Nous parlons de nos meubles, il manque de tomber à la renverse à la description de ma chambre. « Mais c'est un temple, un conte des *Mille et une Nuits*! s'écrie-t-il; mais on doit y entrer à genoux. C'est prodigieux, unique, remarquable. » Il veut débrouiller mon caractère, me demande si j'effeuille des marguerites. — « Oui, très souvent, pour savoir si le dîner sera bon. — Mais comment, une chambre si poétique, si féerique, et à côté de cela demander à une marguerite si le chef a réussi un dîner? oh! mais non, c'est incroyable! » — Ce qui l'amuse, c'est que j'assure avoir deux cœurs. Je me plaisais à le faire crier et s'étonner pour une multitude de contrastes. Je montais au ciel et sans transition aucune je retombais sur la terre, ainsi de suite : je m'exhibe comme une personne qui veut vivre et s'amuser et ne soupçonne pas la possibilité d'aimer. Et lui s'étonne, dit qu'il a peur de moi, que c'est prodigieux, surnaturel, affreux!.....

Ce que j'aime le mieux quand il n'y a personne pour qui être, c'est la solitude.

Mes cheveux, noués à la Psyché, sont plus roux que jamais. Robe de laine de ce blanc particulier, seyant et gracieux; un fichu de dentelle autour du cou. J'ai l'air d'un de ces portraits du premier Empire; pour compléter le tableau, il me faudrait être sous un arbre et tenir un livre à la main. J'aime la solitude devant une glace pour admirer mes mains si blanches, si fines, et à peine roses à l'intérieur.

C'est peut-être bête de se louer tellement; mais les gens qui écrivent décrivent toujours leur héroïne, et je suis mon héroïne à moi. Et il serait ridicule de m'humilier et m'abaisser par une fausse modestie. On s'abaisse en parole quand on est sûr d'être relevée; mais en écrit, chacun pensera que je dis vrai, et on me croira laide et bête; ce serait absurde!

Heureusement ou malheureusement, je m'estime un tel trésor que personne n'en est digne, et ceux qui osent lever les yeux sur ce trésor, sont regardés par moi comme à peine dignes de pitié. Je m'estime une divinité et ne conçois pas qu'un homme comme G... puisse avoir l'idée de me plaire. A peine pourrais-je traiter d'égal un roi. Je crois que c'est très bien. Je regarde les hommes d'une telle hauteur, que je suis charmante pour eux, car il ne sied pas de mépriser ceux qui sont si bas. Je les regarde comme un lièvre regarderait une souris.

Jeudi 29 juillet. — Nous devions partir aujourd'hui, j'ai subi tous les ennuis qui accompagnent un départ. On se fâche, on court, on oublie, on se rappelle, on crie; je suis toute déferrée, et voilà qu'on parle de rester jusqu'à samedi.

Mon oncle Étienne voudrait remettre. Il n'a le courage de rien. C'est un caractère!....

Il devait quitter la Russie au commencement d'avril et n'est parti qu'en juillet. C'est impatientant, nous restons. En voyant que je suis contrariée et que je dis que je ne partirai plus, chacun plie devant moi, et je fais la capricieuse.

Lundi 2 août. — Après une journée de magasiniers, de couturiers et de modistes, de promenade et de coquetterie, je passe un peignoir et lis mon bon ami Plutarque.

J'ai une imagination gigantesque ; je rêve les galanteries des siècles passés et, sans m'en douter, je suis la plus romanesque des femmes, et que c'est malsain !

Je me pardonne très facilement l'adoration pour le duc, car je le trouve digne de moi sous tous les rapports.

Mardi 17 août. — J'ai rêvé de la Fronde ; je venais d'entrer au service d'Anne d'Autriche, elle se défiait de moi, et je la conduisais au milieu du peuple mutiné, en criant : Vive la Reine ! et le peuple criait après moi : Vive la Reine !

Mercredi 18 août. — Nous passons la journée à m'admirer, maman m'admire, la princesse G. m'admire ; elle dit continuellement que je ressemble à maman ou à sa fille ; or, c'est le plus grand compliment qu'on puisse faire. On ne pense de personne mieux que de soi. C'est que, vraiment, je suis jolie. A Venise, dans la grande salle du Palazzo Ducal, la peinture du plafond par Paul Véronèse représente Venise sous les traits d'une femme grande, blonde, fraîche ; je rappelle cette peinture. Mes portraits photographiques ne pourront jamais bien me représenter, la couleur manque, et ma fraîcheur, ma blancheur sans pareilles sont ma principale beauté. Mais qu'on me mette de mauvaise humeur, qu'on me mécontente en quelque chose, que je me fatigue, adieu ma beauté ! rien de plus fragile que moi. Quand je suis heureuse, tranquille, alors seulement je suis adorable.

Quand je suis fatiguée ou fâchée, je ne suis pas belle, je suis plutôt laide. Je m'épanouis au bonheur comme les fleurs au soleil. On me verra, on a le temps, Dieu merci ! Je ne fais que commencer à devenir ce que je serai à vingt ans.

Je suis comme Agar dans le désert, j'attends et je désire une âme vivante.

Paris. *Mardi 24 août.* — J'espère entrer dans le monde, dans ce monde que j'appelle à grands cris et à deux genoux, car c'est ma vie, mon bonheur. Je commence à vivre et à tâcher de réaliser mes rêves de devenir célèbre : je suis déjà connue par bien des gens. Je me regarde dans la glace et je me vois jolie. Je suis jolie, que me faut-il de plus ? Ne puis-je pas tout avec cela ? Mon Dieu, en me donnant ce peu de beauté (je dis peu par modestie), c'est encore trop venant de vous, ô mon Dieu ! Je me sens belle, il me semble que tout me réussira. Tout me sourit et je suis heureuse, heureuse, heureuse !

Le bruit de Paris, cet hôtel grand comme une ville, avec ce monde toujours marchant, parlant, lisant, fumant, regardant, m'étourdissent. J'aime Paris et mon cœur bat. Je veux plus vite vivre, plus vite, vite... (« Je n'ai jamais vu une telle fièvre de la vie, dit D.. en me regardant. ») C'est vrai, je crains que ce désir de vivre à la vapeur ne soit le présage d'une existence courte. Qui sait? Allons, voilà que je deviens mélancolique... Non, je ne veux pas de mélancolie...

Dimanche 6 septembre. — Au Bois, il y a tant de Niçois qu'un moment il m'a semblé être à Nice. Nice est si beau en septembre! Je me souviens de l'année dernière, mes promenades matinales avec mes chiens, ce ciel si pur, cette mer si argentée. Ici, il n'y a ni matin, ni soir. Le matin, on balaye; le soir, ces innombrables lanternes m'agacent. Je me perds ici, je ne sais distinguer le levant du couchant. Tandis que là-bas on est si bien! On est comme dans un nid, entouré par ces montagnes, ni trop hautes ni trop arides. On est de trois côtés protégé comme par un manteau gracieux et commode et, devant soi, on a une fenêtre immense, un horizon infini, toujours le même et toujours nouveau. J'aime Nice; Nice, c'est ma patrie; Nice m'a fait grandir, Nice m'a donné la santé, les fraîches couleurs. C'est si beau! On se lève avec le jour et on voit paraître le soleil, là-bas, à gauche, derrière les montagnes qui se détachent en vigueur sur le ciel bleu argent, si vaporeux et doux qu'on étouffe de joie. Vers midi, il est en face de moi; il fait chaud, mais l'air n'est pas chaud, il y a cette incomparable brise qui rafraîchit toujours. Tout semble endormi. Il n'y a pas une âme sur la Promenade, sauf deux ou trois Niçois assoupis sur les bancs. Alors je respire, j'admire. Le soir, encore le ciel, la mer, les montagnes. Mais le soir, c'est tout noir ou gros bleu. Et quand la lune luit, ce chemin immense dans la mer, qui semble être un poisson aux écailles de diamant, et quand je suis à ma fenêtre avec une glace devant et deux bougies, tranquille, seule, je ne demande rien et je me prosterne devant Dieu! Oh! non, on ne comprendra pas ce que je veux dire. On ne comprendra pas, parce que l'on n'a pas éprouvé. Non, ce n'est pas cela ; c'est que je suis désespérée toutes les fois que je veux faire comprendre ce que je sens!!.. C'est comme dans un cauchemar quand on n'a pas la force de crier !

D'ailleurs, jamais aucun écrit ne donnera la moindre idée de la vie réelle. Comment expliquer cette fraîcheur, ces parfums de souvenir? On peut inventer, on peut créer, mais on ne peut pas copier.. On a beau sentir en écrivant, il n'en résulte que des mots communs : bois, montagne, ciel, lune ; tout le monde dit la même chose. Et d'ailleurs, pourquoi tout cela, qu'importe aux autres ? Les autres ne comprendront jamais, puisque ce ne sont pas eux, mais moi ; moi seule, je comprends, je me souviens. Et puis, les hommes ne valent pas la peine qu'on prendrait pour leur faire comprendre tout cela. Chacun sent comme moi, pour soi. Je voudrais arriver à voir les autres sentir comme moi, pour moi ; c'est impossible, il leur faudrait être *moi*.

Ma fille, ma fille, laisse cela tranquille, tu te perds dans des subtilités. Tu deviendras folle, si tu t'acharnes après cela, comme jadis après ton fond... Il y a tant de gens d'esprit! Eh bien, non ! je voulais dire que c'est à eux de démêler... Eh bien, non ! Ils savent créer, mais démêler, non, non, cent mille fois non ! Dans tout cela, ce qui est très clair, c'est que j'ai le mal du pays de Nice.

Lundi 6 septembre. — Dans cet abattement et dans cette douleur affreuse de tous les instants, je ne maudis pas la vie, au contraire, je l'aime et je la trouve bonne. Le croira-t-on? je trouve tout bon et agréable, jusqu'aux larmes, jusqu'à la douleur. J'aime pleurer, j'aime me désespérer, j'aime à être chagrine et triste.

Jé regarde tout cela comme autant de divertissement et j'aime la vie malgré tout. Je veux vivre. Ce serai cruel de me faire mourir quand je suis si accommodante. Je pleure, je me plains, et en même temps cela me plaît ; non, pas cela.. Je ne sais comment dire.. Enfin tout dans la vie me plaît, je trouve tout agréable. Et tout en demandant le bonheur, je me trouve heureuse d'être misérable. Ce n'est plus moi qui me trouve ainsi ; mon corps pleure et crie ; mais quelque chose dans moi, qui est au-dessus de moi, se réjouit de tout. Ce n'est pas que je préfère les larmes à la joie, mais, loin de maudire la vie dans les moments désespérés, je la bénis et me dis : Je suis malheureuse, je me plains, mais je trouve la vie si belle que tout me paraît beau et heureux et que je veux vivre ! Apparemment ce quelqu'un qui est au-dessus de moi et qui se réjouissait de tant pleurer est sorti ce soir, car je me sens bien malheureuse !

Je n'ai encore fait de mal à personne, et on m'a déjà offensée, calomniée, humiliée ! Comment puis-je aimer les hommes ! je les déteste, mais Dieu ne permet pas la haine. Mais Dieu m'abandonne, mais Dieu m'éprouve. Eh bien, s'il m'éprouve, il doit cesser l'épreuve. Il voit comment je prends la chose ; il voit que je ne cache pas ma douleur sous une lâche hypocrisie, comme ce coquin de Job, qui, en minaudant devant Notre-Seigneur, en a fait sa dupe.

Une chose me chagrine par-dessus tout, c'est, non pas la chute de tous mes plans, mais le regret que me cause cette suite de mésaventures. Non pas pour moi — je ne sais si on me comprendra — mais parce que je suis peinée de voir s'accumuler des taches sur une robe blanche qu'on voulait conserver propre.

A chaque petit chagrin, mon cœur se serre, non pas pour moi, mais de pitié, car chaque chagrin est comme une goutte d'encre tombant dans un verre d'eau, il ne s'efface jamais et ajoute à ses prédécesseurs, rend le verre d'eau claire gris, noir et sale. On a beau ajouter de l'eau après, le fond crasseux reste toujours. Mon cœur se serre parce que c'est chaque fois une tache ineffaçable sur ma vie, dans mon âme. N'est-ce pas? on sent une tristesse profonde en face d'une chose irréparable, quelque insignifiante qu'elle soit.

Jeudi 9 septembre. — Nous sommes à Marseille, l'argent n'est pas arrivé. Ma tante, pour ne pas me faire attendre, est sortie pour engager ses diamants. Je me sens plus près de Nice, de ma ville, car, quoi que je dise, c'est ma ville. Je ne serai tranquille qu'à Florence avec tous mes chiffons. J'ai fait brosser ma robe et mon chapeau, et attends ma tante pour aller faire un tour dans la ville.

J'ai acheté un roman dans je ne sais plus quelle gare, mais il était si mal écrit, que, de peur de gâter mon style déjà si mauvais, je l'ai jeté par la fenêtre et je reviens à Hérodote que je vais lire à l'instant.

Ah! le beau résultat! Pauvre tante! je me prosterne devant elle. Dans quels lieux a-t-elle été? Quelles gens elle a vus! Et tout cela pour moi! N'osant demander au cocher où se trouvait le Mont-de-Piété, elle lui demanda où l'on conserve les diamants. Nous avons ri ensemble de cet endroit où l'on conserve les diamants. A une heure nous quittons cette ville qui sent si mauvais.

Depuis Antibes, je m'égosille à chanter des chansons niçoises, au grand ébahissement des employés des gares. Plus nous approchions, plus mon impatience croissait.

**

La voilà, cette Méditerranée après laquelle je soupirais! Ces arbres noirs! Et il fait justement un clair de lune qui illumine ce chemin dans la mer.

Calme parfait; ni roulement de voiture ni mouvement perpétuel de ces hommes qui me paraissaient des petits bonshommes, de ma fenêtre du Grand-Hôtel. Calme, silence, obscurité mal éclairée par la lune qui se cache; à peine quelques lanternes qui courent les unes après les autres.

J'entre dans ma chambre, dans mon cabinet de toilette; j'ouvre la fenêtre pour voir le château, toujours le même, et l'heure sonnait, je ne sais plus quelle heure, et mon cœur s'est serré!

Ah! je puis bien nommer cette année: l'année des soupirs! Je suis un peu fatiguée, mais j'aime Nice!... j'aime Nice!

Vendredi 10 septembre (Voyage à Florence). — Les moustiques m'ont réveillée dix fois la nuit; mais je me réveille un peu pâle, et à mon aise. Ah! les Anglais savent bien ce qu'ils entendent par *Home*. Quelle qu'elle soit, la maison est l'endroit le plus agréable; ça ne tient ni au confortable ni à la richesse, car voyez notre maison, tout est sens dessus dessous, à peine les meubles nécessaires, désordre, désolation, et pourtant j'y suis bien : c'est que je suis chez moi, à moi, à moi!...

Je ne pense pas même à mes robes, je trouve tout

bien. O Nice, je ne pensais jamais la revoir avec de tels transports! et si on m'avait entendue jurer et la maudire depuis Marseille, on dirait que je la déteste. C'est mon habitude de mal parler des gens et des choses que j'aime.

**

Je marche silencieuse et blanche comme une ombre, en recueillant mes souvenirs épars par toute la Promenade. Nice, pour moi, c'est la Promenade des Anglais. Chaque maison, chaque arbre, chaque poteau de télégraphe est un souvenir bon ou mauvais, amoureux ou commun. Il me semble que je reviens de Spa, d'Ostende, de Londres. Tout est pareil. Il y a même cette odeur de bois qui est particulière aux meubles neufs.

Je monte chez moi, je fais une délicieuse coiffure Empire et mets ma robe blanche. La robe du portrait. C'est une grande robe comme les statues, avec les manches que je retrousse au-dessus du coude, décolletée devant rondement, un peu derrière, de façon à laisser voir la naissance du cou, avec une large valenciennes retombante. Le vêtement flottant et serré à la taille par un ruban et sous la poitrine aussi par deux rubans cousus et noués devant par un simple nœud. Pas de gants, pas de bijoux. Je suis enchantée de moi. Sous cette laine blanche, mes bras blancs, oh! mais blancs!... je suis jolie, je suis animée. Oh! suis-je vraiment à Nice?

Dimanche 12 septembre. — Le soir à Florence. La ville me paraît médiocre, mais l'animation est grande. A tous les coins de rue on vend les melons d'eau par monceaux. Ces melons d'eau si rouges et si frais me tentèrent beaucoup. Notre fenêtre donne sur la place et sur l'Arno. Je me fais apporter un programme des fêtes; le premier jour était aujourd'hui. Je croyais que mon cousin Victor-Emmanuel saurait profiter de l'occasion si belle qui lui est offerte : le centenaire de Michel Angelo Buonarroti! Sous ton règne, faquin!!! et tu ne convoques pas tous les souverains, et tu ne leur donnes pas des fêtes comme on n'en a jamais vu! Et tu ne fais pas tapage!!! O roi, ton fils, ton petit-fils et leurs fils régneront et n'auront pas cette occasion, ô grosse masse de chair! O roi sans ambition, sans amour-propre! Il y a bien des congrès de toutes sortes, des concerts, des illuminations, un bal au Casino, l'ex-palais Borghèse... mais pas un roi!... Rien comme j'aime! rien comme je veux!...

Lundi 13 septembre. — Voyons, que je rassemble un peu mes idées. Plus j'ai à raconter, moins j'écris... C'est que je suis impatientée, énervée, quand j'ai beaucoup à dire.

Nous parcourons toute la ville en landau et en toilette. Oh! que j'aime ces maisons sombres, ces portiques, ces colonnes, cette architecture massive, grandiose! Soyez honteux, architectes français, russes, anglais, cachez-vous sous terre! Palais de pacotille de Paris, enfoncez-vous, croulez sous terre. Pas le Louvre, il est « incritiquable », mais le reste. Jamais on n'atteindra à cette magnificence superbe des Italiens. J'ouvris de grands yeux en voyant les pierres immenses du Palazzo Pitti!... La ville est sale, presque en guenilles, mais combien de beautés il y a! O cité de Dante, des Médicis, de Savonarole! que tu es pleine de superbes souvenirs pour ceux qui pensent, qui sentent, qui savent! Que de chefs-d'œuvre!

que de ruines! O faquin de roi, oh! si j'étais reine!...

J'adore la peinture, la sculpture, l'art enfin partout où il se trouve. Je pourrais passer des journées entières dans ces galeries; mais ma tante est souffrante, elle a peine à me suivre, et je me sacrifie. D'ailleurs, la vie est devant moi, j'aurai le temps de revoir.

Au Palazzo Pitti, je ne trouve pas un costume à copier, mais quelle beauté, quelle peinture!...

Faut-il le dire? c'est que je n'ose pas... On criera : Haro! haro! — Allons, en confidence!. Eh bien, la « Vierge à la chaise » de Raphaël ne me plaît pas. La figure de la Vierge est pâle, le teint n'est pas naturel, l'expression est plutôt d'une femme de chambre que de la sainte Vierge, mère de Jésus... Oh! mais, il y a une « Madeleine » du Titien qui m'a ravie. Seulement — il y a toujours un seulement — elle a des poignets trop gros et des mains trop grasses : de belles mains d'une femme de cinquante ans. Il y a des choses de Rubens, de Van Dyck, ravissantes. Le « Mensonge » par Salvator Rosa est très naturel, très bien. Je ne juge pas en connaisseur; ce qui ressemble le plus à la nature me plaît le plus. La peinture n'a-t-elle pas pour but d'imiter la nature?

J'aime beaucoup la grasse et fraîche figure de la femme de Paolo Veronese, peinte par lui. J'aime le genre de ses figures. J'adore Titien, Van Dyck; mais ce pauvre Raphaël!... Pourvu que personne ne sache ce que j'écris! on me prendrait pour une bête. Je ne critique pas Raphaël, je ne le comprends pas; avec le temps, sans doute je comprendrai ses beautés. Cependant le portrait du pape Léon... je ne sais plus combien... X, je crois, est admirable.

Une « Vierge avec l'enfant Jésus, » de Murillo, a attiré mon attention; c'est frais, c'est naturel.

A ma grande satisfaction, j'ai trouvé la galerie des tableaux plus petite que je ne pensais. C'est assassinant, ces galeries sans fin, ce labyrinthe plus terrible que celui de Crète.

J'ai passé deux heures dans le palais, je ne me suis pas assise un instant et je ne suis pas fatiguée!... C'est que les choses que j'aime ne me fatiguent pas. Tant qu'il y a tableaux et surtout statues à voir, je suis de fer. Ah! si on me faisait marcher dans les magasins du Louvre ou du Bon Marché, même chez Worth, alors je pleurerais au bout de trois quarts d'heure.

Aucun voyage ne m'a aussi satisfaite que celui-ci, je trouve enfin des choses dignes d'être vues. J'adore ces sombres palais Strozzi. Et j'adore ces portes immenses, ces cours superbes, ces galeries, ces colonnades. C'est majestueux, c'est grand, c'est beau !... Ah! le monde dégénère; on a envie de crouler sous terre en comparant les constructions modernes à ces pierres gigantesques entassées les unes sur les autres et montant jusqu'au ciel. On passe sous des ponts qui réunissent des palais à une hauteur prodigieuse...

O ma fille, ménage tes expressions; que diras-tu de Rome ?

1875

Nice. — *Jeudi 30 septembre.* — Je descends dans mon laboratoire et, ô horreur! toutes mes fioles, tous mes ballons, tous mes sels, tous mes cristaux, tous mes acides, tous mes tubes sont débouchés et entassés dans une sale caisse avec le plus grand désordre. Je me mets en fureur, m'assieds par terre et commence de finir de briser les choses qui l'étaient à moitié. Quant à ce qui est intact, je ne le touche pas, je ne m'oublie jamais.

— Ah ! vous avez cru que Marie est partie, donc elle est morte ! On peut tout casser, tout disperser ! criais-je en brisant toujours.

Ma tante au commencement se taisait, puis :

— Est-ce que c'est une jeune fille ? c'est un monstre, une horreur !

Au milieu de ma colère, je ne puis m'empêcher de sourire. Car *cette affaire* est tout à l'extérieur, elle n'est pas dans mon fond, et, en ce moment, j'ai le bonheur de toucher mon fond, donc je suis parfaitement tranquille et je regarde tout cela comme si cela concernait une autre que moi.

Vendredi 1er octobre. — Dieu ne fait pas ce que je le prie de faire, je me résigne (pas du tout, j'attends). Oh! que c'est ennuyeux d'attendre et de ne pouvoir rien faire qu'attendre! Tout cela abîme la femme : les contrariétés, les résistances des choses d'alentour.

« Si l'homme après sa naissance et dans ses pre-
« miers mouvements n'éprouvait pas de résistance dans
« le contact des choses d'alentour, il arriverait à ne
« pas se distinguer d'avec le monde extérieur, à croire
« que ce monde fait partie de lui-même, de son corps;
« à mesure qu'il y atteindrait de son geste ou de son
« pas, il arriverait à se persuader que le tout n'est
« qu'une dépendance et une extension de son être per-
« sonnel, il dirait avec confiance : L'Univers, c'est
« moi. »

Vous avez bien raison de dire que c'est trop bien fait pour être de moi, aussi ne chercherai-je pas à vous le faire accroire. C'est un philosophe qui l'a dit et je le répète. Eh bien, c'est comme cela que j'avais rêvé de vivre, mais le contact des choses d'alentour m'a fait des bleus, ce dont je suis excessivement fâchée.

* *
*

Toutes les personnes qui me plaisaient, j'ai osé les comparer avec le duc. C'est étrange, eh bien, à toutes les occasions il me revient tout entier et j'en remercie Dieu, car il est ma lumière. Oh! quelle différence! comme je me souviens!... Tout mon bonheur consistait à l'apercevoir, je restais sur la terrasse, je le voyais passer quelquefois et je revenais folle à la maison. Je me jetais dans les bras de Colignon, je cachais ma figure sur sa poitrine, elle me laissait faire et puis doucement me faisait lever et me conduisait à la leçon, tout étourdie encore, ivre de bonheur!

Oh! que je comprends bien cette expression ivre de bonheur, car je l'étais. Je ne le regardais pas comme un semblable, je n'ai jamais sérieusement pensé à le connaître. Le voir... le voir encore... et voilà tout ce que je demandais!... Je l'aime encore et je l'aimerai toujours!...

Qu'il est bon de parler de lui!... Comme ce souvenir est pur!... En y pensant, je sors de cette fange niçoise, je m'élève, je l'aime.

Quand je pense à cela, je ne puis beaucoup écrire, je pense, j'aime et c'est tout.

*
* *

Les désordres dans la maison sont un grand chagrin pour moi; les détails du service, les chambres sans meubles, cet air de dévastation, de misère me fendent le cœur! Mon Dieu, prenez-moi en pitié et aidez-moi à arranger cela. Je suis seule. Pour ma tante, tout lui est égal : que la maison croule, que le jardin dessèche... Je ne parle même pas des détails... Et moi, ces détails mal soignés m'énervent, me gâtent le caractère. Quand tout est beau, confortable et riche autour de moi, je suis bonne, gaie, et bien. Mais la désolation et le vide me font désolée et vide de tout. L'hirondelle s'arrange son nid, le lion sa fosse, comment l'homme, si supérieur aux animaux, ne veut-il rien faire?

Si je dis : si supérieur, ça ne veut pas dire que je

l'estime, non. Je méprise profondément le genre humain et par conviction. Je n'attends rien de bon de lui. Il n'y a pas ce que je cherche et espère : — une âme bonne et parfaite. — Ceux qui sont bons sont bêtes, et ceux qui ont de l'esprit sont ou rusés, ou trop occupés de leur esprit pour être bons. De plus, chaque créature est essentiellement égoïste. Or cherchez-moi de la bonté chez un égoïste. L'intérêt, la ruse, l'intrigue, l'envie!! Bienheureux ceux qui ont de l'ambition, c'est une noble passion; par vanité et par ambition on tâche de paraître bon devant les autres et par moments, et c'est mieux que de ne l'être jamais.

Eh bien, ma fille, avez-vous épuisé toute votre science? — Pour le moment oui. — Au moins ainsi j'aurai moins de déceptions!... Aucune lâcheté ne me chagrinera, aucune vilaine action ne me surprendra. Il arrivera sans doute un jour où je penserai avoir trouvé un homme, mais ce jour-là je me tromperai laidement. Je prévois bien ce jour. Je serai aveuglée, je dis cela maintenant que je vois clair... mais à ce compte, pourquoi vivre? puisque tout est vilenie et scélératesse dans ce monde?... Pourquoi? Parce que je comprends que c'est ainsi, moi. Parce que, quoi qu'on dise, la vie est une fort belle chose. Et parce que, sans trop approfondir, on peut vivre heureusement. Ne compter ni sur l'amitié ni sur la reconnaissance, ni sur la fidélité, ni sur l'honnêteté; s'élever bravement au-dessus des misères humaines et s'arrêter entre elles et Dieu. Prendre tout ce qu'on peut de la vie et vivement; ne pas faire de mal à ses semblables, ne pas laisser échapper un instant de plaisir, s'arranger une vie commode, bruyante et magnifique; s'élever absolument et autant que possible au-dessus des autres; être puissant! Oui, puissant! puissant! Par n'importe quoi !... Alors on est craint ou respecté. Alors on est fort, et c'est le comble de la félicité humaine, parce qu'alors les semblables sont muselés, ou par lâcheté ou par autre chose, et ne vous mordent pas.

N'est-il pas étrange de m'entendre raisonner de la sorte? Oui, mais ces raisonnements chez un jeune chien comme moi sont une nouvelle preuve de ce que vaut le monde... Il faut qu'il soit bien imbibé de saleté et de méchanceté pour qu'en si peu de temps il m'ait tellement attristée. J'ai quinze ans seulement.

Et cela prouve la divine miséricorde de Dieu, car lorsque je serai complètement initiée aux laideurs de ce monde, je verrai qu'il n'y a que *Lui* tout en haut dans le ciel, *moi* tout en bas sur la terre. Cette conviction me donnera une plus grande force. Je ne toucherai aux choses vulgaires que pour m'élever et je serai heureuse quand je ne prendrai pas à cœur les petitesses autour desquelles les hommes tournent, combattent, se mangent et se déchirent, comme des chiens affamés.

Voilà bien des mots! Et où vais-je m'élever? Et comment? Oh! des visions !...

Je m'élève mentalement, toujours mentalement, mon âme est grande, je suis capable d'immenses choses, mais à quoi tout cela me sert-il? puisque je vis dans un coin sombre, ignorée de tous!

Tenez, voilà que je regrette mes fichus semblables! Mais je ne les ai jamais dédaignés, je les cherche au contraire; sans eux, il n'y a rien en ce monde. Seulement, seulement je les estime ce qu'ils valent et je veux m'en servir.

La multitude, c'est tout. Que m'importent quelques

êtres supérieurs, il me faut tout le monde, il me faut de l'éclat, du bruit.

Quand je pense que... Revenons au mot éternellement ennuyeux et nécessaire... Attendons !... Ah ! si l'on savait combien il me coûte d'attendre !

Mais j'aime la vie, j'aime les ennuis comme les joies. J'aime Dieu et j'aime son monde avec toutes ses vilenies, et malgré toutes ses vilenies, et peut-être même à cause de toutes ses vilenies.

* * *

Il fait très bon encore, l'air est doux, la lune est claire, les arbres sont noirs, Nice est belle ; je ne préférerais pas la plus belle vue du monde à celle que j'ai de ma fenêtre. Il fait beau, mais il fait triste, triste, triste.

Je lirai encore un peu, puis j'irai continuer mon roman cérébral.

Pourquoi ne peut-on jamais parler sans exagérer ? Mes réflexions noires seraient justes, si elles étaient un peu plus calmes ; leur forme violente leur ôte de leur naturel.

Il y a de froides âmes, il y a de belles actions et il y a des cœurs honnêtes, mais par élans et si rarement qu'on ne peut les confondre avec tout le monde.

On dira peut-être que j'ai ces idées parce que je suis contrariée par quelque chose ; mais non, j'ai mes contrariétés habituelles et rien de particulier. Ne cherchez pas autre chose que ce qu'il y a dans ce journal, je suis scrupuleuse et ne passe jamais sous silence ni une pensée ni un doute. Je me reproduis aussi fidèlement que me le permet mon pauvre esprit. Et si on ne me croit pas, si on cherche à voir au delà ou en dedans de ce que je dis, tant pis ! On ne verra rien, car il n'y a rien.

Samedi 9 octobre. — Si j'étais née princesse de Bourbon comme Madame de Longueville, si j'avais pour serviteurs des comtes; pour parents et amis, des rois ; si, dès les premiers pas dans la vie, je n'avais rencontré que des têtes baissées, que des courtisans empressés, si je n'avais marché que sur des blasons, et dormi que sous des dais royaux, si j'avais toute une suite d'aïeux, les uns plus glorieux, plus fiers que les autres; si j'avais tout cela, il me semble que je ne serais ni plus fière, ni plus arrogante que je ne suis.

O mon Dieu, combien je vous bénis ! Ces idées qui me viennent de vous, me retiendront dans le droit chemin et ne me feront pas un instant quitter des yeux l'étoile lumineuse vers laquelle je marche ?

Je crois qu'en ce moment je ne marche pas du tout. Mais je marcherai, et pour si peu on ne dérange pas une aussi belle phrase...

Ah ! je suis lasse de mon obscurité ! Je dessèche d'inaction, je moisis dans les ténèbres. Le soleil, le soleil, le soleil !...

De quel côté me viendra-t-il ? Quand ? où ? comment ? Je ne veux rien savoir, pourvu qu'il vienne !

Dans mes moments de folie de grandeur, tous les objets me semblent indignes d'être touchés, ma plume se refuse à écrire le nom de tous les jours. Je regarde avec un dédain surnaturel tout ce qui m'entoure et puis je me dis, en soupirant : Allons, du courage, ce temps n'est qu'un passage qui me conduit où je serai bien.

Vendredi 15 octobre. — J'oublie ! Ma tante est allée acheter des fruits devant l'église Saint-Reparate, dans la ville de Nice.

Les femmes tout de suite ont fait cercle autour de moi. J'ai chanté à demi-voix le *Rossigno che volà.* Cela les a enthousiasmées et les plus vieilles se mirent à danser; j'ai dit ce que je sais en niçois. En un mot, triomphe populaire. La marchande de pommes me fit la révérence en s'écriant : *Che bella regina !*

Je ne sais pourquoi les gens du commun m'aiment et, moi-même, je me sens bien entre eux, je me crois reine, je leur parle avec *bienveillance* et m'en vais après une petite ovation comme aujourd'hui. Si j'étais reine, le peuple m'adorerait.

Lundi 27 décembre. — J'ai fait un drôle de rêve. Je volais très haut au-dessus de la terre, une lyre à la main dont les cordes se défaisaient à chaque instant, et je ne parvenais à en tirer aucun accord. — Je m'élevais toujours, je voyais des horizons immenses, des nuages bleus, jaunes, rouges, mélangés, dorés, argentés, déchirés, étranges, puis tout devenait gris, puis de nouveau éblouissant; et je m'élevais toujours jusqu'à ce qu'enfin j'arrivais à une si grande hauteur que c'était effrayant; mais je n'avais pas peur, les nuages semblaient gelés, grisâtres et brillants comme du plomb. Tout devint vague, j'avais ma lyre à la main toujours avec ses cordes mal tendues, et au loin sous mes pieds était une boule rougeâtre, la terre.

***

Toute ma vie est dans ce journal, mes plus calmes

moments sont ceux où j'écris. Ceux-là sont peut-être mes seuls moments calmes.

Si je meurs bientôt, je brûlerai tout, mais si je meurs vieille, on lira ce journal. Je crois qu'il n'y a pas encore de photographie, si je puis m'exprimer ainsi, de toute une existence de femme, de toutes ses pensées, de tout, de tout. Ce sera curieux.

Si je meurs jeune, bientôt, et si par malheur ce journal n'est pas brûlé, on dira : Pauvre enfant ! elle a aimé, et tout son désespoir vient de là !

Qu'on le dise, je ne veux pas prouver le contraire, car plus je dirai, moins on me croira.

Qu'y a-t-il de plus stupide, de plus lâche, de plus vil que le genre humain ? Rien ! rien ! Le genre humain a été créé pour la perdition du... Bon, j'allais dire pour la perdition du genre humain.

Il est trois heures du matin, et, comme dit ma tante, en veillant je ne gagnerai rien.

Ah ! je suis impatiente. Mon temps viendra, je veux bien le croire, mais quelque chose me dit qu'il ne viendra jamais, que je passerai toute ma vie à attendre... toujours attendre. Et attendre... attendre !...

Je suis fâchée et je n'ai pas pleuré, je ne me suis pas couchée par terre. Je suis calme. C'est mauvais signe ; il vaut mieux être furieuse.

Mardi 28 décembre. — J'ai froid, ma bouche brûle. Je sais bien que c'est indigne d'un esprit fort, de s'abandonner à un vil chagrin, de se ronger les doigts pour les dédains d'une ville comme Nice ; mais secouer la tête, sourire avec mépris et ne plus y penser serait trop fort. Pleurer et rager me fait plus de plaisir.

Je suis arrivée à un tel énervement que chaque morceau de musique qui n'est pas un galop me fait pleurer. Dans chaque opéra je me retrouve, les paroles les plus ordinaires me frappent au cœur.

Un pareil état ferait honneur à une femme de trente ans. Mais à quinze ans avoir des nerfs, pleurer comme une bête à chaque stupide phrase sentimentale !

Tout à l'heure encore je suis tombée à genoux en sanglotant et en implorant Dieu, les bras étendus et les yeux fixés devant moi, tout comme si Dieu était là, dans ma chambre !

Il paraît que Dieu ne m'entend pas; pourtant je crie assez fort. Je crois que je dis des impertinences au bon Dieu.

En ce moment je suis si désespérée, si malheureuse que je ne désire rien ! Si toute la société ennemie de Nice venait s'agenouiller devant moi, je ne bougerais pas !

Si ! si ! je lui donnerais un coup de pied ! Car enfin qu'est-ce que nous leur avons fait ?

Mon Dieu, est-ce que toute ma vie sera ainsi ? !

Lundi, il y aura un tir aux pigeons; je ne m'en inquiète seulement pas. Et avant ?

Je voudrais posséder le talent de tous les auteurs réunis pour pouvoir donner une juste idée de mon profond désespoir, de mon amour-propre blessé, de tous mes désirs contrariés.

Il suffit que je désire pour que rien n'arrive !...

Trouverai-je jamais un chien de la rue, affamé et battu par tous les gamins, un cheval qui depuis le matin jusqu'au soir traîne des poids énormes, un âne de moulin, un rat d'église, un professeur de mathématiques sans leçons, un prêtre destitué, un... diable quelconque assez écrasé, assez misérable, assez triste, assez humilié, assez abattu, pour le comparer à moi ?

Ce qu'il y a d'affreux chez moi, c'est que les humiliations passées ne glissent pas sur mon cœur, mais y laissent leur trace hideuse !

Jamais vous ne comprendrez ma situation ; jamais vous ne vous rendrez compte de mon existence. Vous rirez... riez, riez ! Mais peut-être se trouvera-t-il quelqu'un qui pleurera. Dieu, ayez pitié de moi, entendez ma voix ; je vous jure que je crois en vous.

Une vie comme ma vie, avec un caractère comme mon caractère !!!

Je n'ai même pas les amusements de mon âge ! Je n'ai même pas ce que chaque Américaine aux jupes retroussées a ; je ne danse même pas !...

Mercredi 29 décembre. — Mon Dieu, si vous me faites vivre comme j'aime, je vous promets, mon Dieu, si vous me prenez en pitié, je vous promets d'aller depuis Kharkoff jusqu'à Kieff à pied, comme les pèlerins. Si en outre vous satisfaites mon ambition et si vous me rendez tout à fait heureuse, je vous promets d'aller à Jérusalem et de faire le dixième du chemin à pied.

N'est-ce pas un péché de faire ce que je fais ? Des saints ont fait des vœux, oui, mais j'ai l'air de faire des conditions. Non, Dieu voit que mon intention est bonne, et, si je fais mal, il me pardonnera, car je désire bien faire.

Mon Dieu, pardonnez-moi et prenez-moi en pitié, faites que j'accomplisse mes promesses !

Sainte Marie, c'est peut-être bête, mais il me semble que, comme femme, vous êtes plus clémente, plus indulgente, prenez-moi sous votre protection, et je jure de consacrer un dixième de mon revenu à toutes sortes de bonnes œuvres... Si je fais mal, c'est sans le vouloir. Pardon !

1876

Rome. — *Samedi 1ᵉʳ janvier*. — O Nice, Nice, y a-t-il une plus jolie ville au monde après Paris? Paris et Nice; Nice et Paris! La France, rien que la France, on ne vit qu'en France.

Il s'agit d'étudier, puisque je suis à Rome pour cela. Rome ne me fait pas l'effet de Rome.

Est-ce bien Rome? Peut-être me suis-je trompée? Vivre dans une autre ville que Nice, est-ce possible? Passer par des villes, les visiter, oui, mais s'y installer !

Bast ! je m'habituerai.

Et tous ces gens qui sont restés à Nice, il me semble qu'ils restent dans la position où je les ai laissés et ne bougeront que lorsque je serai de retour. Hélas ! ils bougent sans moi, ils s'amusent sans moi et ne se fichent pas mal de la « créature en blanc ».

Je voudrais, étant loin des yeux, être loin des langues.

On me dit qu'on s'occupe de moi. Je ne puis me l'imaginer.

Je ne pense qu'au mois de mai, quand je ferai mon

entrée à Nice, quand j'irai à la promenade des Anglais, le matin, sans chapeau, avec mes chiens.

Je suis ici comme une pauvre plante transplantée. Je regarde par la fenêtre et, au lieu de la Méditerranée, je vois de sales maisons; je veux regarder par l'autre fenêtre et, au lieu du château, je vois le corridor de l'hôtel. Au lieu de l'horloge de la tour, j'entends la pendule de l'hôtel...

C'est vilain de prendre des habitudes et de détester le changement.

Mercredi 5 janvier. — J'ai vu la façade de San-Pietro, c'est superbe; elle m'a ravi le cœur, surtout la colonnade gauche, parce qu'aucune maison ne la dépasse, et ces colonnes avec le ciel pour fond produisent l'effet le plus saisissant. On se croirait dans la vieille Grèce.

Le pont et le fort San-Angelo sont aussi d'après mon idée.

C'est grand, c'est sublime.

Et le Colisée !

Qu'ai-je à en dire après Byron?...

Lundi 10 janvier. — Nous sommes allées chez Mgr de Falloux; mais depuis vingt jours il ne quitte pas son lit. De là chez la comtesse Antonelli, mais elle a quitté Rome depuis dix jours. Enfin nous allons au Vatican. Je n'ai jamais vu les grands de près et je n'ai jamais su comment il fallait les aborder, néanmoins mon instinct me disait que nous ne faisions pas comme il fallait. Pensez, le cardinal Antonelli; le pape de fait, sinon de nom, le ressort qui faisait mouvoir toute la machine papale et qui la soutient encore à présent !

Nous arrivons avec une sublime confiance sous la colonnade droite, j'écarte, non sans peine, la foule de guides qui nous entoure, et au bas de l'escalier je m'adresse au premier soldat venu et lui demande : son Eminence. Ce soldat me renvoie au chef, qui me donne un autre soldat assez drôlement mis, qui nous fait monter quatre énormes escaliers de marbre de différentes couleurs, et nous arrivons enfin dans une cour carrée qui, à cause de l'inattendu, m'impose beaucoup. Je ne supposais pas une pareille vue dans l'intérieur d'un palais quel qu'il soit, bien que je sache, d'après des descriptions, ce que c'est que le Vatican.

En voyant cette immensité, je ne voudrais pas qu'on détruisît les papes. Ils sont déjà grands pour avoir fait une telle grandeur, et dignes d'être honorés pour avoir employé leur vie, leur puissance et leur or à laisser à la postérité ce colosse abracadabrant qu'on nomme le Vatican.

Dans cette cour nous trouvons des soldats ordinaires, et un officier et deux gardes vêtus comme des valets de carte. Je demande encore son Eminence. L'officier me prie poliment de donner mon nom, je l'écris, on l'emporte et nous attendons. J'attends, tout en admirant notre absurde escapade.

L'officier me dit que l'heure est mal choisie, que le cardinal est à table, et fort probablement il ne pourra recevoir personne. En effet, l'homme revient et nous dit que son Eminence vient de se retirer dans son appartement et ne peut pas recevoir, se sentant un peu indisposée; mais que, si nous voulons avoir la complaisance de laisser la carte en bas et de revenir « demain matin », elle nous recevra probablement.

Et nous partons, tout en riant de notre petite visite au cardinal Antonelli.

Vendredi 14 janvier. — A onze heures est venu Katorbinsky, mon jeune et polonais professeur de peinture, et avec lui il a amené un modèle, une vraie figure de Christ, en adoucissant un peu les lignes et les nuances. Ce malheureux n'a qu'une jambe ; il ne pose que pour la tête. Katorbinsky m'a dit que c'est lui qu'il prenait pour ses Christ.

Je dois avouer que je fus légèrement intimidée lorsqu'on me dit de copier d'après nature, comme ça, tout de suite, sans préparation ; je pris le fusain et dessinai bravement les contours. — « C'est bien, dit le maître ; à présent faites la même chose avec le pinceau. » — Je pris le pinceau et je fis ce qu'il disait.

— Bien, dit-il encore, à présent peignez.

Et je peignis et au bout d'une heure et demie c'était fait.

Mon malheureux modèle n'avait pas bougé, et moi, je n'en croyais pas mes yeux. Avec Binsa il me fallait deux ou trois leçons pour le contour au crayon et pour copier une toile, tandis qu'ici tout était fait en une fois et d'après nature, contour, couleur, fond. Je suis contente de moi, et si je le dis c'est que je le mérite. Je suis sévère et c'est difficile de me contenter, surtout moi-même.

Rien ne se perd en ce monde. Où irait donc mon amour ? Chaque créature, chaque homme a une égale partie de ce fluide renfermé en lui ; seulement, d'après sa constitution, son caractère et les circonstances, il paraît en avoir plus ou moins ; chaque homme aime *continuellement*, mais des objets différents, et lorsqu'il paraît ne pas aimer du tout, le fluide s'en va vers Dieu, ou vers la nature, en paroles, en écrits ou simplement en soupirs ou en pensées.

Maintenant il y a des créatures qui boivent, mangent, rient et ne font pas autre chose ; chez celles-là le fluide est ou bien absorbé par les instincts animaux, ou bien éparpillé sur tous les objets et sur tous les hommes en général, sans distinction, et ce sont là les personnes qu'on nomme bienveillantes et qui en général ne savent pas aimer.

Il y a aussi des créatures qui n'aiment personne, comme on dit vulgairement. C'est inexact, elles aiment toujours quelqu'un, mais d'une façon différente des autres, qui leur est particulière. Mais il y a encore des malheureux qui véritablement n'aiment pas, parce qu'ils ont aimé, et qu'ils n'aiment plus. Encore une erreur ! ils n'aiment plus, dit-on, bien... Pourquoi souffrent-ils alors? Parce qu'ils aiment toujours et pensent ne plus aimer. Ou à cause d'un amour contrarié ou de la perte d'une personne chère.

Chez moi, plus que chez tout autre, le fluide s'est fait sentir et se montre sans cesse ; si je le renfermais en moi-même, il me ferait éclater.

Je le répands comme une pluie bienfaisante sur un indigne géranium rouge qui ne s'en doute même pas. C'est une de mes fantaisies. Il me plaît, et j'imagine un tas de choses, et je m'habitue à penser à lui et une fois habituée, je me déshabitue difficilement.

Je suis triste ! je crains de craindre... Car lorsque je crains une vilenie, elle arrive toujours. Je n'ose pas prier Dieu, car je n'ai qu'à prier, pour que ce que je demande n'arrive pas. Je n'ose pas rester sans prier, car après je dirais : Ah ! si j'avais prié Dieu !

Décidément je vais prier, au moins je n'aurai rien à me reprocher.

Jeudi 20 janvier. — Aujourd'hui Facciotti m'a

fait chanter toutes mes notes ; j'ai trois octaves moins deux notes. Il a été émerveillé. Quant à moi, je ne me sens pas de joie. Ma voix, mon trésor ! mon rêve, c'est de me mettre glorieusement sur la scène. C'est pour moi tout aussi beau que de devenir princesse.

Nous sommes allées dans l'atelier de Monteverde, puis dans celui du marquis d'Epinay pour lequel nous avions une lettre. D'Épinay fait des statues merveilleuses ; il m'a montré toutes ses études, tous ses essais. Madame M... lui a parlé de Marie comme d'un être extraordinaire et artiste. Nous admirons et lui demandons de faire ma statue. Cela coûtera vingt mille francs. C'est cher, mais c'est beau. Je lui dis que je m'aime beaucoup. Il mesure mon pied sur celui d'une statue, le mien est plus petit ; d'Epinay s'écrie que c'est Cendrillon.

Il habille et coiffe admirablement ses statues. Je brûle de me faire sculpter.

*
* *

Dieu, entendez-moi ! Conservez ma voix ; si je perds tout, ma voix me restera. Mon Dieu, continuez à être bon pour moi, faites que je ne meure pas de dépit et de chagrin. J'ai tant envie d'aller dans le monde ! Le temps passe et je n'avance pas, je suis clouée à ma place, moi qui veux vivre, vivre en courant... en chemin de fer ; moi qui brûle, qui bous, qui m'impatiente.

« Je n'ai jamais vu une telle fièvre de vie », a dit Doria de moi.

Si vous me connaissiez, vous auriez une idée de mon impatience, de ma douleur !

Pitié ! mon Dieu, pitié ! Je n'ai que vous, c'est vous que je prie, c'est vous qui pouvez me consoler !

Samedi 22 janvier. — Dina s'est fait coiffer par un coiffeur, moi aussi; mais cet affreux animal m'arrange hideusement. En dix minutes je change tout et nous partons pour le Vatican. Je n'ai jamais rien vu de comparable aux escaliers et aux chambres que nous traversons. Comme à Saint-Pierre je ne trouve rien à critiquer. Un domestique tout habillé de damas rouge nous conduit dans une longue galerie adorablement peinte, avec des médaillons en bronze incrustés dans les murs et des camées. A droite et à gauche sont des chaises assez dures, et au fond le buste de Pie IX, au-dessous duquel se trouve un bon fauteuil doré, en velours rouge. L'heure fixée était onze heures trois quarts, mais à une heure seulement la portière s'ouvre et après quelques gardes, des officiers en uniforme, et entre plusieurs cardinaux, paraît le Saint-Père, habillé de blanc avec un manteau rouge, et s'appuyant sur une canne à pomme d'ivoire.

Je le connaissais bien par ses portraits, mais en réalité il est beaucoup plus vieux, tant que sa lèvre inférieure pend comme chez un vieux chien.

Tout le monde s'est mis à genoux; le pape s'approcha premièrement de nous et demanda qui nous étions; un cardinal lisait les lettres d'audience et lui disait les noms.

— Russes? Alors de Pétersbourg?

— Non, Saint-Père, dit maman, de la Petite-Russie.

— Ces demoiselles sont à vous? demanda-t-il encore.

— Oui, Saint-Père.

Nous étions à droite; ceux du côté gauche étaient à genoux.

— Relevez-vous, relevez-vous, dit le Saint-Père.

Dina voulut se relever.

— Non, dit-il, c'est pour ceux qui sont à gauche, vous pouvez rester.

Et il lui posa la main sur la tête de façon à la faire incliner très bas. Puis il nous donna sa main à baiser et passa à d'autres, adressant quelques mots à chacun. Quand il passa du côté gauche, ce fut à notre tour de nous relever. Ensuite il s'arrêta au milieu et de nouveau on s'agenouilla, et il nous fit un petit discours en fort mauvais français, comparant les demandes d'indulgences à l'approche du Jubilé, au repentir qui vient au moment de mourir, et disant qu'il fallait gagner le ciel peu à peu, en faisant tous les jours quelque chose d'agréable à Dieu.

— C'est peu à peu qu'il faut gagner sa patrie, dit-il, mais la patrie ce n'est pas Londres, ce n'est pas Saint-Pétersbourg, ce n'est pas Paris, c'est le ciel ! Il ne faut pas attendre au dernier jour de sa vie, il faut y penser tous les jours, et non pas faire comme on fait à l'approche du Jubilé. *Non è vero ?* ajouta-t-il en italien se tournant vers un de sa suite, *anchè il cardinale**** (le nom m'échappe) *lo sà*.

Le cardinal apostrophé se mit à rire, ainsi que tous les autres ; ça devait avoir un sens pour eux, et le saint Père s'en alla très content et très souriant, après avoir donné sa bénédiction aux personnes, aux chapelets, aux images, etc. J'avais un chapelet que j'ai enfermé dans ma boîte à savon, aussitôt rentrée.

Pendant que ce vieux bénissait et parlait, je priais Dieu de faire en sorte que la bénédiction du pape me fût une vraie bénédiction et que je fusse délivrée de tous mes chagrins.

Il y avait là des cardinaux qui me regardaient, tout comme s'ils étaient à la sortie de l'Opéra de Nice.

Dimanche 23 janvier. — Ah! comme je m'ennuie! Si au moins nous étions tous ensemble! Quelle folle idée de se séparer ainsi! Il faut toujours être ensemble, les ennuis sont moindres, on se sent mieux. Jamais, jamais on ne se partagera plus en deux. Nous serions cent fois mieux ensemble, grand-papa, ma tante, tout le monde et Walitsky.

Lundi 7 février. — Au moment où nous descendons de voiture à la porte de l'hôtel, je vois deux jeunes Romains qui nous regardent rentrer. Aussitôt nous nous mettons à table et les hommes se postent au milieu de la place et regardent nos fenêtres.

Maman, Dina et les autres en riaient déjà; mais moi, plus prudente, craignant de m'animer pour deux faquins peut-être, car je n'étais pas sûre que ces hommes fussent les mêmes que ceux de la porte de l'hôtel, j'envoyai Léonie dans une boutique en face, en lui recommandant de bien examiner les deux personnes et de venir me les décrire. Léonie revient et me décrit le plus petit. « Ce sont des messieurs tout à fait comme il faut, » dit-elle. — De ce moment on ne fait qu'aller aux fenêtres, regardant au travers des jalousies, et faire de l'esprit sur ces deux malheureux qui sont exposés à la pluie, au vent et à la neige.

Il était six heures quand nous sommes rentrées et ces deux anges sont restés jusqu'à onze heures moins un quart sur la place à nous attendre. Mais quelles jambes il faut avoir pour rester cinq heures debout!

Lundi 14 février. — L'Italien, selon sa coutume, est venu ce soir. Maman a envoyé Fortuné acheter du papier. Ce monsieur a arrêté Fortuné et lui a parlé, et ainsi plusieurs fois. Voici le récit, qui, pour n'être pas aussi classique que celui de Théramène, n'est pas moins intéressant, assaisonné d'un accent niçois qui n'est pas sans charme :

« Je suis descendu chercher du papier; alors ce monsieur m'a parlé. Il m'a dit : Est-ce que c'est ici où demeurent ces dames ? Je lui ai dit : Oui. Alors il m'a dit : « Si elles voulaient visiter ma villa, je leur enverrais un coupé ou un landau, ce qu'elles voudraient. » Alors, je lui ai dit que vous ne le connaissiez pas. Alors il m'a dit que si, que vous le connaissiez. « La mère de ces demoiselles me connaît et nous nous rencontrons tous les soirs, à la villa Borghèse et au Pincio. » Alors je lui ai parlé tant, qu'il m'a donné sa carte. Alors je vous l'ai portée et je suis descendu. Il m'a de nouveau parlé. Alors je lui ai dit que les dames m'ont défendu de parler, et alors il m'a dit : « Je vais à la maison faire une lettre; dans une demi-heure, je reviendrai et vous descendrez pour la prendre. » Alors je lui ai dit que je ne pouvais pas descendre à chaque instant. Alors *il m'a dit* : « *Que les dames laissent pendre un fil auquel j'attacherai ma lettre* et elles l'attireront sur le balcon. Est-ce que ces dames ont du fil ? » Alors je lui ai dit que vous ne le connaissiez pas. Alors, il m'a dit : « Mais que ces dames disent par qui je puis leur être présenté, et j'irai trouver cette personne. » Alors je ne lui ai rien dit; alors il m'a dit que c'était pour la demoiselle qui était hier à la villa Borghèse, en noir, avec des cheveux pendants (c'était Dina). Alors il m'a dit que si vous voulez visiter sa villa, il y fera rester du monde et ira vous la montrer, et si vous voulez, il vous enverra sa voiture... »

Il fallait voir cette mine de Fortuné, les mains croisées derrière le dos, un pied en avant, la bouche ouverte jusqu'aux oreilles, et les yeux canailles comme chez le plus grand diable de la terre.

C'est presque espagnol, et nous en rions tant, que Lola en est presque évanouie quelques minutes. Un vrai roman de *Rosine*.

Au commencement, je me suis fâchée, j'ai trouvé que c'était impertinent ; mais en voyant quel plaisir cela faisait à Dina et à sa mère, j'ai oublié ma colère, pour me joindre au chœur joyeux des plaisanteries amusantes.

Dina en a rougi comme une pivoine, ça va lui donner ses airs vainqueurs et provocateurs ; elle est désagréable quand elle prend ces airs-là !

Ce monsieur a une villa, il a sans doute de la fortune. Dieu ! s'il épousait Dina ! je le désire plus qu'aucune chose, et justement on vient de nous envoyer des robes de chez Worth, et la sienne est toute couverte de fleurs blanches comme de la fleur d'oranger.

Mardi 15 février. — Rossi vient nous voir et de suite on lui demande qui est ce monsieur. « C'est le comte A..., le neveu du cardinal ! » Bigre ! il ne pouvait pas être autre chose.

Le comte A... ressemble à G... qui est parfaitement beau, comme on sait.

Ce soir, comme il me regardait moins, j'ai pu le regarder plus. J'ai donc regardé A... et je l'ai bien vu ; il est charmant, mais il faut ajouter que je n'ai pas de chance et que ceux que je regarde ne me regardent pas. Il m'a lorgnée, mais convenablement, comme le premier jour. Il a aussi beaucoup posé et, quand nous nous sommes levées pour sortir, il a sauté sur sa lorgnette et n'a pas cessé de regarder.

— Je vous ai demandé qui est ce monsieur, dit ma

mère à Rossi, parce qu'il me rappelle beaucoup mon fils.

— C'est un charmant garçon, dit Rossi ; il est un peu *passerello*, il est très gai et plein d'esprit et très beau.

Je suis ravie en entendant cela. Depuis longtemps, je n'ai eu autant de plaisir que ce soir.

Je m'ennuyais, je n'avais envie de rien, parce que je n'avais à qui penser. De ce soir tout change, je me remue.

— Il ressemble beaucoup à mon fils, dit ma mère.

— C'est un charmant garçon, dit Rossi, et, si vous voulez, je vous le présenterai, je serai charmé.

Vendredi 18 février. — Au Capitole, ce soir, il y a un grand bal paré, costumé et masqué. A onze heures nous y allons, moi, Dina et sa mère. Je n'ai pas mis de domino ; une *robe de soie noire à longue queue, corsage collant, une tunique de gaze noire garnie de dentelle d'argent, drapée devant et retroussée derrière,* de façon à former le plus gracieux capuchon du monde, un masque de velours noir et dentelle noire, des gants clairs et une rose et du muguet au corsage. C'était ravissant. Aussi notre entrée produit un immense effet.

J'avais très peur et n'osais parler à personne, mais tous les hommes nous ont entourées, et j'ai fini par prendre le bras de l'un d'eux que je n'ai jamais vu. C'est très amusant, mais je crois que la plupart du monde m'a reconnue. Il fallait mettre moins de coquetterie dans ma toilette, n'importe.

Trois Russes ont cru me reconnaître, et allaient derrière nous, parlant haut le russe, espérant que nous nous trahirions ; mais au lieu de cela, je fis faire cercle autour de moi et parlai italien. Ils s'en allèrent, disant qu'ils étaient bêtes et que j'étais une Italienne.

Arrive le duc Cesaro.

— Qui cherches-tu ?

— A... Va-t-il venir ?

— Oui ; en attendant, reste avec moi... la plus élégante femme de toute la terre !

— Oh ! le voilà... Mon cher, je te cherchais.

— Bah !

— Seulement, comme c'est pour la première fois que je vais t'entendre, soigne ta prononciation, tu perds beaucoup vu de près. Soigne ta conversation !

Il paraît que c'était spirituel, car Cesaro et deux autres se sont mis à rire comme des gens enchantés. Je sentais bien qu'ils me reconnaissaient tous.

— On reconnaît bien ta taille, me disait-on de tous côtés. Pourquoi n'es-tu pas en blanc ?

— Je crois, ma parole d'honneur, que je joue un rôle de chandelier, dit Cesaro, voyant que nous ne cessions de parler avec A...

— Je le crois aussi, dis-je, va-t-en.

Et prenant le bras du jeune fat, je m'en allai par tous les salons sans m'occuper du reste du monde, comme d'autant de chiens.

A... a la figure parfaitement jolie, un teint mat, des yeux noirs, un nez long et régulier, de jolies oreilles, une petite bouche, des dents très passables et une moustache de vingt-trois ans. Je l'ai traité de petit faux, de jeune fat, de malheureux, de dévergondé, et il me raconta le plus sérieusement du monde comment, à dix-neuf ans, il s'est échappé de la maison paternelle ; comment il s'est jeté jusqu'au cou dans la vie ; combien il est blasé... qu'il n'a jamais aimé, etc.

— Combien de fois as-tu aimé ? demanda-t-il.

— Deux fois.
— Oh! oh!
— Peut-être même plus.
— Je voudrais bien être le *plus*.
— Jeune présomptueux!... Dis-moi pourquoi tous ces gens m'ont prise pour la dame en blanc?
— Mais tu lui ressembles. C'est pour cela que je suis avec toi. Je suis amoureux d'elle comme un fou.
— C'est peu aimable à dire.
— Que veux-tu? c'est ainsi.
— Tu la lorgnes, Dieu merci, assez, et elle est contente, et elle pose?
— Non, jamais. Elle ne pose jamais... On peut tout dire, excepté cela!
— On voit bien que tu en es amoureux.
— Je le suis, de toi : tu lui ressembles.
— Fi! je suis bien mieux faite?
— N'importe, donne-moi une fleur.

Je lui donnai une fleur et il me donna une branche de lierre en échange. Son accent et son air languissant m'agacent.

— Tu as l'air d'un prêtre. Est-ce vrai que tu vas être consacré?

Il se mit à rire.

— Je déteste les prêtres, j'ai été militaire.
— Toi! tu n'as été qu'au séminaire.
— Je hais les Jésuites; c'est pour cela que je suis sans cesse brouillé avec ma famille.
— Mon cher, tu es ambitieux et tu aimeras qu'on te baise la pantoufle.
— Quelle adorable petite main! s'écria-t-il, en me la baisant, opération qu'il répéta plusieurs fois dans la soirée.

— Pourquoi as-tu si mal commencé avec moi? demandai-je.

— Parce que je t'avais prise d'abord pour une Romaine, et je déteste ce genre de femme. — En effet, lorsque j'étais avec Cesaro, il m'offrit de nous asseoir et A... se mit à ma gauche, et pendant que je répondais à mon cavalier, il essaya de me prendre la taille de l'air le plus bête du monde.

— Si tu ne vas pas chasser ce petit fou, dis-je à Cesaro, je vais m'en aller.

Et Cesaro a chassé le petit fou.

Je n'ai vu les hommes qu'un peu à la promenade, au théâtre et chez nous. Dieu, qu'ils sont différents dans un bal masqué! Si grands et si réservés dans leurs voitures, si empressés, si canailles et si bêtes ici! Doria seul ne perdait pas sa dignité. C'est peut-être parce qu'il est trop au-dessus des misères humaines. Dix fois j'ai quitté mon jeune amuseur, et dix fois il m'a retrouvée.

Dominica disait de partir, mais le petit nous retenait. Enfin nous parvenons à trouver deux fauteuils et alors la conversation change.

Nous parlons de saint Augustin et de l'abbé Prévost.

Enfin, nous nous sauvons sans qu'on pense à nous suivre, car tous ceux qui m'ont vue dans la rue m'ont reconnue.

Je me suis amusée et désillusionnée.

A... ne me plaît pas tout à fait, et pourtant...

Ah! le misérable fils de prêtre a emporté mon gant et a baisé ma main gauche.

— Tu sais, dit-il, je ne dis pas que je porterai toujours ce gant sur mon cœur, ce serait bête, mais ce sera un souvenir agréable.

Nous avons laissé Fortuné pour détourner les soupçons ; il retourna tout seul.

Lundi 21 février. — J'ai l'honneur de vous présenter une folle. Jugez seulement. Je cherche, je trouve, j'invente un homme, je vis, je ne jure que par lui, je le mêle à toutes choses et puis, quand il sera bien entré dans ma tête qui est ouverte à tous les vents, j'aurai des ennuis et peut-être des chagrins et des larmes. Je suis loin de désirer que cela arrive, mais je le dis par prévoyance.

Quand donc viendra le véritable carnaval de Rome? Jusqu'à présent, je n'ai vu que des balcons garnis d'étoffe blanche, rouge, bleue, jaune, rose, et peu de masques.

Mercredi 23 février. — Nos voisins sont là, la dame est aimable, il y a des chars ravissants. Troïly et Giorgio sont dans une belle voiture à grands chevaux et les domestiques sont en culottes blanches. C'était la plus jolie voiture. Ils nous inondent de fleurs. Dina est rouge et sa mère est rayonnante.

Enfin, le coup de canon a retenti, les chevaux vont courir et A... n'est pas venu ; mais le jeune homme d'hier vient, et comme nos balcons se touchent, nous nous mettons à parler. Il me donne un bouquet, je lui donne un camellia, et il me dit tout ce qu'un jeune homme comme il faut peut dire de tendre et d'amoureux à une demoiselle à qui il n'a pas eu l'honneur d'être présenté. Il me jure de garder cette fleur toujours, de la sécher dans sa montre. Et il me promet de venir à Nice pour me montrer les pétales de la fleur qui restera toujours fraîche dans son cœur. C'était très amusant.

Le comte B... (c'est le nom du bel inconnu) ne m'attristait pas, lorsque ayant abaissé les yeux jusqu'à la vile multitude d'en bas, je vis A... qui me saluait. Dina lui lança un bouquet et dix bras de vilains s'étendirent pour le saisir au vol. Un homme y parvint; mais A... avec le plus grand sang-froid, le prit à la gorge et le tint dans ses mains nerveuses, tant que le misérable ne lâcha sa prise. C'était si beau que A.... avait l'air presque sublime. J'en fus enthousiasmée et, oubliant ma rougeur, rougissant de nouveau, je lui donnai un camellia et la ficelle tomba avec. Il la prit, la mit dans sa poche et disparut. Alors, tout émue encore, je me retournai vers B..., qui saisit l'occasion de m'adresser des compliments sur la manière dont je parle l'italien et sur n'importe quoi.

Les *barberi* passent comme le vent au milieu des huées et des sifflets de la populace, et sur notre balcon on ne parle que de la manière adorable dont A... reprit le bouquet. En effet, il avait l'air d'un lion, d'un tigre; je ne m'attendais pas à une telle chose de la part de ce jeune homme délicat.

C'est, comme j'avais dit au commencement, un mélange bizarre de langueur et de force.

Je vois encore ses mains crispées qui serrent la gorge du faquin.

Vous rirez peut-être de ce que je vais vous dire, mais je vous le dirai tout de même.

Eh bien, par une action pareille, un homme peut se faire aimer tout de suite. Il avait l'air si calme en étouffant ce vilain que j'en perdis la respiration.

A la maison, chaque fois qu'on se raconte cela, je rougis comme une rose de Nice.

Trois quarts d'heure après, au plus fort de ma flirtation avec le voisin, je vis, au bout d'un long bâton, tout orné de papier d'or, un immense bouquet porté par un faquin qui ne savait à qui il fallait l'offrir, lorsqu'une canne, en s'appuyant sur le balcon, le fit pencher de mon côté.

C'était A... qui me rendait mon camellia. D'abord je n'ai pas compris, je n'ai pas vu A...; mais au bout d'une seconde d'hésitation je soulevai avec peine le magnifique bouquet et le pris dans mes bras en souriant à l'affreux fils de prêtre.

— Oh! mais c'est splendide! criait la dame anglaise.
— *E bello veramente*, disait B... un peu vexé.
— C'est charmant, disais-je moi-même, enchantée jusqu'au fond du cœur.

Et portant mon trophée, je me mis en voiture et regardai encore une fois l'affreux fils de prêtre.

Après m'avoir vue prendre son bouquet, il me salua de sa façon calme et disparut, on ne sait pas où.

Toute la soirée, je ne parle que de cela, j'interromps toutes les conversations pour en parler encore. — N'est-ce pas qu'A... est adorable? Je le dis comme pour rire, mais j'ai peur de le penser vraiment. A présent je tâche de persuader aux miens que je m'occupe d'A... et on ne me croit pas; mais dès que je dirai le contraire de ce que je dis en ce moment, on croira et on aura raison.

Je suis de nouveau impatiente, je voudrais dormir pour abréger le temps, pour aller au balcon.

Lundi 28 février. — En sortant sur le balcon au Corso, je trouve tous nos voisins à leur poste et le carnaval très animé. Je regarde en bas, en face, et je vois le *Cardinalino* avec un autre. L'ayant aperçu, je me suis troublée, j'ai rougi et je me remis debout; mais le méchant fils de prêtre n'était plus là et je me retournai vers maman, qui tendait la main à quelqu'un... à Pietro A...

— Ah! à la bonne heure. Tu es venu sur mon balcon, ce n'est pas malheureux.

Il reste un temps de politesse près de ma mère et après il se met à côté de moi.

J'occupe, comme toujours, l'extrême droite du balcon qui touche, comme on sait, celui de l'Anglaise. B... est en retard; sa place est prise par un Anglais, que l'Anglaise me présente et qui se montre très empressé.

— Mais, quelle vie faites-vous? dit A... de son air calme et doux. Vous n'allez plus au théâtre?

— J'étais malade, j'ai encore mal au doigt.

— Où? (et il voulut me prendre la main). Vous savez, je suis allé chaque soir à l'Apollo et je n'y suis resté que cinq minutes.

— Pourquoi?

— Pourquoi? répéta-t-il, en me regardant droit dans les prunelles.

— Oui, pourquoi?

— Parce que j'y allais pour vous et que vous n'y étiez pas.

Il me dit encore bien des choses dans ce genre, roule ses yeux, se démène et m'amuse beaucoup.

— Donnez-moi une rose?

— Pourquoi faire?

Convenez avec moi que je faisais là une question embarrassante. J'aime à faire des questions auxquelles on doit répondre bêtement ou pas du tout.

— Regardez donc ce tube, dis-je en désignant un affreux animal, en long surtout, en grand chapeau. Si vous pouviez l'aplatir, je vous donnerais une rose.

Dès lors, ce fut un spectacle des dieux. A... et Plouden s'escrimèrent de leur mieux à jeter de vieux bouquets à la tête de cet homme qui, s'animant à son tour, commença à nous en lancer.

J'étais protégée par le Cardinalino et Plowden, et les bouquets, je devrais plutôt dire les balais, tombaient tout autour de moi. On finit par casser une vitre et une lanterne. C'était plein d'intérêt.

B... m'offre une grande corbeille de fleurs; il rougit et se mord les lèvres; je ne sais vraiment ce qu'il a. Mais laissons cet ennuyeux personnage et revenons aux yeux de Pietro A...

Il a des yeux adorables, surtout lorsqu'il ne les ouvre pas trop. Sa paupière, qui recouvre la prunelle au quart, donne à ses yeux une expression qui me monte à la tête et me fait battre le cœur.

Dimanche 5 mars. — A la villa Borghèse, il y a une grande course; un homme qui s'engage à faire quarante fois le tour de la place de Sienne, dans la villa même, en une heure cinq minutes. Grand concours de monde, sans doute, à la tête duquel se trouve la ravissante princesse.

Zucchini est là, il me fait rire. Doria et une foule d'autres. Cela me rappelle les courses de chevaux, et tout ce monde qui se promène sur l'herbe est d'un effet très gracieux.

Pan! j'aperçois le Cardinalino et me détourne pour parler à Debeck, parce que je sens que je rougis.

— Bonjour, mademoiselle, dit-il en arrivant.

— Bonjour, monsieur.

Voilà deux personnes qui existent pour moi, l'une indépendamment de l'autre, Doria et A...

Doria, majesté, glace et terreur.

A..., gaieté, coquetterie et charme.

Pietro A... me plaît visiblement.

Je dis que j'ai mangé des violettes, et Plowden et Cardinalino m'en demandent et j'en donne de mon bouquet et ils en mangent comme deux ânes.

A... a fini par manger les fils de soie que je tirais de ma frange.

*
* *

A... est un charmant enfant, ses boutades m'enchantent; par exemple, il apporte des cartes et me prie de jouer.

Plouden demande aussi à jouer.

— Mais on ne peut pas! s'écrie le fougueux fils de prêtre, en ouvrant de grands yeux.

— Si, si, si, dis-je, on peut jouer à trois, c'est la même chose.

— La même chose! dit-il, en me regardant comme si on l'avait piqué avec une épingle.

J'ai, tout en écrivant, sa voix dans les oreilles ; j'en suis très amoureuse. Je le dis, tout naturellement comme je le sens. Quand il s'en va, je suis fâchée, je n'en ai jamais assez. C'est absurde de s'amouracher des gens, comme moi !

— Au moins, pour tourmenter Pietro, dit Dina, sois bonne avec B...

— Tourmenter! je n'en ai nulle envie. Tourmenter, exciter la jalousie, fi! En amour, cela ressemble au fard que l'on se met sur le visage. C'est vulgaire, c'est bas. On peut tourmenter involontairement, naturellement pour ainsi dire, mais, le faire exprès, fi !!

D'ailleurs, je ne peux pas le faire exprès, je n'ai pas assez de caractère. Est-ce possible d'aller parler et faire l'aimable avec un monstre quelconque, quand le Cardinalino est là et qu'on peut lui parler?

Cette canaille fait une cour obstinée à maman qui l'appelle son cher enfant.

J'aime à le voir si gentil avec elle. Il se plaint de ses parents, qui ne veulent pas qu'il ait des chevaux parce qu'il a trop dépensé, lorsque, s'étant échappé à dix-sept ans, il s'est engagé dans l'armée. Il aura vingt-trois ans en avril.

Un enfant par l'âge et par le caractère.

Lundi 6 mars. — Je me rappelle, hier, pendant la course, j'ai laissé tomber mon bouquet. A... sauta en bas, le ramassa et fut obligé de grimper à genoux pour remonter.

— Comment va-t-il faire pour monter? s'écria Dina.

— Oh! c'est très-facile, dis-je.

— Tout ce que je fais est très facile, dit le petit en s'époussetant les genoux. Je m'expose au ridicule et c'est très facile. — Et il se mit à regarder de loin, pour faire voir qu'il était piqué.

Mai 1877 (En note). — « Prière, une fois pour « toutes, de ne pas accorder trop d'importance à mes « admirations; je ne pensais pas ce que j'écrivais « d'A...; je l'embellissais, pour créer un roman. »

Mars. — A trois heures nous sommes près de la porte *del Popolo.* Debeck, Plowden et A... nous y rencontrent. A... m'aide à monter en selle et nous partons.

Mon amazone est en drap noir et faite d'une seule pièce par Laferrière, de sorte qu'elle n'a rien de la raideur anglaise, ni de la misère ordinaire; c'est une robe princesse collante... partout.

— Comme vous êtes chic à cheval! dit Ant...

Flowden m'ennuie en voulant sans cesse rester avec moi.

Pietro s'inquiète de ce que fait maman qui nous suit en landau.

Une fois seule avec le Cardinalino, la conversation tombe naturellement sur l'amour.

— L'amour éternel, c'est la tombe de l'amour, dit le petit; il faut aimer un jour, puis changer.

— Charmante idée ! C'est votre oncle le cardinal, qui vous l'a enseignée?

— Oui, dit-il en riant.

Misérable fils de chien et de prêtre, je crois qu'il m'a fâchée sérieusement par cette vérité dite de son air calme !

Une fois en rase campagne, nous prenons le galop, sautons des fossés et allons comme le vent. C'est adorable. Il monte parfaitement à cheval.

Mardi 7 mars. — A force de dire des bêtises, je suis tombée amoureuse de ce garnement. On ne peut pas dire que ce soit de l'amour; il a donné son portrait à maman, et, une fois lui parti, je l'emporte chez moi, je le regarde, et je le trouve charmant, et je m'endors en y songeant. Et je le vois dans ma fantaisie, et je trouve tant de choses à lui dire !...

Mardi 8 mars. — Je vais mettre mon amazone, et à quatre heures je me trouve à la porte du Peuple, où le Cardinalino m'attend avec deux chevaux. Maman et Dina suivent en voiture.

— Prenons par ici, dit mon cavalier.

— Prenons.

Et nous sommes entrés dans une espèce de champ.

vert et gentil endroit qu'on nomme la Farnésina. Il a recommencé sa déclaration en disant :

— Je suis au désespoir!

— Qu'est-ce que c'est que le désespoir?

— C'est quand un homme désire une chose et qu'il ne peut pas l'avoir.

— Vous désirez la lune?

— Non, le soleil.

— Où est-il? dis-je en regardant à l'horizon; il est couché, je crois.

— Non, il est là qui m'illumine : c'est vous.

— Bast! bast!

— Je n'ai jamais aimé, je déteste les femmes, je n'ai eu que des intrigues avec des femmes faciles.

— Et en me voyant vous m'avez aimée?

— Oui, à l'instant même, le premier soir, au théâtre.

— Vous avez dit que c'était passé.

— J'ai plaisanté.

— Comment puis-je savoir quand vous plaisantez et quand vous êtes sérieux?

— Mais cela se voit!

— C'est juste; on voit presque toujours quand une personne dit vrai; mais vous ne m'inspirez aucune confiance, et vos belles idées sur l'amour, encore moins.

— Quelles sont mes idées? Je vous aime et vous ne me croyez pas. Ah! dit-il en se mordant les lèvres et en regardant de côté, alors je ne suis rien, je ne puis rien.

— Allez, faites l'hypocrite, dis-je en riant.

— L'hypocrite! s'écria-t-il en se retournant furieux, toujours l'hypocrite, voilà ce que vous pensez de moi?

— Et autre chose encore. Taisez-vous, écoutez. Si, en ce moment, un de vos amis passait, vous vous tourneriez vers lui, et lui feriez un signe avec l'œil, et vous ririez !

— Moi, hypocrite ! oh ! si c'est ainsi, bien, bien !...

— Vous martyrisez votre cheval ; descendons.

— Vous ne croyez pas que je vous aime ? dit-il encore en cherchant mes yeux et en se baissant vers moi, avec une expression de sincérité qui m'a fait palpiter le cœur.

— Mais non, dis-je faiblement. Tenez votre cheval et descendons.

Toutes ses tendresses étaient encore mêlées de préceptes d'équitation.

— Peut-on ne pas vous admirer ? dit-il en s'arrêtant, quelques pas plus bas que moi et en me regardant. Vous êtes belle, reprit-il, seulement je crois que vous n'avez pas de cœur.

— Au contraire, j'ai un excellent cœur, je vous assure.

— Vous avez un excellent cœur et vous ne voulez pas aimer !

— Cela dépend.

— Vous êtes une enfant gâtée, n'est-ce pas ?

— Pourquoi ne me gâterait-on pas ? Je ne suis pas ignorante, je suis bonne, seulement je suis emportée.

Nous descendions toujours, mais pas à pas, car la descente était très-rapide et les chevaux s'accrochaient aux inégalités du terrain, aux touffes d'herbes.

— Moi, j'ai un mauvais caractère, je suis furieux, emporté, colère ; je veux me corriger... Sautons ces fossés, voulez-vous ?

— Non.

Et j'ai passé par un petit pont pendant qu'il sautait le fossé.

— Allons au petit trot jusqu'à la voiture, dit-il, car nous avons fini de descendre.

Je mis mon cheval au trot, mais, à quelques pas de la voiture, il prit le galop. J'ai tourné à droite, A... me suivit, mon cheval allait d'un galop très-rapide ; j'essayai de le retenir, mais il prit carrière. La rosse s'était emportée. La plaine était grande ; je courais, mais mes efforts étaient vains ; mes cheveux tombèrent sur mes épaules, mon chapeau roula à terre, je faiblissais, j'eus peur. J'entendais A... derrière moi, je sentais l'émotion qu'on avait dans la voiture, j'eus envie de sauter à terre, mais le cheval allait comme un trait. — C'est bête d'être tuée ainsi, pensais-je, je n'avais plus de force ; il faut qu'on me sauve !

— Retenez-le ! cria A... qui ne pouvait me rattraper.

— Je ne peux pas, dis-je à voix basse.

Mes bras tremblaient. Un instant encore et j'allais perdre connaissance, quand il arriva tout près, donna un coup de cravache à la tête de ma monture, et je saisis son bras, tant pour me retenir que pour le toucher.

Je le regardai, il était pâle comme un mort ; jamais je n'ai vu une figure aussi bouleversée !

— Dieu ! répétait-il, quelle émotion vous m'avez causée !

— Oh ! oui, sans vous, je tombais ; je ne pouvais plus le retenir. A présent, c'est fini... Eh bien, c'est joli, ajoutai-je en essayant de rire. Qu'on me donne mon chapeau !

Dina était descendue, nous nous approchâmes du landau. Maman était hors d'elle, mais elle ne me dit rien : elle savait qu'il y avait quelque chose et ne voulait pas m'ennuyer.

— Nous irons doucement, au pas, jusqu'à la porte.

— Oui, oui.

— Mais quelle peur vous m'avez faite ! et vous, avez-vous eu peur?

— Non, je vous assure que non.

— Oh! que si, je le vois.

— Ce n'est rien, rien du tout.

Et au bout d'un instant nous nous mîmes à décliner le verbe « aimer » sur tous les tons ; il me raconte tout depuis le premier soir qu'il m'a vue à l'Opéra, et qu'en voyant Rossi sortir de notre loge, il sortit de la sienne et alla à sa rencontre.

— Vous savez, dit-il, je n'ai jamais aimé personne, ma seule affection était pour ma mère, tout le reste... Je ne regardais jamais personne au théâtre, je n'allais jamais au Pincio. C'est bête, tout cela, je me moquais de tout le monde, et à présent j'y vais.

— Pour moi?

— Pour vous. Je suis obligé...

— Obligé?

— Par une force morale : sans doute je pourrais produire un effet sur votre imagination, si je vous récitais une déclaration de roman ; mais c'est bête, je ne pense qu'à vous, je ne vis que par vous. D'abord l'homme est une créature matérielle, il rencontre une foule de gens, et une foule d'autres pensées l'occupent. Il mange, il parle, il pense à autre chose, mais je pense souvent à vous, le soir.

— Au club, peut-être?

— Oui, au club. Quand la nuit vient, je reste là à songer, je fume et je pense à vous. Puis, surtout lorsqu'il fait sombre, quand je suis seul, je pense, je rêve, j'arrive à une telle illusion que je vous crois là. Jamais, reprit-il, je n'ai éprouvé ce que j'éprouve à présent. Je pense à vous, je sors pour vous. La preuve, c'est que depuis que vous n'allez plus à l'Opéra, je n'y vais plus. C'est surtout quand je suis seul que je songe. Je me représente, en imagination, que vous êtes là ; je vous assure que je n'ai jamais senti ce que je sens, d'où je conclus que c'est de l'amour. Je désire vous voir, je vais au Pincio ; je désire vous voir, je suis furieux, puis je rêve de vous. C'est comme cela que j'ai commencé à éprouver le plaisir de l'amour.

— Quel âge avez-vous ?

— Vingt-trois ans. J'ai commencé la vie depuis dix-sept ans, j'ai pu devenir amoureux cent fois, je ne le suis pas devenu. Je n'ai jamais été comme ces garçons de dix-huit ans, qui tiennent à une fleur, à un portrait ; c'est bête, tout cela. Si vous saviez, quelquefois, je pense, je trouve tant à dire et, et...

— Et vous ne pouvez pas ?

— Non, ce n'est pas cela ; je suis devenu amoureux et bête.

— Ne pensez pas cela, vous n'êtes pas du tout bête.

— Vous ne m'aimez pas, dit-il en se tournant vers moi.

— Je vous connais si peu, que vraiment c'est impossible de savoir, répondis-je.

— Mais quand vous me connaîtrez davantage, dit-il doucement en me regardant d'un air tout à fait timide (Alors il baissa la voix), vous m'aimerez peut-être un peu ?

— Peut-être, dis-je aussi doucement.

Il faisait presque nuit, nous étions arrivés. Je me mis en voiture. Il va s'excuser près de maman, qui lui fait quelques recommandations concernant les chevaux pour la prochaine fois, et nous partons.

— Au plaisir de nous revoir ! dit A... à maman.

Je lui tends la main en silence et il me la serre, — pas comme avant.

— Je savais bien! s'écrie Dina, il lui a dit quelque chose, elle l'a repoussé, il a fait sauter son cheval et voilà l'accident.

— En vérité, ma chère, en effet, il m'a dit beaucoup de choses.

— Ça y est? demande Dina.

— En plein, ma chère! dis-je d'un air de gommeux.

Je rentre, me déshabille, passe un peignoir et m'étends sur le canapé, fatiguée, charmée, étourdie. Je ne comprenais d'abord rien, j'avais tout oublié pendant deux heures, il m'a fallu deux heures pour rassembler ce que vous venez de lire. Je serais au comble de la joie si je le croyais, mais je doute, malgré son air vrai, gentil, naïf même. Voilà ce que c'est que d'être soi-même une canaille. D'ailleurs cela vaut mieux.

Dix fois je quitte le cahier pour m'étendre sur le lit, pour repasser tout dans ma pauvre tête, et rêver et sourire.

Voyez, bonnes gens, je suis là toute bouleversée, et lui est sans doute au club.

Je me sens tout autre, toute bête; je suis calme, mais encore étourdie de ce qu'il m'a dit. Je me souviens encore, il m'a dit qu'il était ambitieux.

— Chaque homme bien né doit l'être, lui ai-je répondu.

J'aime la façon dont il me parlait. Ni rhétorique, ni affectation, on voyait qu'il pensait tout haut. Il m'a dit des choses très gentilles, par exemple celle-ci:

— Vous êtes toujours gentille, dit-il, je ne sais comment vous faites.

— Je suis toute décoiffée.

— Tant mieux, vous êtes encore mieux ainsi, décoiffée, vous êtes encore plus... vous êtes... (Il s'arrêta et sourit.) Vous êtes encore plus, je ne sais comment dire... plus excitante.

Je pense à présent au moment où il me dit : « Je vous aime » et quand j'eus répondu pour la centième fois: « Ce n'est pas vrai... » Il se secoua sur la selle et se baissant et abandonnant les rênes : « Vous ne me croyez pas! » s'écria-t-il en cherchant mes yeux que je tenais baissés. (Non pas par coquetterie, je vous le jure.) Oh! en ce moment, il disait vrai. J'ai levé la tête et j'ai vu son regard inquiet, ses yeux noirs, marrons, grands ouverts, qui semblaient vouloir chercher ma pensée jusqu'au fond de mon cœur. Ils étaient inquiets, irrités, *agacés*, par la fuite des miens. Je ne le faisais pas exprès; si je l'avais regardé en face, j'aurais pleuré. J'étais énervée, confuse, je ne savais où me mettre et il a pensé peut-être que je jouais à la coquetterie. Oui, en ce moment du moins, je sais qu'il ne mentait pas.

— Vous m'aimez à présent, répondis-je, dans une semaine vous ne m'aimerez plus.

— Oh! de grâce. Je ne suis pas un de ces hommes qui passent leur vie à chanter aux demoiselles, je n'ai jamais fait la cour à personne, je n'aime personne. Il y a une femme qui veut à toute force se faire aimer de moi. Elle m'a donné cinq ou six rendez-vous, j'ai toujours manqué, parce que je ne peux pas l'aimer, vous voyez bien!..

Bast, bast, je n'en finirai jamais, si je me mets dans mes souvenirs et à écrire. On a dit tant de choses!

Allons, allons, il faut dormir.

Mardi 14 mars. — Je crois avoir promis à Pietro de monter à cheval. Nous le rencontrons en habit de couleur et petit chapeau; le pauvre petit était en fiacre.

— Pourquoi ne demandez-vous pas à votre père des chevaux? lui dis-je.

— J'ai demandé, mais si vous saviez comme les A... sont durs.

J'étais vexée de le voir dans un misérable fiacre.

Aujourd'hui nous quittons l'hôtel de Londres, nous avons pris un grand et bel appartement au premier à l'hôtel de la via Babuino. Antichambre, petit salon, grand salon, quatre chambres à coucher, *studio* et chambres de domestiques.

16 mars. — Vers dix heures arrive Pietro. Le salon est très grand et très beau; nous avons deux pianos, un à queue et un petit. Je me mis à jouer doucement une romance sans paroles de Mendelssohn et A... se mit à me chanter sa romance à lui. Plus il y mettait de sérieux et de chaleur, plus je riais et plus j'étais froide.

Il m'est impossible de me figurer A... sérieux.

Tout ce que dit celle qu'on aime paraît adorable, je suis amusante quelquefois pour les indifférents, à plus forte raison pour ceux qui ne le sont pas. Au milieu d'une phrase toute de tendresse et d'amour, je disais quelque chose d'irrésistiblement drôle pour lui, et il se mettait à rire. Alors je lui reprochais ce rire, disant que je ne pouvais pas croire à un enfant qui n'était jamais sérieux et qui riait de tout comme un fou. Et comme cela plusieurs fois, de manière à l'exaspérer. Et il s'est mis à raconter comment cela a commencé : depuis le premier soir de la représentation de la *Vestale*...

— Je vous aime tant, dit-il; que je ferais n'importe quoi pour vous. Dites-moi d'aller me tirer deux coups de revolver, et je le ferai.

— Et que dirait votre mère ?

— Ma mère pleurerait, et mes frères diraient : « Au lieu de trois, nous sommes deux à présent. »

— C'est inutile, je ne veux pas de pareille preuve.

— Mais alors, que voulez-vous ? dites ! Voulez-vous que je saute par cette fenêtre dans le bassin qui est là-bas ?

Et il s'élança vers la fenêtre, je le retins et il ne voulut plus lâcher ma main.

— Non, dit-il en avalant quelque chose comme une larme, je suis calme à présent ; mais il y a un instant, Dieu !... ne me réduisez pas à une pareille rage, répondez-moi, dites quelque chose.

— Tout cela, ce sont des folies !

— Oui, peut-être des folies de jeunesse ; mais je ne crois pas, jamais je n'ai senti ce que je sens aujourd'hui, à l'instant, ici. J'ai cru devenir fou.

— Dans un mois, je partirai et tout sera oublié.

— Je vous suivrai partout.

— On ne vous le permettra pas.

— Et qui m'en empêchera ? s'écria-t-il en bondissant vers moi.

— Vous être trop jeune, dis-je, en changeant de musique, et de Mendelssohn passant à un nocturne plus doux et plus profond :

— Marions-nous, nous avons devant nous un avenir superbe.

— Oui, si je le voulais.

— Ah ! parbleu, sans doute vous voulez !

Alors, il allait en s'exaltant de plus en plus; je ne bougeais pas et ne changeais même pas de couleur.

— Eh bien, dis-je, supposons que je me marie avec vous, et dans deux ans, vous cesserez de m'aimer.

J'ai cru qu'il étoufferait.

— Non, pourquoi de pareilles idées?

Et haletant, les larmes aux yeux, il est tombé à mes genoux.

Je reculai, rouge de colère. O piano protecteur!

— Vous devez avoir un bon caractère, dit-il.

— Je crois bien, sans cela, je vous ferais déjà sortir, répondis-je en me détournant pour rire.

Puis, je me levai, calme et satisfaite, et j'allai faire l'aimable avec les autres.

Mais, il fallait partir.

— Il est temps? demanda-t-il avec un regard interrogateur.

— Oui, dit maman.

Ayant donné un résumé très court de l'affaire à maman et à Dina, je m'enferme dans ma chambre et, avant d'écrire, je reste une heure, les mains sur la figure et les doigts dans les cheveux, tâchant toujours de me rendre compte de mes propres sentiments.

Je crois me comprendre!

Pauvre Pietro, ce n'est pas que je n'aie rien pour lui, au contraire, mais je ne peux pas consentir à être sa femme.

Les richesses, les villas, les musées des Ruspoli, des Doria, des Torlonia, des Borghèse, des Chiara m'écraseraient. Je suis ambitieuse et vaniteuse par-dessus tout. Et dire qu'on aime une pareille créature, parce qu'on ne la connaît pas! Si on la connaissait, cette créature... Ah! bast! on l'aimerait tout de même.

L'ambition est une passion noble

Pourquoi diable est-ce A..... au lieu d'un autre ?

Et je répète toujours la même phrase en changeant le nom.

Samedi 18 mars. — Je n'ai jamais eu un instant de tête-à-tête avec A...; cela m'ennuie. J'aime à l'entendre me dire qu'il m'aime. Depuis qu'il m'a dit tout, je reste les coudes appuyés sur la table et je pense. J'aime peut-être. C'est lorsque je suis fatiguée et à moitié endormie que je crois aimer Pietro. Pourquoi suis-je vaine? Pourquoi suis-je ambitieuse? Pourquoi suis-je raisonnable? Je suis incapable de sacrifier à un instant de plaisir des années entières de grandeur et de vanité satisfaite.

Oui, disent les romanciers, mais cet instant de plaisir suffit pour éclairer de ses rayons toute une existence ! Oh! que non ! A présent j'ai froid et j'aime, demain j'aurai chaud et je n'aimerai pas. Voilà à quels changements de température tiennent les destinées des hommes.

En s'en allant, A... dit « Bonsoir », et me prend la main qu'il tient dans la sienne, tout en me faisant dix questions pour prolonger le temps.

J'ai raconté de suite cela à maman; je raconte tout.

20 mars. — Je me suis bêtement conduite ce soir.

J'ai parlé bas avec le garnement et donné tout lieu de croire à des choses qui ne seront jamais. Avec tout le monde il ne m'amuse pas; quand nous sommes à deux, il me parle amour et mariage. Le fils de prêtre est jaloux et furieusement jaloux, de qui? de tout le monde.

J'écoute ses discours en riant du haut de ma froide

indifférence et en même temps me laisse prendre la main. Je prends sa main à lui, d'un air presque maternel, et s'il n'est pas encore tout à fait hébété par sa *passion* pour moi, comme il dit, il doit voir que, tout en le chassant par mes paroles, je le retiens par mes yeux.

Et tout en lui disant que je ne l'aimerai jamais, je l'aime, ou du moins je me conduis comme si je l'aimais. Je lui dis toutes sortes de bêtises. Un autre serait content, — un autre plus âgé, — mais lui déchire une serviette, casse deux pinceaux, crève une toile. Toutes ces évolutions me permettent de le prendre par la main et de lui dire qu'il est fou.

Alors, il me regarde avec une furieuse fixité, et ses yeux noirs se perdent dans mes yeux gris. Je lui dis sans rire : « Faites la grimace, » et il rit, et je fais semblant d'être mécontente.

— Alors, vous ne m'aimez pas?
— Non.
— Je ne dois pas espérer?
— Mon Dieu, si, il faut toujours espérer; l'espérance est dans la nature de l'homme, mais, quant à moi, je ne vous en donnerai pas.

Et comme je parlais en riant, il s'en va passablement satisfait.

Vendredi 24 mars; Samedi 25 mars. — A.... est arrivé un quart d'heure plus tôt que de coutume; pâle, intéressant, triste et calme.

A peine Fortuné l'eut-il annoncé que je m'armai de pied en cap d'une froide politesse de salon, faite pour faire enrager les gens en pareil cas.

Je l'ai laissé passer dix minutes avec maman. Pauvre

animal ! il est jaloux de Plowden !... Est-ce laid d'être amoureux !

On se sépare froidement.

— J'avais juré de ne plus venir chez vous.

— Pourquoi êtes-vous venu ?

— Je pensais que ce serait très grossier envers madame votre mère qui est si aimable.

— Si c'est pour cela, vous pouvez partir et ne plus revenir. Adieu !

— Non, non, non. C'est pour vous.

— Alors, c'est autre chose.

— Mademoiselle, j'ai eu un très grand tort, dit-il, je le sais.

— Quel tort ?

— Celui de vous faire comprendre, de vous dire que...

— Que ?

— Que je vous aime, ajouta-t-il, en contractant les lèvres comme un homme qui ne veut pas pleurer.

— Ta, ta, ta, ce n'est pas un tort.

— C'est un grand, un immense tort. Car vous jouez avec moi comme avec une poupée, comme avec une balle.

— Quelle idée !

— Oh ! je sais, je sais que vous êtes comme cela... Vous aimez à jouer. Eh bien ! jouez, c'est ma faute.

— Jouons.

— Alors, dites-moi, ce n'est pas pour me congédier que vous m'avez dit de m'en aller du théâtre ?

— Non.

— Ce n'est pas pour vous débarrasser de moi ?

— Eh ! monsieur, je n'ai pas besoin de ruse lorsque je veux me débarrasser de quelqu'un, je le fais tout simplement, comme j'ai fait avec B...

— Ah ! et vous m'avez dit que ce n'était pas vrai
— Parlons d'autre chose.

Il appuya sa joue sur ma main.

— Vous m'aimez ? demanda-t-il.
— Non, monsieur, pas le moins du monde.

Il n'en croit pas un mot.

A ce moment arrivèrent Dina et maman, et au bout de quelques instants il dut partir.

Lundi 27 mars. — Le soir nous avions du monde, entre autres A.....

De nouveau au piano... — Je sais, dit-il, qui aura du succès auprès de vous. Un homme qui aura beaucoup de patience et qui vous aimera beaucoup moins. Mais vous, vous ne m'aimez pas !

— Non, dis-je encore.

Et nos figures étaient si près l'une de l'autre que je m'étonne comment il n'y a pas eu une étincelle.

— Vous voyez bien ! s'écria-t-il. Comment faire quand un seul aime ? Vous êtes froide comme la neige, et moi, je vous aime !

— Vous m'aimez ? Non, monsieur, mais cela peut venir.

— Quand ?

— Dans six mois.

— Oh ! à six mois de date... Je vous aime, je suis fou et vous vous moquez de moi.

— En vérité, monsieur, vous devinez très bien. Écoutez, si même je vous aimais, ce serait trop difficile : je suis trop jeune, et puis, il y a la religion.

— Oh ! parbleu, je le sais bien ! Moi aussi, j'aurai des difficultés ; vous croyez que non ?... Vous ne pouvez pas me comprendre, parce que vous ne m'aimez pas. Mais, si je vous proposais de nous enfuir ?...

— Horreur !

— Attendez... je ne vous le propose pas. C'est une horreur, je sais, quand on n'aime pas. Ce ne serait pas une horreur, si vous aimiez.

— Monsieur, je vous prie de ne pas parler de cela.

— Mademoiselle, je ne vous en parle pas, je vous en parlerais si vous m'aimiez.

— Je ne vous aime pas.

Je ne l'aime pas et je me laisse dire toutes ces choses, voilà une absurdité !

Je crois qu'il a parlé à son père et qu'il n'a pas été reçu tendrement. Je ne peux pas me décider; j'ignore entièrement les conditions, et pour rien au monde je ne consentirais à aller vivre dans une famille. J'ai assez de la mienne, que serait-ce avec des étrangers ? N'est-ce pas que je suis pleine de sens pour mon âge ?

— Je vous suivrai, a-t-il dit l'autre soir.

— Venez à Nice, lui ai-je dit aujourd'hui.

Il ne répondit rien et resta la tête baissée, ce qui me prouve qu'il a parlé à son père.

Je ne comprends pas du tout. J'aime et je n'aime pas.

Mercredi 29 mars. — J'ai dit qu'A.... n'avait pas encore tout foulé aux pieds pour moi.

— Je vous aime, m'a-t-il dit, je ferai n'importe quoi pour vous !

— Le Pape vous maudira, le Cardinal vous maudira et votre père vous maudira.

— Je m'inquiète bien de tous ces gens-là quand il s'agit de vous ! Je ne me fiche pas mal de tout le monde !... Si vous aimiez comme j'aime, vous diriez ce que je dis. Si vous aviez une passion pour moi comme moi j'en ai une pour vous, vous ne parleriez pas comme vous parlez et vous ne verriez dans le monde entier que celui que vous aimez!...

Ah! Pietro n'est pas *un petit jeune homme*! Il se dessine de plus en plus et je commence à avoir une certaine considération pour lui.

Jeudi 30 mars. — Aujourd'hui dans ma chambre, seule, enfermée à clef, je vais raisonner sur la grande affaire.

Depuis quelques jours ma position est fausse, et pourquoi est-elle fausse? Parce que Pietro m'a demandé d'être sa femme; parce que je n'ai pas refusé carrément; parce qu'il en a parlé à ses parents; parce que ses parents ne sont pas faciles à mener et parce que Visconti a dit à maman ce qui suit :

— Il faut savoir, madame, où vous voulez marier votre fille? a commencé Visconti après avoir fait l'éloge de la fortune et de la personne de Pietro.

— Je n'ai aucune idée arrêtée, a dit maman, et puis, ma fille est si jeune!

— Non, madame, il faut dire les choses carrément Voulez-vous la marier à l'étranger ou en Russie?

— J'aimerais mieux à l'étranger, parce que je pense qu'à l'étranger elle sera plus heureuse, puisqu'elle y a été élevée.

— Eh bien, il faut aussi savoir si toute votre famille consentirait à la voir mariée à un catholique et à voir les enfants qui naîtraient de cette union être de la religion catholique.

— Notre famille verrait avec plaisir tout ce qui pourrait rendre heureuse ma fille.

— Et quels seraient les rapports de votre famille avec la famille du mari?

— Mais, je pense que ce seraient d'excellents rapports, d'autant plus que les deux familles se verraient rarement ou pas du tout.

— Pierre A.... est un charmant jeune homme et qui sera très riche, mais le pape se mêle de toutes les affaires des A.... et le pape fera des difficultés.

— Mais, monsieur, pourquoi dites-vous tout cela ? il n'est pas question de mariage. J'aime ce jeune homme comme un enfant, mais pas comme un gendre futur.

Voilà à peu près tout ce que j'ai obtenu de la mémoire de madame ma mère.

Il serait très raisonnable de partir, d'autant plus que rien ne sera perdu à être remis à l'hiver prochain.

Il faut partir dès demain; je vais m'y préparer, c'est-à-dire, aller voir les merveilles romaines que je n'ai pas encore vues.

Oui, mais ce qui me chiffonne, c'est que l'opposition ne vient pas de notre côté, mais bien du côté des A.... C'est laid et ma fierté se révolte.

Quittons Rome.

Il n'est pas très agréable, en vérité, qu'on fasse difficulté de vouloir de moi, quand moi-même je ne veux pas d'eux. Rome est une ville si cancanière que tout le monde parle de cela et je suis la dernière à m'en apercevoir. C'est toujours comme cela.

Je me mets sans doute en fureur à l'idée qu'on veut me reprendre Pietro, mais je vois plus pour moi et j'aspire à plus de grandeur, Dieu merci ! Si A.... était conforme au programme, je ne me fâcherais pas ; mais un homme que j'ai refusé dans mon esprit comme insuffisant ! — et on ose dire que *le pape ne permettra pas !*

Je suis furieuse, mais attendez un moment.

Le soir arrive et, avec le soir, Pietro A....

Nous le recevons assez froidement à la suite des paroles du baron Visconti et d'une foule de suppositions, car, depuis ce discours de Visconti, on ne fait que supposer.

— Demain, dit Pietro après quelques instants, je pars.

— Pour où?

— Pour Terracina ; j'y resterai huit jours, je pense.

— On le renvoie, murmure maman en russe.

Je le disais bien, mais quelle honte! Je vais pleurer de rage.

— Oui, c'est désagréable, répondis-je de même.

Oh! chien de prêtre! Vous comprenez bien que c'est humiliant comme tout.

La conversation s'en ressent. Maman est si offensée, si furieuse que son mal de tête redouble et on la conduit chez elle. Dina se recule, d'abord. On était tacitement d'accord pour me laisser seule avec lui afin de savoir la vérité.

Une fois seuls, j'ai attaqué bravement, bien qu'un peu tremblante.

— Pourquoi partez-vous ? Où allez-vous?

Ah! bien oui, si vous croyez qu'il m'a répondu aussi carrément que je l'ai questionné, vous vous trompez.

J'ai demandé et il a éludé de répondre.

— Quelle est votre devise, mademoiselle? demanda-t-il.

— Rien avant moi ; rien après moi ; rien en dehors de moi!

— Eh bien, c'est la mienne.

— Tant pis !

Alors commencèrent des protestations tellement vraies qu'elles en étaient difformes. Des paroles d'amour sans commencement et sans suite, des élans de colère, des reproches. Je soutins cette grêle avec autant de dignité que de calme :

— Je vous aime à en mourir, continua-t-il, mais je n'ai pas confiance en vous. Vous vous êtes toujours moquée de moi, vous avez toujours ri, vous avez toujours été froide avec vos questions de juge d'instruction. Que voulez-vous que je vous dise quand je vois que vous ne m'aimerez jamais ?

J'écoutais raide et immobile, ne me laissant même pas toucher la main. Je voulais à tout prix savoir ; j'étais trop misérable dans cette inquiétude assaisonnée d'un million de soupçons.

— Eh ! monsieur, vous voulez que j'aime un homme que je ne connais pas, qui me cache tout ! Dites, et je vous croirai ; dites, et je vous promets de vous donner une réponse. Écoutez-moi bien, après cela, je vous promets de vous donner une réponse.

— Mais vous vous moquerez de moi, mademoiselle, si je vous le dis. Vous comprenez que c'est un tel secret ! Le dire, c'est me dévoiler tout entier. Il y a de ces choses tellement intimes qu'on ne les dit à personne au monde.

— Dites, j'attends.

— Je vous le dirai, mais vous vous moquerez de moi.

— Je vous jure que non.

Après bien des promesses de ne pas rire et de ne raconter rien à personne, il me l'a dit, enfin !

L'année passée, étant soldat à Vicenza, il a fait trente-quatre mille francs de dettes ; depuis qu'il est retourné à la maison, c'est-à-dire depuis dix mois, il est en froid avec son père, qui ne voulait pas payer. Enfin, il y a quelques jours, il fit semblant de partir en disant qu'il était trop maltraité à la maison. Alors sa

mère vint lui dire que son père payerait les dettes, à condition qu'il mènerait une vie sage : « Et pour com-
« mencer et avant de te réconcilier avec tes parents, tu
« dois te réconcilier avec Dieu. » Il ne s'est pas confessé depuis longtemps.

En un mot, il va se retirer pour huit jours dans le couvent de San Giovanni et Paolo, Monte Cœlio, près du Colisée.

J'eus assez de peine à rester sérieuse, je vous assure ; pour nous, cela semble baroque, mais c'est tout naturel pour les catholiques de Rome.

Voilà donc le secret.

Je m'appuyais à la cheminée et à la chaise en détournant les yeux, qui étaient, le diable sait pourquoi, pleins de larmes. Il s'appuyait à côté de moi, et nous sommes restés quelques secondes sans parler et sans nous regarder. Nous sommes restés une heure debout, à parler, de quoi? d'amour sans doute. Je sais tout ce que je voulais savoir, j'ai tout tiré de lui :

Il n'a pas parlé à son père, mais il a tout dit à sa mère ; il m'a nommée.

— D'ailleurs, dit-il, vous pouvez être sûre, mademoiselle, que mes parents n'ont rien contre vous; il n'y a que la religion.

— Je sais bien qu'ils ne peuvent avoir rien contre moi, car si je consentais à vous épouser, c'est vous qui seriez honoré et non pas moi.

J'ai soin de me montrer sévère, prude, comme je le suis, et d'exposer des principes de morale d'une pureté abracadabrante, pour qu'il raconte tout à sa mère, puisqu'il lui dit tout.

Il ne m'a jamais parlé comme ce soir.

— Je vous aime, je vous adore, je suis fou, disait-il fort bas et fort vite. M'aimez-vous un peu? dites !

— Et si je vous aime, à quoi cela servira-t-il ?

— A nous rendre heureux, parbleu.

— Je ne puis me décider moi-même. Vous savez, monsieur, il y a les pères et les mères.

— Les miens, mademoiselle, n'ont rien contre, je puis vous le garantir. Soyons fiancés !

— Pas si vite, monsieur... Qu'avez-vous dit à votre mère ? Comment lui avez-vous parlé ?

— Je lui ai dit : Vous avez tant désiré que je me marie, j'ai trouvé quelqu'un que j'aime, je veux me marier et vivre comme il faut. Et ma mère m'a répondu qu'il fallait beaucoup penser avant de faire un pas si sérieux, et toutes sortes de choses.

— C'est tout naturel. Et à votre père, avez-vous parlé ?

— Non.

— Je vous demande cela, parce qu'on en parle en ville, et on a parlé à maman qui a été très fâchée de cela.

— Ma mère lui a sans doute parlé.

Il est plus de deux heures et je ne finirais jamais d'écrire, si je disais la moitié seulement. Et puis, c'est bête, on ne peut écrire que les choses *dures* ; quant aux choses *douces*, elles ne peuvent s'écrire et ce sont les seules choses amusantes à lire.

Dimanche à deux heures, je serai en face du couvent et il se montrera à la fenêtre en s'essuyant la figure avec un linge blanc.

De suite, je cours pour calmer l'amour-propre blessé de maman et je raconte tout, mais en riant, pour ne pas paraître amoureuse.

Pour le moment, assez ! Je suis tranquille, heureuse, surtout heureuse devant les miens qui avaient déjà baissé les oreilles.

Il est tard, vraiment, il faut dormir.

Vendredi 31 mars. — C'est une fameuse preuve d'amour de m'avoir raconté ce qu'il m'a dit; je n'ai pas ri. Il m'a priée de lui donner mon portrait pour l'emporter au couvent.

— Jamais, monsieur, une pareille tentation !
— Je penserai tout de même à vous, tout le temps.

Est-ce assez ridicule ces huit jours de couvent ! Que diraient les amis du Caccia-Club s'ils savaient cela !

Je ne le dirai jamais à personne. Maman et Dina ne comptent pas, elles se tairont comme moi. Un couvent pour Pietro, c'est cocasse !

Et s'il a tout inventé ? C'est affreux, un pareil caractère ! Je n'ai confiance en personne.

Pauvre Pietro, en froc, enfermé dans une cellule, quatre sermons par jour, une messe, des vêpres, des matines, je ne puis m'habituer à croire à une chose aussi étrange.

Dieu ! ne punissez pas une créature vaine; je vous jure que je suis honnête au fond, incapable de lâcheté et de bassesse. Je suis ambitieuse, voilà mon malheur !

Les beautés et les ruines de Rome me montent la tête; je veux être César, Auguste, Marc-Aurèle, Néron, Caracalla, le diable, le pape !

Je veux et je ne suis rien...

Mais je suis toujours la même; vous pouvez vous en convaincre en lisant mon journal. Les détails et les nuances changent; mais les grandes lignes sont toujours les mêmes.

C'est gentil d'être enfermé dans un couvent!

Il doit s'ennuyer beaucoup, pauvre ami! J'ai eu tort de raconter cette affaire aux miens, je suis indigne de confiance, mais je ne pouvais pas faire autrement. Maman était furieuse.

— Comment, disait-elle, ils font mine de nous refuser, tandis que nous ne les désirions pas? Ils osent penser que ce serait un si grand bonheur pour nous! C'est blessant!

Elle avait raison, ma mère, eh bien! il fallait la calmer et me relever à ses yeux.

Indulgentia plenaria perpetua pro vivis et defunctis. Amen.

3 avril. — Nous sommes au printemps, on dit que toutes les femmes embellissent dans cette saison; c'est vrai, à en juger d'après moi... La peau devient plus fine, les yeux plus brillants, les couleurs plus fraîches.

Nous sommes au 3 avril, j'ai encore quinze jours de Rome.

Comme c'est étrange! tant que j'ai porté un chapeau de feutre, nous étions en hiver; hier, j'en ai mis un en paille et à l'instant nous sommes au printemps. Souvent une robe ou un chapeau produisent cet effet; comme souvent un mot ou un geste amènent une chose qui se préparait depuis longtemps, mais qui ne semblait pas encore être et à laquelle il fallait ce petit choc.

Mercredi 5 avril. — J'écris et je parle de tous ceux qui me font la cour. Tout cela n'a pas le sens commun. Tout cela est produit par un profond désœuvrement. Je peins et je lis, mais ce n'est pas assez.

Pour une vaniteuse comme moi, il faut s'attacher à la peinture, car c'est une œuvre impérissable.

Je ne serai ni poète, ni philosophe, ni savante. Je ne puis être que chanteuse et peintre.

C'est déjà joli. Et puis, je veux être à la mode, c'est le principal.

Esprits sévères, ne haussez pas les épaules, ne me critiquez pas avec une indifférence affectée. Pour être plus justes, vous êtes les mêmes au fond! Vous vous gardez bien de le laisser voir, mais cela ne vous empêche pas de savoir dans votre for intérieur que je dis vrai.

Vanité! Vanité! Vanité!

Le commencement et la fin de tout et l'éternelle et la seule cause de tout.

Ce qui n'est pas produit par la vanité est produit par les passions. Les passions et la vanité sont les seuls maîtres du monde.

Jeudi 6 avril. — Je suis venue à mon journal, le priant de soulager mon cœur vide, triste, manqué, envieux, malheureux.

Oui, et moi avec toutes mes tendances, avec tous mes immenses désirs et ma fièvre de la vie, je suis toujours et partout arrêtée comme un cheval est arrêté par le mors. Il écume, il rage et se cabre, mais il est arrêté.

Vendredi 7 avril. — Je suis tourmentée. Oh! que l'expression russe : « Avoir un chat dans le cœur » est juste! J'ai un chat dans le cœur.

J'ai toujours une peine incroyable à penser qu'un homme qui me plaît peut ne pas m'aimer.

Pietro n'est pas venu, c'est ce soir seulement qu'il sort du couvent. J'ai vu son clérical et hypocrite frère : Paul A.... Voilà un être à écraser, petit, noir, jaune, vil, hypocrite, jésuite !

Si l'affaire du couvent est vraie, il doit la savoir, et comme il doit en rire de son petit air fermé, comme il doit la raconter à ses amis! Pierre et Paul ne peuvent pas se souffrir.

Dimanche 9 avril. — Avec une foi fervente, un cœur ému et une âme bien disposée, je me suis confessée et j'ai communié. Maman et Dina aussi, puis nous avons entendu la messe, j'ai écouté chaque parole et j'ai prié.

N'est-ce pas enrageant d'être soumise à un pouvoir inconnu et incontestable? Je veux parler du pouvoir qui a enlevé Pietro. Qu'y a-t-il d'impossible au Cardinal quand il s'agit d'ordonner aux gens d'Église ! Le pouvoir des prêtres est immense, il n'est pas donné de pouvoir pénétrer leurs mystérieuses machinations.

On s'étonne, on a peur et on admire ! Il n'y a qu'à lire l'histoire des peuples pour voir leurs mains dans tous les événements. Leurs vues sont si longues qu'elles se perdent dans le vague pour des yeux peu exercés.

Depuis le commencement du monde, dans tous les pays, la suprême puissance leur appartenait, ostensiblement ou dissimulée.

Non, écoutez, ce serait trop fort, si comme cela, tout d'un coup, on nous enlevait Pietro pour toujours ! Il ne peut pas ne pas revenir à Rome, il avait tellement dit qu'il reviendrait !

Est-ce qu'il ne fait rien pour revenir ? Est-ce qu'il ne casse pas tout ? Est-ce qu'il ne crie pas ?

***

Mon Dieu ! je me suis confessée, j'ai reçu l'absolution et je jure et j'enrage.

Un certain volume de péché est aussi nécessaire à l'homme qu'un certain volume d'air pour vivre.

Pourquoi les hommes restent-ils attachés à la terre ? Pourquoi le poids de leur conscience les y attache-t-il ? si leur conscience était pure, ils seraient trop légers et s'envoleraient vers les cieux comme les ballons rouges.

Voilà une théorie bizarre. N'importe !

Et Pietro ne revient pas.

Mais puisque je ne l'aime pas ! Je veux être raisonnable, tranquille, et je ne peux pas.

C'est la bénédiction et le portrait du pape qui m'ont porté malheur.

On dit qu'il porte malheur.

Il y a je ne sais quel sifflement dans ma poitrine, j'ai les ongles rouges et je tousse.

Il n'y a rien de plus affreux que de ne pouvoir prier. La prière est la seule consolation de ceux qui ne peuvent pas agir. Je prie, mais je ne crois pas. C'est abominable. Ce n'est pas ma faute.

Lundi 10 avril. — Ils l'ont enfermé pour toujours... Non, ils l'ont enfermé pour le temps que je suis à Rome.

Demain, je vais à Naples, ils ne peuvent pas prévoir ce truc. D'ailleurs, une fois relâché, il ira me retrouver.

Ce n'est pas de cela que je m'inquiète, mais de l'incertitude présente, de ce coup imprévu, inattendu.

Je marche dans ma chambre en gémissant doucement comme un loup blessé.

J'ai encore la branche de lierre qu'il m'a donnée au Capitole. Quelle tristesse !

Je ne sais vraiment ce que j'ai ; c'est sans doute ridicule, mais c'est ainsi.

D'ailleurs, il est bête de s'indigner, de prier, de pleurer ! N'est-ce pas, toujours, en tout, ainsi ? Je devrais y être habituée et ne plus fatiguer le Ciel par mes lamentations inutiles.

Je ne sais que penser de lui. Mauvais sujet, lâche, ou bien enfant tyrannisé ?

Je suis excessivement calme, mais triste. — Il ne s'agit que de se placer d'une certaine façon, dit maman, pour trouver que dans ce monde rien ne vaut la peine.

Je suis parfaitement d'accord avec madame ma mère, mais, pour l'être encore plus parfaitement, il faut savoir au juste. Tout ce que je sais, c'est que c'est une bizarre aventure.

Mercredi 12 avril. — Toute cette nuit je l'ai vu en rêve ; il m'assurait qu'il avait vraiment été au couvent.

On emballe, nous partons ce soir pour Naples. Je déteste partir !

Quand donc aurai-je le bonheur de vivre chez moi, toujours dans la même ville ? Voir toujours la même société et faire de temps en temps des voyages pour me rafraîchir.

C'est à Rome que je voudrais vivre, aimer et mourir.

Non, écoutez, je voudrais vivre où je serais bien, aimer partout et mourir nulle part.

Cependant, j'aime assez la vie italienne, romaine, veux-je dire ; il y reste encore une légère teinte de la magnificence antique.

On se fait souvent une fausse idée de l'Italie et des Italiens.

On se les imagine pauvres, intéressés, en pleine décadence. C'est tout le contraire. Rarement, dans les autres pays, on trouve des familles aussi riches et des maisons tenues avec autant de luxe. Je parle, bien entendu, de l'aristocratie.

Rome sous le pape était une ville à part et souveraine du monde en son genre. Alors, chaque prince romain était comme un petit roi, il avait sa cour et ses clients comme dans l'antiquité. C'est à ce régime que tient la grandeur des familles romaines. Certes, dans deux générations, il n'y aura plus ni grandeurs, ni richesses, car Rome est soumise aux lois royales, et Rome deviendra comme Naples, Milan et les autres villes de l'Italie.

Les grandes fortunes morcelées, les musées et les galeries acquis au gouvernement, et les princes de Rome transformés en un tas de petites gens, couverts d'un grand nom comme d'un vieux manteau de théâtre pour couvrir leurs misères. Et quand ces grands noms, si respectés avant, seront traînés dans la boue, quand le roi pensera être grand lui tout seul, ayant foulé sous ses pieds toute la noblesse, il apercevra bien, dans un instant, ce que c'est qu'un pays où il n'y a rien entre le peuple et son roi.

Voyez plutôt la France.

Mais voyez l'Angleterre, on est libre, on est heureux. Il y a tant de misère en Angleterre ! direz-vous. Mais en général, le peuple anglais est le plus heureux. Je ne parle pas de sa prospérité commerciale, mais seulement de son intérieur.

Que celui qui veut la République dans son pays commence par la faire dans sa maison!

Mais assez de dissertations sur des matières dont je n'ai qu'une faible idée et une opinion toute personnelle.

Que dira Pietro en revenant à Rome et ne m'y trouvant pas? Il hurlera. Tant pis, ce n'est pas ma faute.

Naples, jeudi 13 avril. — Voir Naples et mourir; je ne désire ni l'un ni l'autre.

Il est sept heures, il fait beau comme à Nice. Je vois passer de ma fenêtre de superbes attelages comme il n'y en a à Rome que fort peu.

D'ailleurs Naples est reconnu pour son luxe de chevaux et d'équipages.

Est-il parti *de lui-même* ou l'a-t-on fait partir? *That is the question.*

J'écris en face d'une grande glace, j'ai l'air de Beatrix de Cenci; c'est beau, une robe blanche et les cheveux épars! Je me coiffe à la pompéienne, comme disait Pietro.

Dieu! que je voudrais un roman de Dumas! cela m'épargnerait d'écrire des bêtises et surtout de les relire après.

Enfermée, j'ai pleuré plusieurs fois; c'est comme à Rome. Dieu, que je hais le changement! que je suis misérable dans une nouvelle ville!

On a ordonné, il a obéi, et pour obéir il a fallu m'aimer bien peu.

Il n'a pas obéi lorsqu'il s'est agi du service militaire. Assez, assez, fi !

La misère, fi ! la bassesse ! Je ne peux plus arrêter ma pensée sur un tel homme. *Si je me lamente, c'est sur mon malheureux sort, c'est sur ma pauvre vie à peine commencée et pendant laquelle je n'ai eu que des déceptions !*

Certes, comme tous les hommes, peut-être même plus que les autres, j'ai péché, mais aussi j'ai du bon, et il est injuste de m'humilier dans tout.

Je me suis mise au milieu de la chambre en joignant les mains et levant les yeux, et quelque chose me dit que la prière est inutile, j'aurai ce qui m'est réservé.

Ni une douleur de moins, ni une souffrance de plus, comme dit Mgr de Falloux.

Il n'y a qu'une seule chose à faire : se résigner. Je sais bien, pardieu, que c'est difficile, mais où serait le mérite ?...

Je crois, folle que je suis, que les élans d'une foi furieuse, que des prières ardentes peuvent quelque chose !

Dieu veut une résignation allemande, et j'en suis incapable.

Croit-il que ceux qui se résignent ainsi aient à se vaincre ?

Oh ! que non ! Ils se résignent parce qu'ils ont de l'eau dans les veines au lieu du sang, parce que cela coûte moins de peine.

Est-ce un mérite d'être calme quand ce calme est dans la nature ? Si je pouvais me résigner, j'obtiendrais tout, car ce serait sublime. Mais je ne peux pas. Ce n'est plus une difficulté, c'est une impossibilité. Pendant des instants d'abrutissement, je serai résignée;

je ne le serai pas par ma volonté, mais bien *parce que je le serai.*

Mon Dieu, ayez pitié de moi, faites-moi le calme ! Faites-moi une âme à qui m'attacher. Je suis lasse, très lasse. Non, non, ce n'est pas de tempêtes que je suis lasse, c'est de déceptions !

13 avril. — Pour aérer ma chambre pleine de fumée, j'ai ouvert la fenêtre. Pour la première fois depuis trois longs mois, j'ai vu un ciel pur et la mer à travers les arbres, la mer éclairée par la nuit. Je suis si ravie que je vais écrire. Dieu ! que c'est beau, après les rues noires et étroites de Rome ! Une nuit si calme, si belle ! Ah ! s'il était là !

Si vous prenez cela pour de l'amour !

On ne peut pas dormir quand il fait si beau.

Lâche, faible, indigne ! indigne de la dernière de mes pensées !

Dimanche de Pâques, 16 avril. — Naples me déplaît. A Rome, les maisons sont noires et sales, mais ce sont des palais au point de vue de l'architecture et de l'antiquité. A Naples, c'est tout aussi sale, et on ne voit que des maisons de carton à la française.

Bon, voilà tous les Français furieux. Qu'ils se calment. Je les admire et les aime plus qu'une autre nation, mais je dois avouer que leurs palais n'atteindront jamais à la massive, splendide et gracieuse majesté des palais italiens, surtout romains et florentins.

Mardi 18 avril. — A midi nous nous mettons en route pour Pompéi. Nous allons en voiture, car la route est belle et l'on peut admirer le Vésuve, les villes de Castellamare et Sorrente.

Le service des fouilles est admirablement fait. C'est une chose curieuse que de parcourir les rues de cette ville morte.

Nous avions pris une chaise à porteurs et, maman et moi, nous y reposions chacune à notre tour.

Les squelettes sont affreux; ces malheureux sont dans des poses déchirantes. Je regardais les restes des maisons, des fresques, et tâchais de rétablir tout cela dans mon imagination, de repeupler ces maisons et ces rues.

Quelle effrayante force que celle qui a englouti toute une ville !

J'entendais maman parler mariage :

— La femme est faite pour souffrir, disait-elle, même avec le meilleur des maris.

— La femme avant le mariage, dis-je, c'est Pompéi avant l'éruption ; et la femme après le mariage, c'est Pompéi après l'éruption.

Peut-être ai-je raison !

Je suis très fatiguée, inquiète, chagrine. **Nous ne rentrons qu'à huit heures.**

Mercredi 19 avril. — Voyez le désavantage de ma position. Pietro, sans moi, a le cercle, le monde, ses amis, tout, en un mot, excepté moi ; tandis que moi sans Pietro, je n'ai rien.

Je ne suis pour lui qu'une occupation de luxe. Lui était pour moi, tout. Il me faisait oublier mes préoccupations de jouer un rôle dans le monde et je n'y pensais pas, et ne m'occupais que de lui, trop heureuse d'échapper à mes pensées.

Quoi que je devienne, je lègue mon journal au public.

Tous les livres qu'on lit sont des inventions, les situations y sont forcées, les caractères faux, tandis que ceci, c'est la photographie de toute une vie. Ah! direz-vous, cette photographie est ennuyeuse, tandis que les inventions sont amusantes. Si vous dites cela, vous me donnez une bien petite idée de votre intelligence.

Je vous offre ici ce qu'on n'a encore jamais vu. Tous les mémoires, tous les journaux, toutes les lettres qu'on publie ne sont que des inventions fardées et destinées à tromper le monde.

Je n'ai aucun intérêt à tromper. Je n'ai ni acte politique à voiler, ni relation criminelle à dissimuler. Personne ne s'inquiète si j'aime ou je n'aime pas, si je pleure ou si je ris. Mon plus grand soin est de m'exprimer aussi exactement que possible. Je ne me fais pas illusion sur mon style et mon orthographe. J'écris des lettres sans fautes, mais au milieu de cet océan de mots, j'en laisse échapper sans doute beaucoup. Je fais en outre des fautes de français. Je suis étrangère. Mais demandez-moi de m'exprimer dans ma langue, je le ferais peut-être plus mal encore.

Mais ce n'est pas pour dire tout cela que j'ai ouvert le cahier. C'est pour dire qu'il n'est pas midi, que je suis livrée plus que jamais à mes tourmentantes pensées, que ma poitrine est oppressée et que je hurlerais volontiers. D'ailleurs, c'est mon état naturel.

Le ciel est gris, la Chiaja n'est traversée que par des fiacres et de sales piétons, les stupides arbres plantés de chaque côté empêchent de voir la mer. A Nice, à la promenade des Anglais, on a les villas d'un côté, et de l'autre la mer qui vient se briser sur les galets sans aucun empêchement. Ici on a les maisons d'un côté, de l'autre une espèce de jardin qui se continue aussi longuement que la rue qui le sépare de la mer, dont il est lui-même séparé par un assez grand espace de terrain vide, couvert de pierres, de constructions et offrant un spectacle de tristesse vraiment désolant.

Arrivé sur le carré qui termine la Chiaja et qui est planté de jolis arbustes, on se sent bien mieux, et cet endroit-là est joli. Plus loin, on entre sur le quai; à gauche, les maisons ; à droite, la mer, mais la mer arrêtée par un mur à balustre et garni de marchands d'huîtres, de coquillages; puis viennent les grilles du port, les différentes constructions du service des bateaux, le port lui-même; mais ça, ce n'est plus la mer, c'est un sale endroit tout obstrué par un tas de laideurs.

Le temps gris me rend toujours un peu triste; mais ici, mais aujourd'hui il m'opprime.

Ce silence de mort dans notre appartement d'hôtel, ce bruit agaçant de fiacres et de charrettes à grelots au dehors, ce ciel gris, ce vent qui agite les rideaux ! Ah ! je suis bien misérable, et il ne faut m'en prendre ni au ciel, ni à la mer, mais à la terre !

— *Vendredi 21 avril.* — En entrant au salon ce matin, j'ai été suffoquée par l'odeur des fleurs. La chambre en est littéralement pleine. Ce sont les fleurs de Doenhoff, d'Altamura et de Torlonia. Doenhoff a envoyé une table en fleurs. On a remplacé le guéridon par la table en fleurs; mais ce n'est point de cela que je voulais parler...

Écoutez donc ceci : Puisque l'âme existe, puisque c'est l'âme qui anime le corps, puisque c'est cette vaporeuse substance qui seule sent, qui aime, qui déteste, qui désire; puisque enfin c'est l'âme qui nous fait vivre, comment se fait-il donc qu'une déchirure quelconque dans ce vil corps, ou quelque désordre intérieur, l'abus du vin ou du manger, comment se peut-il donc que ces choses-là fassent envoler l'âme ?

Je fais tourner une roue et je ne l'arrête que lorsque telle est ma volonté. Cette roue stupide ne peut arrêter ma main. De même l'âme, qui fait marcher les ustensiles de notre corps, ne doit pas être chassée, elle, l'essence raisonnable, par un trou à la tête ou par une indigestion de homard ! Elle ne le doit pas être et elle l'est. D'où il faut conclure que l'âme est une pure invention. Et cette conclusion fait tomber l'une après l'autre, comme les décors dans un incendie de théâtre, toutes nos croyances les plus intimes et les plus chères.

ROME. *Lundi 24 avril.* — J'avais à raconter toute la journée, mais je n'ai plus souvenir de rien. Je sais seulement que sur le Corso nous avons rencontré A..., qu'il accourut tout rayonnant et tout joyeux à la voiture, et qu'il a demandé si nous serons ce soir à la maison. Nous y serons. Hélas !

Il est venu et je suis allée au salon, et me suis mise à parler tout naturellement comme les autres. Il m'a dit qu'il a été quatre jours au couvent, ensuite à la campagne. Il est à présent en paix avec tous ses parents, il va aller dans le monde, être sage et penser à son avenir. Enfin il m'a dit que je me suis amusée à Naples, que j'ai été coquette comme toujours, que cela prouvait bien que je ne l'aimais pas. Il m'a dit aussi qu'il m'avait vue l'autre dimanche près du couvent San Giovanni et Paolo. Et pour prouver qu'il disait vrai, il m'a dit comment j'étais mise et tout ce que je faisais, et, je dois l'avouer, il a dit juste.

— Vous m'aimez? me demanda-t-il enfin.

— Et vous?

— Ah! voilà votre manière, vous vous moquez toujours de moi!

— Et si je vous disais que oui !...

Il est tout changé, on dirait qu'en vingt jours il est devenu un homme de trente ans. Il parle tout autrement, il est devenu si raisonnable que c'est merveille. Il semble doublé d'un jésuite.

— Vous savez, maintenant je fais de l'hypocrisie, je m'incline devant mon père, je lui dis toujours oui, je suis sage et je songe à mon avenir.

Demain, peut-être, je saurai raconter quelque chose, mais ce soir, je suis si bête que c'est stupide !

Mardi 25 avril. — Je viendrai demain, dit-il comme pour me calmer, et nous parlerons de tout cela sérieusement.

— C'est inutile, monsieur. Je vois bien à quoi m'en tenir sur votre bel amour. Vous pouvez ne plus revenir, ajoutai-je plus faiblement. Vous m'avez chagrinée, je vous dis adieu en colère et je ne dormirai pas de la nuit. Et vous pouvez vous vanter de m'avoir mise en rage; allez !...

— Mais, mademoiselle, comme vous êtes étrange? Demain je vous parlerai quand vous serez plus calme.

C'est lui qui se plaint, c'est lui qui dit que je l'ai toujours refusé, que j'ai toujours ri, que je ne l'aimais pas. Je n'aurais pas parlé autrement à sa place, mais néanmoins, je le trouve bien hautain et bien réfléchi pour un homme qui aime vraiment.

A présent j'en ai pour mon argent, aussi ne vais-je plus toucher un seul mot de cela.

S'il veut, qu'il commence le premier !

Il me semble qu'il ne m'aime plus. A la bonne heure, voilà quelque chose qui me dégourdit, qui me fait bouillir le sang en me donnant froid dans le dos!

J'aime bien mieux cela, oh! oui; au moins je suis furieuse, furieuse, furieuse!

Il pleut toujours et on annonce le baron Visconti, le charmant homme si spirituel malgré son âge. Tout à coup on parla de Pietro, tout en parlant du mariage Odescalchi.

— Eh! madame, le petit A..., comme vous dites, n'est pas un parti à dédaigner, car ce pauvre cardinal s'en va de jour en jour, ce qui fait qu'un de ces jours ses neveux deviendront millionnaires et Pierre sera par conséquent millionnaire.

— Vous savez, baron, on m'a dit que le petit est entré au couvent, dit maman.

— Oh! non, il songe à tout autre chose, je vous assure.

Puis on parla de Rome, je dis combien je l'aimais et combien il me coûtait de la quitter.

— Eh bien, restez donc.

— Je le voudrais bien.

— J'aime à voir que votre cœur aime notre ville.

— A propos de cœur, avez-vous vu le mien? Regardez...

Je lui ai montré le cœur en argent. Un cœur de religieuse.

— Vous savez, ajoutai-je, on va me laisser à Rome, dans un couvent.

— Oh! dit Visconti, j'espère que vous y resterez autrement, nous trouverons un moyen, et je trouverai, dit-il en me pressant fortement la main.

Maman rayonne, je rayonne, c'est toute une aurore boréale.

Ce soir, contre toute attente, assez nombreuse réunion, entre autres A...

La société auprès d'une table et moi avec Pietro auprès d'une autre. Et nous avons raisonné de l'amour en général et de l'amour de Pietro en particulier. Il a des principes déplorables ou, plutôt, il est si fou qu'il n'en a pas du tout. Il parlait si légèrement de son amour pour moi que je ne sais que penser. D'ailleurs il me ressemble tant de caractère, que c'est extraordinaire.

Je ne sais pas ce qui fut dit, mais au bout de cinq minutes nous n'étions plus en querelle, nous nous sommes expliqués et on s'est engagé à se marier, lui du moins. Moi, je me taisais la plupart du temps.

— Vous partez jeudi ?
— Oui, et vous m'oublierez.
— Ah ! ça, non, par exemple. J'irai à Nice.
— Quand ?
— Aussitôt que je pourrai. A présent, je ne puis pas.
— Pourquoi ? Dites, dites, à l'instant !
— Mon père ne me le permettrait pas.
— Mais vous n'avez qu'à lui dire la vérité.
— Sans doute, je lui dirai que j'y vais pour vous, que je vous aime, que je veux me marier, mais pas à l'instant. Vous ne connaissez pas mon père ; je viens d'être pardonné, mais je n'ose encore rien demander.
— Parlez demain.
— Je n'oserai pas. Je n'ai pas encore sa confiance. Pensez, depuis trois ans, il ne me parlait plus. Dans un mois, je serai à Nice.
— Dans un mois, je n'y serai plus.
— Et où irez-vous ?
— En Russie. Et voilà, je partirai et vous m'oublierez.
— Mais dans quinze jours, je serai à Nice et alors...

Et alors nous partirons ensemble Je vous aime, je vous aime! répétait-il en tombant à genoux.

— Vous êtes heureux? demandai-je en pressant sa tête dans mes mains.

— Oh! oui! parce que je crois en vous, je crois en votre parole.

— Venez à Nice à présent, dis-je.

— Ah! si je pouvais!

— On peut tout ce qu'on veut.

Jeudi 27 avril. — Mon Dieu, vous qui avez été si bon jusqu'à présent, tirez-moi de là, par grâce!

Et Dieu m'a tirée de là.

A la gare, je me mis à marcher de long en large avec le Cardinalino.

— Je vous aime! s'est-il écrié, et je vous aimerai toujours, pour mon malheur, peut-être.

— Et vous me voyez partir, et cela vous est égal?

— Oh! ne dites pas cela!... Vous ne pouvez pas parler ainsi, vous ne savez pas ce que j'ai souffert. D'ailleurs, je savais où vous étiez et ce que vous faisiez. Depuis que je vous ai vue, j'ai complètement changé, regardez bien; mais vous m'avez toujours traité en canaille. Si j'ai fait des bêtises dans ma vie, chacun en fait, ce n'est pas une raison pour me croire un vaurien, un écervelé. Pour vous, j'ai brisé avec le passé; pour vous, j'ai tout subi; pour vous, j'ai fait cette paix avec ma famille.

— Pas pour moi, monsieur, je ne vois pas ce que j'ai à faire dans cette paix.

— Ah! ç'a été parce que j'ai pensé à vous sérieusement.

— Comment?

— Vous voulez toujours qu'on s'exprime en détail et

mathématiquement, et certaines choses, pour être sous-entendues, n'en sont pas moins très visibles et vous vous êtes moquée de moi.

— Ce n'est pas vrai.

— Vous m'aimez ?

— Oui, et écoutez ceci. Je n'ai pas l'habitude de répéter deux fois. Je veux être crue tout de suite. Je n'ai jamais dit à aucun homme ce que je vous dis à vous. Je suis très offensée, car mes paroles, au lieu d'être reçues comme une faveur, sont reçues très légèrement et sont commentées. Et vous osez douter de ce que je dis ! Vraiment, monsieur, vous me poussez à bout.

Il fut confus et s'excusa; nous ne parlions presque plus.

— Vous m'écrirez ? demanda-t-il.

— Non, monsieur, je ne le puis pas, mais je vous permets de m'écrire.

— Ah ! ah ! le joli amour! s'écria-t-il.

— Monsieur, dis-je gravement, ne demandez pas trop. C'est une bien grande faveur lorsqu'une jeune fille permet qu'on lui écrive. Si vous ne le savez pas, je vous l'apprends. Mais nous allons monter en voiture, ne perdons pas notre temps en vaine discussion. Vous m'écrirez ?

— Oui, et vous avez beau dire, je sens que je vous aime comme je n'aimerai jamais. Vous m'aimez ?

Je fis oui de la tête.

— Vous m'aimerez toujours ?

Même signe.

— Allons, au revoir, monsieur.

— A quand ?

— A l'année prochaine.

— Non !

— Allons, adieu, monsieur !

Et, sans lui donner la main, je montais en wagon, où était déjà tout notre monde.

— Vous ne m'avez pas serré la main, dit A... en s'approchant.

Je lui tendis la main.

— Je vous aime! dit-il, fort pâle.

— Au revoir ! dis-je doucement.

— Pensez quelquefois à moi, dit-il en pâlissant davantage ; quant à moi, je ne ferai que penser à vous.

— Oui, monsieur ; au revoir !

Le train se mit en mouvement et pendant quelques instants encore je pus le voir, me regardant d'un air si ému qu'il en paraissait indifférent ; puis il fit quelques pas vers la porte, mais, comme j'étais toujours visible, il s'arrêta de nouveau comme un automate, enfonça le chapeau sur les yeux, fit encore un pas en avant... puis, puis nous étions déjà trop loin pour voir.

J'aurais été désolée de quitter Rome, à laquelle je suis si habituée, si je n'avais eu une idée en voyant la nouvelle lune, vers quatre heures.

— Tu vois ce croissant? demandai-je à Dina.

— Oui, répondit-elle.

— Eh bien, ce croissant deviendra une très belle lune dans onze ou douze jours.

— Sans doute.

— As-tu vu le Colisée au clair de lune ?

— Oui.

— Et moi, je ne l'ai pas vu.

— Je sais.

— Mais tu ne sais peut-être pas que j'ai envie de le voir.

— C'est possible.

— Oui, ce qui fait que dans dix ou douze jours, je

serai de nouveau à Rome, tant pour les courses que pour le Colisée.

— Oh!

— Oui, j'irai avec ma tante. Et je serai si bien, sans toi, sans maman, avec ma tante! Nous nous promènerons en victoria et je m'amuserai beaucoup.

— Eh bien, dit maman, cela se fera, je te le promets!

Et elle m'embrassa sur les deux joues.

Vendredi 28 avril. — Je me suis endormie et j'ai fait des rêves affreux comme des cauchemars.

A onze heures, je me couchais pour ne pas voir les oliviers et la terre rouge, et à une heure nous arrivions à la gare de Nice, à la grande joie de ma tante qui s'agitait, en compagnie de Mlle Colignon, Sapogenikoff, etc., etc.

— Vous savez, leur criai-je, avant que les portières fussent ouvertes, je suis bien fâchée de revenir ici, mais je n'ai pu faire autrement.

Et je les ai embrassés tous à la fois.

La maison est meublée d'une façon adorable; ma chambre est éblouissante, toute capitonnée en satin bleu ciel. En ouvrant la porte du balcon et en regardant notre très joli jardin, la promenade et la mer, je fus obligée de dire tout haut :

— On a beau dire, il n'y a rien d'aussi splendidement simple et adorablement poétique que Nice.

Jeudi 4 mai. — La vraie saison de Nice est au mois de mai. Il fait beau à en devenir folle. Je suis allée rôder dans le jardin par le clair d'une lune toute jeune encore, au chant des grenouilles accompagné du murmure des vagues qui viennent doucement se briser sur les cailloux. Divin silence et divine harmonie !

On dit des merveilles de Naples ; quant à moi, j'en suis désolée, mais je lui préfère Nice. Ici la mer baigne librement le rivage, tandis que là-bas elle est arrêtée par un mur à balustrade stupide, et même ce misérable bord est obstrué par des boutiques, des baraques, des saletés.

« Pensez quelquefois à moi. Quant à moi, je ne ferai que penser à vous ! »

Pardonnez-lui, mon Dieu, il ne savait pas ce qu'il disait. Je lui permets de m'écrire et il n'use pas seulement de cette permission ! Enverra-t-il seulement la dépêche promise à maman ?

Vendredi 5 mai. — Je disais donc, quoi ? ah ! oui, que Piétro était inexcusable vis-à-vis de moi.

Je ne peux pas comprendre les hésitations, moi qui n'aime pas !

J'ai lu dans des romans que souvent un homme semble oublieux et indifférent à cause de son amour même.

Je voudrais bien croire aux romans.

Je suis endormie et ennuyée et, dans cet état-là, je désire voir Pietro et l'entendre parler d'amour. Je voudrais rêver qu'il est là, je voudrais faire un joli rêve. La réalité est dangereuse.

Je m'ennuie, et quand je m'ennuie je deviens très tendre.

Quand donc finira cette vie d'ennui, de déceptions, d'envie et de chagrin !

Quand donc vivrai-je enfin comme j'aime ! Mariée à une grande fortune, à un grand nom et à un homme sympathique, car je ne suis pas si mercenaire que vous pensez. D'ailleurs, si je ne le suis pas, c'est par égoïsme.

Ce serait affreux de vivre avec un homme qu'on déteste, et ni richesse ni position ne me profiterait. Ah! Dieu! sainte Vierge, protégez-moi!

6 mai. — Vous savez, une idée? je voudrais follement revoir Pietro.

Ce soir, je donne une fête, comme on n'en a plus vu depuis des années à la rue de France. Vous savez qu'à Nice existe l'usage de *tourner le Mai*, c'est-à-dire, on suspend une couronne, une lanterne, et on danse, au-dessous, des rondes en chantant. Depuis que Nice est française, cet usage s'en va de plus en plus; à peine si on voyait trois ou quatre lanternes dans toute la ville.

Eh bien, moi, je leur donne un *rossigno*; je nomme cela ainsi parce que le *Rossigno che vola*, c'est la chanson la plus populaire et la plus jolie de Nice.

J'ai fait préparer d'avance et suspendre au milieu de la rue une *grande machine* de feuillages et de fleurs tout ornée de lanternes vénitiennes.

Sur le mur de notre jardin, Triphon (le domestique de grand-papa) a été chargé d'organiser un feu d'artifice et d'éclairer de temps en temps la scène par des feux de Bengale. Triphon ne se sent pas de joie. Toutes ces splendeurs sont accompagnées d'une harpe, d'une flûte et d'un violon, et arrosées de vin en abondance. Les bonnes femmes vinrent nous inviter sur leurs terrasses, car moi et Olga regardions seules perchées sur une échelle de bois.

On va sur la terrasse des voisins, et moi, Olga, Marie et Dina, nous nous mettons au milieu de la rue appelant les danseuses, et tâchons et réussissons à donner de l'entrain.

J'ai chanté et tourné avec tout le monde, à la joie des bons Niçois, surtout des gens du quartier, qui me connaissent tous et disent le plus grand bien de « Mademoiselle Marie ».

Ne pouvant faire autre chose, je fais de la popularité et cela flatte maman. Elle ne regarde pas à la dépense. Ce qui a plu surtout, c'est que j'ai chanté et dit quelques mots en patois.

Pendant que j'étais sur l'échelle avec Olga qui me tirait par les jupes, j'avais bien envie de faire un discours, mais je me suis prudemment abstenue, pour cette année...

J'ai regardé les danses et écouté les cris, toute rêveuse comme il m'arrive souvent. Et le feu d'artifice terminé par un « soleil » magnifique, nous sommes tous rentrés chez nous, au milieu d'un murmure de satisfaction.

Dimanche 7 mai. — On trouve une certaine satisfaction désespérante à mépriser avec raison tout le monde. Au moins, on n'a pas d'illusions. Si Pietro m'a oubliée, il m'a fait une insulte sanglante, et voilà un nom de plus sur mes tablettes de haine et de vengeance.

Tel qu'il est, le genre humain me plaît et je l'aime et j'en fais partie et je vis avec tous ces gens, et d'eux dépendent et ma fortune et mon bonheur.

D'ailleurs tout cela est bête. Mais dans ce monde tout ce qui n'est pas triste est bête, et tout ce qui n'est pas bête est triste.

Demain à trois heures je vais à Rome, tant pour me distraire que pour mépriser A..., si j'en trouve l'occasion.

Jeudi 11 mai. — Comme je l'ai dit mardi soir, je suis partie hier à deux heures avec ma tante.

C'est une terrible preuve d'amour que j'ai l'air de donner à Pietro.

Ah! ma foi, tant pis! S'il croit que je l'aime, s'il croit à une pareille énormité, il n'est qu'une bête.

A deux heures, nous sommes à Rome, je me jette dans un fiacre, ma tante me suit, le conducteur de l'hotel de la ville prend les bulletins et... et... je suis à Rome ! Dieu ! quelle joie !..

Nos bagages n'arriveront que demain. Pour aller voir le retour des courses, nous sommes obligées de nous contenter de nos hardes de voyage. D'ailleurs, j'étais très bien avec mon costume gris et mon feutre. Je mène ma tante au Corso! (Quelle chose adorable que de revoir le Corso après Nice!) Je l'abasourdis de bêtises et d'explications, car il me semble qu'elle ne voit rien.

Et voilà le *Caccia-Club*, il y a eu frémissement à mon passage ; *le moine* reste bouche béante, puis ôte son chapeau et sourit jusqu'aux oreilles.

Nous allons à la villa Borghèse, où il y a le concours régional d'agriculture.

Nous parcourons à pied l'exposition, nous admirons les fleurs et les plantes, et rencontrons Zucchini. Il y a encore du monde.

On est très surpris de me voir apparaître pour la troisième fois. A Rome, je suis très connue.

Simonetti s'approche ; je le présente à Mme Romanoff et lui dis que c'est par un merveilleux hasard que je suis ici.

Je fais signe à Pietro de venir ; il est tout rayonnant et me regarde avec des yeux qui prouvent bien qu'il a pris tout au sérieux.

Il nous a fait beaucoup rire en racontant son séjour au couvent. Il avait consenti, dit-il, à y entrer pour quatre jours et, une fois là, on l'y a retenu pendant dix-sept jours.

— Pourquoi donc avez-vous menti, pourquoi avez-vous dit que vous aviez été à Terracina?

— Parce que j'avais honte de dire la vérité.

— Et les amis du Club le savent?

— Oui. Au commencement je disais que j'avais été à Terracina, puis on m'a parlé du couvent et j'ai fini par tout raconter, et j'ai ri, et tout le monde a ri. Torlonia a été furieux.

— Pourquoi?

— Parce que je ne lui ai pas tout dit d'abord. Parce que je n'ai pas eu confiance en lui.

Ensuite, il raconte comment, pour plaire à son père, il faisait semblant de laisser tomber par hasard un chapelet de sa poche, pour faire croire qu'il en portait toujours un sur lui. Je l'accablai de moqueries et d'impertinences auxquelles il répondit très bien, ma foi.

Samedi 13 mai. — Je ne déguise ni mes sentiments, ni ma pensée, et je n'ai pas la force de rien supporter avec dignité, car j'ai pleuré. Et tout en écrivant j'entends le bruit que font mes larmes en tombant sur le papier, de grosses larmes qui coulent sans difficulté et sans grimace de la part de ma figure. Je m'étais couchée sur le dos pour les faire rentrer en dedans, mais ça n'a pas réussi.

Au lieu de dire ce qui me fait pleurer, je raconte comment je pleure! Et comment puis-je dire pourquoi? Je ne me rends compte de rien. — Comment, me disais-je, la tête renversée sur le canapé; comment, c'est ainsi? Il a donc oublié? Sans doute, puisqu'il a mené une conversation indifférente entremêlée de mots prononcés si bas que je n'ai pu les entendre, et enfin il a encore répété qu'il ne m'aimait que de près, que j'étais de glace, qu'il irait en Amérique, que lorsqu'il me voit, il m'aime, tandis qu'au loin il oublie.

Je l'ai prié très sèchement de ne plus parler de cela.

Ah! je ne peux pas écrire et vous voyez vous-même ce que je dois sentir et combien je suis insultée!

* *
*

Je ne peux pas écrire! et cependant quelque chose me l'ordonne. Tant que je n'ai pas tout raconté, quelque chose me tourmente.

J'ai causé et fait du thé de mon mieux jusqu'à dix heures et demie. Alors arriva Pietro; Simonetti s'en alla bientôt et nous sommes restés à trois. On parla de mon journal, c'est-à-dire des questions que j'y traite, et A... me pria de lui lire quelque chose sur l'âme et sur Dieu. Alors j'allai dans l'antichambre et m'agenouillai auprès de la fameuse boîte blanche en cherchant, pendant que Pietro tenait la bougie... Mais alors, comme en cherchant j'ai rencontré des passages d'un intérêt commun, je lisais, et cela a duré presque une demi-heure.

Ensuite, il se mit, en revenant au salon, à raconter toutes sortes d'anecdotes sur sa vie depuis l'âge de dix-huit ans.

J'ai écouté tout ce qu'il a dit, avec une certaine terreur et une certaine jalousie.

D'abord cette dépendance absolue me glace; on lui défendrait de m'aimer, il obéirait, j'en suis certaine.

Sa famille, les prêtres, les moines m'effrayent. Quoi qu'il m'ait dit de leur bonté, je suis saisie d'effroi en entendant ces énormités et ces tyrannies. Oui ! ils me font peur et ses deux frères aussi ; mais ce n'est pas de cela qu'il s'agit, je suis toujours libre d'accepter ou de refuser.

Je remercie Dieu de m'avoir délié la plume ; hier, c'était un supplice, je ne pouvais pas m'expliquer.

Tout ce que j'ai entendu ce soir, tout ce que j'en conclus et toutes les choses d'avant sont lourdes pour ma tête. Et puis il y a simplement le regret de le voir partir ce soir ; c'est si long jusqu'à demain ! J'ai senti une grande envie de pleurer d'incertitude et peut-être d'amour.

Puis, appuyant le menton dans la main gauche et le coude gauche dans la main droite, le sourcil froncé et la lèvre dédaigneuse, je me mis à songer à tout, à ce qu'il me fallait, et surtout à ce que je n'avais pas.

Puis, je me mis à écrire et, ayant senti un irrésistible besoin de rêver, je cessai un instant et me remis à écrire tout ceci.

Mercredi 17 mai. — J'avais beaucoup à dire d'hier encore, mais tout s'efface devant ce soir.

Il m'a parlé de nouveau de son amour ; je l'assurai que c'était inutile, car mes parents ne consentiraient jamais.

— Ils auraient raison, dit-il rêveur ; je ne suis bon à faire le bonheur de personne. Je l'ai dit à ma mère, j'ai parlé de vous, j'ai dit : « Elle est si religieuse et bonne, et moi, je ne crois en rien et je ne suis qu'un misérable. » Tenez, je suis resté dix-sept jours au couvent, j'ai prié, j'ai médité, et je ne crois pas en Dieu, et la religion n'existe pas pour moi, je ne crois en rien.

Je le regardai avec de grands yeux effrayés

— Il faut croire, dis-je en lui prenant la main, il faut se corriger, et il faut être bon.

— C'est impossible, et tel que je suis personne ne peut m'aimer, n'est-ce pas?

— Hum! hum!

— Je suis bien malheureux. Vous ne vous ferez jamais une idée de ma position. En apparence je suis bien avec les miens, mais ce n'est qu'en apparence; je les déteste tous, mon père, mes frères, ma mère même; je suis malheureux. Et qu'on me demande pourquoi? je ne le sais pas... O les prêtres! s'écria-t-il en serrant les poings et les dents et levant au ciel une figure hideuse de haine. Les prêtres, oh! si vous saviez ce que c'est!!!

Il fut cinq minutes à se calmer.

— Je vous aime pourtant, et vous seule. Quand je suis avec vous, je suis heureux.

— Une preuve.

— Dites.

— Venez à Nice.

— Vous me mettez hors de moi en me disant cela; vous savez bien que je ne peux pas.

— Pourquoi?

— Parce que mon père ne veut pas me donner d'argent, parce que mon père ne veut pas que j'aille à Nice.

— Je comprends bien, mais si vous dites pourquoi vous y allez?

— Il ne voudra pas. J'ai parlé à ma mère; elle ne me croit pas. On est si habitué à ma mauvaise conduite qu'on ne me croit plus.

— Il faut vous corriger, il faut venir à Nice.

— Mais puisque je serai refusé, comme vous dites.

— Je n'ai pas dit refusé par moi.

— Ce serait trop, dit-il en me regardant tout près, ce serait un rêve.

— Mais un beau rêve, n'est-ce pas?

— Oh! oui.

— Alors vous demanderez à votre père?

— Certainement oui; mais il ne veut pas que je me marie. Non, je dis que pour ces choses il faut faire parler par les confesseurs.

— Eh bien, faites parler.

— Mon Dieu! et c'est vous qui me le dites?

— Oui, vous comprenez, je ne tiens pas à vous, mais je veux donner cette satisfaction à mon orgueil blessé.

— Je suis un malheureux et un maudit dans ce monde.

Il est inutile, impossible de suivre ces centaines de phrases. Je dirai seulement qu'il m'a répété cent fois qu'il m'aimait, d'une voix si douce et avec des yeux si suppliants, que je m'approchai de lui moi-même et que nous avons parlé comme de bons amis d'une multitude de choses. Je l'assurai qu'il y avait un Dieu dans le ciel et du bonheur sur la terre. Je voulais qu'il crût en Dieu, qu'il le vît à travers mes yeux, et qu'il le priât par ma voix.

— Alors, dis-je en m'éloignant, c'est fini; adieu!

— Je vous aime!

— Et je vous crois, dis-je en pressant ses deux mains, et je vous plains!

— Vous ne m'aimerez jamais?

— Quand vous serez libre.

— Quand je serai mort.

— Je ne peux pas à présent, car je vous plains et vous méprise. On vous dirait de ne pas m'aimer que vous obéiriez.

— Peut-être !

— C'est affreux !

— Je vous aime, dit-il pour la centième fois.

Et il est sorti en pleurant. Je me suis approchée de la table où était ma tante et je lui dis, en russe, que le moine m'a fait des compliments que je raconterai demain.

Il est encore revenu et je lui ai dit adieu.

— Non, pas adieu.

— Si, si, si. Adieu, monsieur, je vous ai aimé jusqu'à cette conversation. (1881. — *Je ne l'ai jamais aimé, tout cela était l'effet d'une imagination romanesque en quête de roman.*)

— Ah ! tant pis, je l'ai dit, je vous ai aimé, j'ai eu tort, je le sais.

— Mais... commença-t-il.

— Adieu !

— Vous n'allez donc plus à Tivoli à cheval, demain?

— Non.

—. Et ce n'est pas la fatigue qui vous y a fait renoncer?

— Non ! La fatigue n'est qu'un prétexte, je ne veux plus vous voir.

— Mais non ! Ce n'est pas possible, disait A.... en me tenant les mains.

— Au revoir !

— Vous m'avez dit de parler à mon père et de venir à Nice? dit A... sur l'escalier avant de s'en aller

— Oui.

— Je ferai cela, et je viendrai coûte que coûte, je vous le jure.

Et il partit.

Depuis trois jours, j'ai une nouvelle idée, c'est que je vais mourir : je tousse et je me plains. Avant-hier je me suis assise au salon, il était deux heures du matin ; ma tante me pressait d'aller dormir et je ne bougeais pas, disant que c'était la preuve que j'allais mourir.

— Ah ! dit ma tante, de la manière dont tu y vas, je n'en doute pas, tu mourras.

— Et tant mieux pour vous, vous aurez moins de dépenses, il ne faudra plus payer tant à Laferrière !

Et, prise d'un accès de toux, je me renversai sur le canapé, au grand effroi de ma tante, qui sortit en courant pour faire croire qu'elle était fâchée.

Vendredi 19 mai. — Ma tante est allée au Vatican, et moi, ne pouvant être avec Pietro, j'aime mieux rester seule. Il viendra vers les cinq heures, je voudrais tant que ma tante fût encore absente. Je voudrais me trouver seule involontairement en apparence, car je ne peux plus montrer que je le cherche.

Je viens de chanter et j'ai mal à la poitrine. Me voyez-vous posée en martyre ! C'est trop bête !...

Je suis coiffée à la Vénus Capitoline, je suis en blanc comme une Béatrix, avec un chapelet et une croix de nacre sur le cou.

Il y a, quoi qu'on dise, dans l'homme un certain besoin d'idolâtrie, de sensations matérielles. Dieu dans sa simple grandeur ne suffit pas. Il faut des images à regarder, des croix à baiser.

Hier soir, j'ai compté les grains du chapelet : ils sont soixante, et je me suis prosternée soixante fois, chaque fois me frappant le front contre le plancher. Je n'avais plus de souffle, mais il me semblait avoir fait un acte agréable à Dieu. C'est sans doute absurde, mais l'intention y était.

Dieu tient-il compte de l'intention?

Ah! mais j'ai là le Nouveau Testament. Lisons. — Ne trouvant pas le livre saint, je lis Dumas. Ce n'est pas la même chose.

Ma tante est rentrée à quatre heures, et au bout de vingt-cinq minutes, je l'avais adroitement excitée à aller voir l'église Santa Maria Maggiore. Il est quatre heures et demie. J'ai mal fait, il fallait la renvoyer à cinq heures; car je crains bien qu'elle ne rentre encore trop tôt.

Quand on annonça le comte A..., j'étais encore seule, car ma tante avait eu l'idée de visiter le Panthéon, outre Santa Maria Maggiore. Mon cœur battait si fort que je craignais qu'on ne l'entendît, comme on dit dans les romans.

Il s'assit près de moi et commença à me prendre la main, que je retirai aussitôt.

Alors il me dit qu'il m'aimait. Je le repoussai en souriant poliment.

— Ma tante va rentrer tout à l'heure, dis-je, prenez patience.

— J'ai tant de choses à vous dire!

— Vraiment.

— Mais votre tante va rentrer.

— Alors, dépêchez-vous.

— Ce sont des choses sérieuses.

— Voyons.

— D'abord vous avez mal fait d'écrire de moi toutes ces choses.

— Ne parlons pas de cela, monsieur; je vous préviens que je suis très nerveuse, vous ferez donc bien de parler simplement ou de ne rien dire.

— Écoutez, j'ai parlé à ma mère, et ma mère a parlé à mon père.

— Eh bien, après ?

— J'ai bien fait, n'est-ce pas ?

— Cela ne me regarde pas, ce que vous avez fait, vous l'avez fait pour vous.

— Vous ne m'aimez pas ?

— Non.

— Et moi je vous aime comme un fou.

— Tant pis pour vous, dis-je en souriant et en me laissant prendre les mains.

— Non, écoutez, dit-il, parlons sérieusement ; vous n'êtes jamais sérieuse. Je vous aime ! j'ai parlé à ma mère... Soyez ma femme, dit-il.

Enfin ! m'écriai-je intérieurement, et je ne répondis rien.

— Eh bien ? demanda-t-il.

— Bien, répondis-je en souriant.

— Vous savez, dit-il encouragé, il faut mettre quelqu'un là-dedans.

— Comment ?

— Oui ; je ne peux pas faire moi-même ; il faut que quelqu'un s'en charge, un homme posé, respectable, sérieux, qui parle à mon père, qui arrange tout, en un mot. Qui ?

— Visconti, dis-je en riant.

— Oui, dit-il très sérieux. J'ai pensé à Visconti, c'est l'homme qu'il faut. Il est si vieux qu'il n'est plus bon qu'à faire les Mercure... Seulement, reprit-il, je ne suis pas riche, pas riche du tout. Ah ! je voudrais bien être bossu et posséder des millions.

— Vous n'y gagneriez rien auprès de moi.

— Oh ! oh ! oh !

— Je crois que voilà une insulte, dis-je en me levant.

— Mais non, je ne parle pas pour vous, vous êtes une exception, vous.

— Alors ne me parlez pas d'argent.

— Dieu ! comme vous êtes, on ne peut jamais comprendre ce que vous voulez.... Consentez, consentez à être ma femme.

Il voulut me baiser la main, et je lui présentai la croix de mon chapelet qu'il baisa, puis levant la tête :

— Comme vous êtes religieuse ! dit-il en me regardant.

— Et vous, vous ne croyez à rien ?

— Moi, je vous aime. M'aimez-vous ?

— Je ne dis pas ces choses-là.

— Alors, pour Dieu, faites-le-moi comprendre, au moins.

Après un instant d'hésitation, je lui ai tendu ma main.

— Vous consentez ?

— Doucement, dis-je en me levant; vous savez qu'il y a mon grand-père et mon père, et ils opposeront une forte résistance à un mariage catholique.

— Ah ! il y a encore cela !

— Oui, il y a encore ça.

Il me prit par le bras et me plaça à côté de lui, devant la glace. Nous étions très-beaux ainsi.

— Nous en chargerons Visconti, dit A....

— Oui.

— C'est l'homme qu'il faut. Mais comme nous sommes jeunes pour nous marier, pensez-vous que nous serons heureux ?

— D'abord il faudrait mon consentement.

— Sans doute. Donc, supposons, *si* vous consentez, serons-nous heureux ?

— *Si* je consens, je puis jurer sur ma tête qu'il n'y

aura pas au monde un homme plus heureux que vous.

— Alors, nous nous marierons. Soyez ma femme.

Je souris.

— Ah ! s'écria-t-il en bondissant par la chambre, comme je serai heureux, comme ce sera drôle quand nous aurons des enfants !

— Vous êtes fou, monsieur.

— Oui, d'amour.

En ce moment, on entendit des voix dans l'escalier, je m'assis tranquillement et attendis ma tante, qui entra aussitôt.

J'avais un grand poids enlevé de mon cœur, je devins gaie, et A... ravi.

J'étais calme, heureuse, mais j'avais bien des choses à dire et à entendre.

Excepté notre appartement, tout le premier de l'hôtel est vide. Le soir nous prenons une bougie et parcourons ces immenses appartements parfumés encore de l'ancienne grandeur des palais italiens, mais ma tante est avec nous. Je ne savais comment faire.

Nous nous arrêtons pendant plus d'une demi-heure dans un grand salon jaune, et Pietro imite le Cardinal, son père et ses frères.

Ma tante s'amuse à faire écrire à A... des bêtises en russe.

— Copiez cela, dis-je en prenant un livre et en écrivant sur la première page.

— Quoi ?

— Lisez.

Je lui ai indiqué les huit mots que voici :
« Partez à minuit, je vous parlerai en bas. »

— Compris ? demandai-je en effaçant.

— Oui.

Dès lors je fus soulagée et singulièrement agitée. A... se tournait vers la pendule à chaque instant, et je craignais qu'on n'en comprît la cause. Comme si on pouvait deviner ! Il n'y a que les consciences coupables pour avoir de ces peurs.

A minuit, il se leva et me dit bonsoir, en me serrant fortement la main.

— Bonsoir, monsieur, dis-je.

Nos yeux se rencontrèrent, je ne saurais décrire comment, ce fut un éclair.

— Eh bien, ma tante, nous partons demain de bonne heure; rentrez, je vous enfermerai chez vous, comme ça vous ne m'empêcherez pas d'écrire et je me coucherai vite.

— Tu le promets?

— Certainement.

J'enfermai ma tante et, après avoir jeté un coup d'œil dans la glace, je descendis l'escalier, et Pietro se glissa dans l'entre-bâillement comme une ombre.

— On se dit tant, en se taisant, quand on s'aime ! Du moins, moi, je vous aime ! murmura-t-il.

Je m'amusais de faire une scène de roman et pensais involontairement à ceux de Dumas.

— Je pars demain. Et nous avons à causer sérieusement, et moi qui l'oubliais !...

— C'est qu'on ne pense plus à rien.

— Venez, dis-je en fermant la porte pour ne laisser qu'un faible rayon de lumière.

Et je m'assis sur la dernière marche du petit escalier qui occupe le fond du couloir.

Il s'agenouilla.

A chaque instant je croyais entendre venir, je restais immobile et tressaillant à chaque goutte de pluie qui tombait sur les carreaux.

— Mais ce n'est rien, dit mon impatient amoureux.

— Vous en parlez bien à votre aise, monsieur. Si on venait, vous en seriez flatté, et moi je serais perdue.

La tête renversée, je le regardai à travers mes cils.

— Avec moi? dit-il, se méprenant au sens de mes paroles, avec moi? je vous aime trop; vous êtes en sûreté.

Je lui tendis la main en entendant ce noble langage.

— N'ai-je pas toujours été convenable et respectueux?

— Oh! non, pas toujours. Une fois vous vouliez même m'embrasser.

— Ne parlez pas de cela, je vous en prie. Oh! je vous ai tant priée de me pardonner! soyez bonne, pardonnez-moi.

— Je vous ai pardonné, dis-je doucement.

Je me sentais si bien! — Est-ce donc cela, pensai-je, quand on aime? Est-ce sérieux? Il me semblait toujours qu'il allait rire, tant il était grave et tendre.

J'abaissai mon regard sous l'éclat extraordinaire du sien.

— Mais voyez, de nouveau nous avons oublié de causer de nos affaires, soyons sérieux et causons.

— Oui, causons.

— D'abord, comment faire, puisque vous partez demain? Ne partez pas, je vous en prie, ne partez pas!

— C'est impossible; ma tante...

— Elle est si bonne! Oh! restez.

— Elle est bonne, mais elle ne consentira pas. Ainsi, adieu... peut-être pour toujours!

— Non, non, puisque vous consentez à être ma femme.

— Quand?

— Vers la fin du mois je serai à Nice. Si vous consentiez à me laisser échapper en faisant une dette, je partirais demain.

— Non, je ne le veux pas, je ne vous verrais pas, dans ce cas.

— Mais vous ne pouvez pas m'empêcher d'aller faire des folies à Nice.

— Si, si, si, je vous le défends!

— Alors il faut attendre que mon père me donne de l'argent.

— Écoutez, j'espère qu'il sera raisonnable.

— Il n'a rien contre, ma mère a parlé; mais s'il ne me donnait pas d'argent? Vous savez si je suis assez dépendant, assez malheureux!

— Exigez!

— Donnez-moi un conseil, vous qui raisonnez comme un livre, vous qui parlez de l'âme, de Dieu; donnez-moi un conseil?

— Priez Dieu, dis-je en lui présentant ma croix, et toute prête à rire s'il prenait la chose en ridicule, et à garder mon air grave s'il la prenait au sérieux.

Il vit ma figure impassible, appuya la croix sur son front et baissa la tête, en prière.

— J'ai prié, dit-il.

— Vrai?

— Vrai. Mais continuons... Donc, nous chargeons de cela le baron V...

— Bien.

Je disais : *bien*, et je pensais : « PROVISOIREMENT ».

— Mais cela ne peut pas se faire tout de suite, repris-je.

— Dans deux mois.

— Vous voulez rire? demandai-je, comme si c'était la chose la plus impossible.

— Dans six.

— Non.

— Dans un an?

— Oui, dans un an; vous attendrez?

— S'il le faut, pourvu que je puisse vous voir tous les jours.

— Venez à Nice, car, dans un mois, je vais en Russie.

— Je vous suivrai.

— Ça ne se peut.

— Et pourquoi?

— Ma mère ne voudra pas.

— Personne ne peut m'empêcher de voyager.

— Ne dites pas de bêtises.

— Mais comme je vous aime!

Je me penchai vers lui pour ne pas perdre une seule de ses paroles.

— Je vous aimerai toujours, dit-il. Soyez ma femme.

Nous entrons dans les banalités amoureuses, banalités qui deviennent divines, si réellement on aime toujours.

— Oui, vraiment, disait-il, ce serait beau de passer la vie ensemble... oui, passer la vie avec vous, toujours ensemble, à vos pieds... vous adorant... Nous serons vieux tous les deux, vieux à priser du tabac, et nous nous aimerons toujours. Oui, oui... oui... chère!..

Il ne trouvait pas d'autres mots, et ces mots, si communs, dans sa bouche devenaient une caresse extrême.

Il me regardait les mains jointes.

Puis on parlait raison; puis il se traînait à mes pieds, en criant d'une voix étouffée que je ne pouvais pas l'aimer comme il m'aimait, et que c'était impossible...

Il voulut que nous nous fissions nos confidences.

— Oh! les vôtres, monsieur, ne m'intéressent pas.

— Oh! dites-moi combien de fois vous avez aimé, mademoiselle?

— Une fois.

— Et qui ?

— Un homme que je ne connais pas, que j'ai vu dix ou douze fois dans la rue, qui ne sait pas que j'existe. J'avais douze ans alors, et je ne lui ai jamais parlé.

— C'est un conte!

— C'est une vérité.

— Mais c'est un roman, une fantaisie; c'est impossible, c'est une ombre!

— Oui, mais je sens que je n'ai pas honte de l'aimer, et qu'il m'est devenu une espèce de divinité. Je ne le compare à personne, et il n'y a pour cela personne de digne.

— Où est-il?

— Je ne sais seulement pas. Il est marié, très loin.

— Voilà une folie!

Et mon fichu Pietro avait l'air passablement incrédule et dédaigneux.

— Mais c'est vrai, et tenez, je vous aime et c'est autre chose.

— Je vous donne tout mon cœur et vous ne me donnez que la moitié du vôtre, dit-il.

— Ne demandez pas trop et soyez satisfait.

— Mais ce n'est pas tout? il y a autre chose?

— C'est tout.

— Pardonnez-moi, et permettez-moi de ne pas vous croire cette fois.

(Voyez-vous cette dépravation!)

— Il faut croire la vérité.

— Je ne peux pas.
— Tant pis! m'écriai-je fâchée.
— Ça surpasse mon esprit, dit-il.
— C'est que vous êtes bien dépravé.
— Peut-être.
— Vous ne croyez pas que jamais je n'ai permis qu'on me baisât la main?
— Pardon, mais je ne crois pas.
— Asseyez-vous à côté de moi, dis-je, causons et dites-moi tout.

Il me raconte tout ce qu'on lui a dit et ce qu'il a dit.
— Vous ne vous fâcherez pas? dit-il.
— Je ne me fâcherai que si vous me cachez quelque chose.
— Eh bien! vous comprenez, notre famille est très connue ici.
— Oui.
— Et vous êtes des étrangers à Rome.
— Alors?
— Alors, ma mère a écrit à Paris à plusieurs personnes.
— C'est très-naturel; et que dit-on de moi?
— Encore rien. Mais, on peut dire ce qu'on veut, je vous aimerai toujours.
— Je n'ai pas besoin d'indulgence...
— Maintenant, dit-il, il y a la religion.
— Oui, la religion.
— Oh! fit-il de l'air le plus calme. Faites-vous catholique.

Je l'ai arrêté court par un mot *très sévère*.
— Voulez-vous donc que je change de religion? s'écria A....
— Non, car, si vous faisiez cela, je vous mépriserais.

En vérité, je n'aurais été fâchée qu'à cause du Cardinal.

— Comme je vous aime! comme vous êtes belle! comme nous serons heureux!

Pour toute réponse, je pris sa tête dans mes mains et je l'embrassai sur le front, les yeux, les cheveux.

Je le fis plus pour lui que pour moi.

— Marie! Marie! criait ma tante d'en haut.

— Qu'y a-t-il? demandai-je d'une voix calme, en passant ma tête par la trappe, pour que la voix parût venir de ma chambre.

— Il est deux heures, il faut dormir...

— Je dors.

— Tu es déshabillée?

— Oui; laissez-moi écrire.

— Couche-toi.

— Oui, oui.

Je descendis et trouvai la place vide : le malheureux s'était caché sous l'escalier.

— Maintenant, dit-il en venant reprendre sa place, parlons de l'avenir.

— Parlons-en.

— Où vivrons-nous? Aimez-vous Rome?

— Oui.

— Alors nous vivrons à Rome, mais en dehors de ma famille, tout seuls!

— Je crois bien; d'abord maman ne me laisserait pas vivre dans la famille de mon mari.

— Elle aurait bien raison. Et puis, ma famille a des principes si extraordinaires! ce serait un supplice. Nous achèterons une petite maison dans le nouveau quartier.

— J'aimerais mieux une grande.

Et je cachai une grimace significative.

— Eh bien, une grande.

Et on se mit, lui du moins, à faire des arrangements futurs.

On voyait bien un homme qui a hâte de changer d'état.

— Nous irons dans le monde, repris-je, nous mènerons grand train, n'est-ce pas?

— Oh! oui, dites-moi, racontez tout.

— Oui, lorsqu'on se décide à passer la vie ensemble, il faut le faire aussi bien que possible.

— Je comprends bien. Vous savez tout de ma famille, mais il y a le Cardinal.

— Il faut se mettre bien avec lui.

— Je crois bien, je le ferai absolument. Et vous savez, la plus grande partie de sa fortune sera pour celui qui aura le premier un fils; aussi il faut avoir tout de suite un fils. Seulement je ne suis pas riche.

— Qu'importe? fis-je un peu froissée, mais me possédant assez pour ne pas faire un geste de mépris: c'était peut-être un piège.

Puis, comme fatigué de ce discours sérieux, il a baissé la tête.

— *Occhi neri*, dis-je, en les recouvrant avec ma main, car ses yeux me faisaient peur.

Il se prosterna à mes pieds et me dit tant et tant, que je redoublai de surveillance et le fis asseoir à côté de moi.

Non, ce n'est pas un véritable amour. Avec un véritable amour, il n'y aurait rien de mesquin ni de vulgaire à dire.

Je me sentais mécontente au fond.

— Soyez sage!

— Oui, dit-il en joignant les mains, oui, je suis sage, je suis respectueux, je vous aime!

L'aimais-je vraiment ou bien avais-je la tête montée? qui saurait le dire au juste? Pourtant, du moment où le doute existe... il n'y a plus de doute.

— Oui, je vous aime, dis-je en prenant et serrant fortement ses deux mains!

Il ne répondit rien; peut-être n'a-t-il pas compris l'importance que j'attachais à mes paroles, peut-être les trouvait-il toutes naturelles?

Mon cœur ne battait plus. Certes ce fut un délicieux moment, car il demeura immobile comme moi et sans proférer une parole.

Mais la peur m'a prise et je lui ai dit qu'il faut partir.
— Il est temps.
— Déjà? Attendez un instant encore, près de moi. Que nous sommes bien ainsi! Vous m'aimez? fit-il, et tu m'aimeras toujours, dis, tu m'aimeras toujours?

Ce tutoiement me donna froid et me parut humiliant.

— Toujours! disais-je mécontente, toujours, et vous, vous m'aimez?

— Oh! comment pouvez-vous demander de pareilles choses? Oh! ma chérie, je voudrais qu'on ne pût sortir d'ici!

— Nous serions morts de faim, dis-je humiliée de ce nom caressant qu'il me donnait, et ne sachant comment répondre.

— Mais quelle belle mort! Alors, dans un an? dit-il, en me mangeant des yeux.

— Dans un an, répétai-je, plus pour la forme que pour autre chose. — J'agissais en amoureuse pénétrée, enivrée, inspirée, grave et solennelle.

En ce moment j'entends ma tante qui, voyant toujours de la lumière chez moi, s'impatientait.

— Vous entendez? dis-je.

Nous nous sommes embrassés et je m'enfuis sans me retourner. C'est comme une scène d'un roman que j'ai lue quelque part. Fi! Je suis mécontente de moi! Serai-je toujours mon propre critique ou bien est-ce parce que je n'aime pas tout à fait?

— Il est quatre heures! cria ma tante.

— D'abord, ma tante, il n'est que deux heures et dix minutes, et puis ensuite laissez-moi tranquille.

Je me déshabillai, tout en pensant : Quelqu'un qui m'aurait vue entrer au salon près de l'escalier à minuit et en sortir à deux heures, deux heures passées dans un tête-à-tête absolu avec un Italien des plus dévergondés, ce quelqu'un ne croirait pas le bon Dieu, s'il lui prenait fantaisie de descendre du ciel pour affirmer combien c'était innocent.

Moi-même, à la place de ce quelqu'un, je ne croirais pas, et pourtant voyez! Doit-on assez se défier des apparences? Souvent ainsi on juge et on fait des conclusions définitives, lorsqu'il n'y a que *presque rien*.

— C'est affreux! Tu mourras, en veillant si tard, criait ma tante.

— Ecoutez, dis-je en ouvrant sa porte, ne grondez pas, ou je ne vous dirai rien.

— Oh! Diable! diable!

— Oh! ma tante, vous vous repentirez...

— Qu'y a-t-il? O quelle fille!

— D'abord je n'ai pas écrit, je suis restée avec Pietro.

— Où ça, malheureuse!

— En bas.

— Quelle horreur!

— Ah! Si vous criez, vous ne saurez rien.

— Tu étais avec A...?

— Oui!

— Eh bien, dit-elle d'une voix qui me fit tressaillir, je le savais bien quand je t'ai appelée, tout à l'heure.

— Comment?

— J'ai rêvé que maman était venue et me disait: Ne laisse pas Marie seule avec A....

J'eus froid dans le dos en comprenant que j'avais couru un vrai danger. — J'ai exprimé mes craintes qu'on n'écrive des calomnies de Nice.

— Il n'y a rien à dire, dit ma tante. Si on ose dire des calomnies, on n'ose pas les écrire.

Nice. — *Mardi 23 mai.* — Je voudrais pourtant me rendre compte d'une chose: j'aime ou je n'aime pas?

Je me suis fait une telle idée des grandeurs et des richesses que Pietro me semble un bien petit seigneur. Ah! H..!

Et si j'attendais! Attendre quoi? Un prince millionnaire, un H... Et si rien ne vient?

Je tâche de me persuader qu'A.... est très *chic*, mais qu'en le voyant de tout près, il me semble moins qu'il n'est.

Voilà une triste journée! J'ai commencé le portrait de Colignon, sur un fond de draperies bleu ciel. C'est tout ébauché et je suis vraiment contente de moi et de mon modèle, car il pose très bien.

Je sais bien qu'A... ne peut pas encore m'écrire et pourtant je suis inquiète.

Ce soir, je l'aime. Ferai-je bien de l'accepter? Tant qu'il y aura de l'amour, ce sera bien, mais après?

Je crains bien que la médiocrité ne me fasse pendre de rage! Je raisonne et je discute, comme si j'étais la maîtresse de la situation. Ah! misère de misère!...

Attendre! Attendre quoi?...

Et si rien ne vient? Bah! avec ma figure on trouve,

et la preuve... c'est que j'ai à peine seize ans et que j'aurais déjà pu devenir comtesse deux fois et demie. Je dis *demie* pour Pietro.

Mercredi 24 mai. — Ce soir, en m'en allant, j'embrassai maman.

— Elle embrasse comme Pietro, dit-elle en riant.

— Est-ce qu'il t'a embrassée ? demandai-je.

— Il t'a embrassée, toi ! dit Dina en riant, croyant dire la chose la plus énorme, et par cela me faisant éprouver un vif remords, presque une honte.

— Oh ! Dina ! dis-je d'un tel air, que maman et ma tante se tournèrent vers elle avec un air de reproche et de mécontentement.

— Marie, embrassée par un homme ! Marie la fière, la sévère, la hautaine, allons donc ! Marie ! qui a fait tant de beaux discours sur ce sujet !

Cela m'a rendue intérieurement honteuse.

En effet, pourquoi ai-je manqué à mes principes ? Je ne veux pas admettre que c'était par faiblesse, par entraînement. Si j'admettais cela, je ne m'estimerais plus ! Je ne peux pas dire que ce fût par amour.

Il suffit de passer pour inabordable. On est si habitué à me voir telle, qu'on n'en croirait pas ses propres yeux, et moi-même, j'ai tant de fois parlé de choses rigides, que je n'y croirais pas sans ce journal.

D'ailleurs il ne faut se laisser *aborder* que par un homme de l'amour duquel on est certaine, car celui-là n'accusera pas ; tandis qu'avec des gens qui ne font que faire la cour, il faut être toute couverte de pointes, comme un hérisson.

Soyons légère avec un homme sérieux, aimant, mais soyons sévère avec un homme léger.

Dieu! que je suis contente d'avoir écrit exactement ce que je pense !

Vendredi 26 mai. — Ma tante dit qu'A.... n'est qu'un enfant.

— C'est vrai, dit maman.

Ces paroles parfaitement vraies me montrent que je me suis salie pour rien, car enfin je me suis salie, sans amour et sans intérêt... C'est vexant!

Après son départ à Rome, je me suis regardée dans la glace, croyant que mes lèvres avaient changé de couleur. Nulle personne n'est aussi sensitive que moi! Depuis que ma figure est souillée, je me sens sale comme après vingt-quatre heures de voyage en chemin de fer.

A... aura le droit de dire que je l'aimais et que j'ai été bien malheureuse de ce mariage manqué.

Un mariage manqué est toujours une tache sur la vie d'une jeune fille.

Tout le monde dira que nous nous aimions. Mais personne ne dira que le refus vient de moi. Nous ne sommes ni assez aimés ni assez grands pour ça.

D'ailleurs les apparences donneront raison à ceux qui le diront ; cela me fait enrager !...

Sans ces quelques paroles de V..., je n'aurais jamais été si loin... « O jeune fille! vous êtes bien jeune encore !... » Au fait j'avais besoin, pour calmer mon amour-propre, d'entendre toutes ces offres de mariage. Remarquez que je n'ai rien dit de positif ; j'ai laissé parler, mais comme je me laissais prendre les mains et les baiser, le jeune présomptueux n'a pas remarqué le ton, et, tout heureux et tout surexcité, n'est entré en défiance de rien.

Je savais bien qu'il était sérieux, mais je ne m'attendais pas, tout en m'y attendant, que la famille et tout ces gens-là fissent tant de tapage. Je ne m'y attendais pas, parce que je ne parlais pas sérieusement.

Il faut vous dire que l'homme est un sac tout rempli d'amour-propre et recouvert de vanité. Une chose me console un peu : avant la grande explication, il m'a souvent répété qu'il souffrait beaucoup, que je le rendais bien malheureux par mes coquetteries et mon cœur de glace.

Cela me console, mais ne me suffit pas.

Pour atténuer toutes mes plaintes ici, je voudrais produire ses plaintes et ses tourments qui me paraissent bien peu de chose, car ce n'est pas moi qui les ai éprouvés.

.*.

On prétend que la femme blonde est la femme poétique, et moi, je dis que la femme blonde est la femme matérielle par excellence.

Voyez ces cheveux dorés, ces lèvres de sang, ces yeux gris foncé, ce corps rosé, que Titien peint si bien, et dites-moi les pensées qui vous viennent à l'esprit! D'ailleurs, nous avons Vénus, chez les païens: Madeleine, chez les chrétiens, toutes les deux blondes.

Tandis que la femme brune, qui, au fait, n'est qu'un-non-sens comme un homme blond, la femme brune avec des yeux de velours et des joues d'ivoire, peut rester pure, divine.

Il y a au palais Borghèse un beau tableau de Titien, nommé *l'Amour pur et l'Amour impur*. L'Amour pur est une belle femme aux joues roses, aux cheveux noirs, regardant avec un regard doux son enfant qu'elle baigne dans un bassin.

L'Amour impur est une femme blonde, rousse, peut

être, appuyée à je ne sais plus quoi, avec ses bras croisés au-dessus de la tête. D'ailleurs la femme *normale* est blonde et l'homme *normal* est brun.

Les variétés et les phénomènes contraires sont quelquefois admirables, mais ce sont des non-sens.

Jamais je ne verrai rien de semblable au duc de H..., il est grand, fort, il a les cheveux d'un roux agréablement doré, une moustache pareille, de petits yeux gris perçants, une lèvre copiée sur celle de l'Apollon du Belvédère.

Et dans toute sa personne il y a un air si grand, si majestueux, insolent même, d'insouciance de tous les autres.

Je le vois peut-être avec des yeux d'amoureuse. Bah! je ne crois pas.

Comment aimer un homme brun, laid, très maigre, ayant de beaux yeux, une démarche encore timide et pas de genre du tout, après un homme comme le duc, même après une distance de trois ans? Et songez que trois ans, de treize à seize, dans la vie d'une jeune fille, c'est trois siècles.

Ainsi je n'aime personne que le duc! Celui-là n'en sera pas fier et peu lui importe. Souvent je me compose des contes, je me représente des hommes connus et inconnus; eh bien! pas même à un Empereur je ne dis : « je vous aime » avec conviction. Il y en a auxquels je ne puis pas le dire du tout!... Arrêtez là! je l'ai dit en réalité...

Mon Dieu, oui, mais je le pensais si peu, que cela ne vaut pas la peine d'en parler.

Dimanche 28 mai. — Après la promenade, rentrée chez moi; je me mets à la fenêtre. C'est bizarre, rien ne semble changé; il me semble être à l'année dernière. Jamais les chansons de Nice ne m'ont paru si charmantes ; le cri des grenouilles, le murmure de la fontaine, le chant lointain, tout cela avili par le bruit d'une prosaïque voiture.

Je lis Horace et Tibulle. Ce dernier ne parle que d'amour et ça me va. Et puis j'ai le texte français en face du latin ; cela m'exerce. Pourvu que toute cette histoire de mariage que j'ai suscitée par légèreté ne me nuise pas ! j'en ai peur.

Il ne fallait rien promettre à A....., il fallait lui répondre :

« Je vous remercie, monsieur, de l'honneur que vous voulez bien me faire, mais je ne puis rien vous dire avant d'avoir consulté mes parents. Que les vôtres en réfèrent aux miens, et on verra. Quant à moi, pouvais-je ajouter pour adoucir, je n'aurai rien contre vous. »

Ceci, accompagné d'un de mes sourires aimables et de ma main à baiser, aurait suffi.

Et je ne me compromettais pas, et on ne bavardait pas à Rome, et tout était bien.

J'ai de l'esprit, mais il vient toujours trop tard.

J'aurais sans doute mieux fait de lui faire une belle réponse comme celle que vous venez de lire, mais cela m'économiserait tant de plaisirs, et puis... la vie est si courte !... et puis, il y a toujours : *et puis*.

J'ai mal fait de ne pas avoir fait ma belle réponse, mais j'étais vraiment si troublée ; les raisonnables diront que oui, les sentimentales diront que non.

Mercredi 31 mai. — Ne dit-on pas que les beaux esprits se rencontrent ? Voilà que je lis La Rochefoucauld et que je trouve chez lui bien des choses que j'écris ici. Moi qui pensais avoir trouvé quelque chose de nouveau, et ce sont des choses qu'on sait et qu'on a dites depuis si longtemps... Puis j'ai lu Horace, La Bruyère et un troisième encore.

Je crains pour mes yeux. En peignant, j'ai dû m'arrêter plusieurs fois, n'y voyant plus. Je les use trop, car je passe tout mon temps à peindre, lire et écrire.

Ce soir, j'ai repassé mes résumés de classiques, cela m'a occupée. Et puis j'ai découvert un ouvrage très intéressant, sur Confucius, traduction latine et française. Il n'y a rien comme un esprit occupé; le travail combat tout, surtout un travail de tête.

Je ne comprends pas les femmes qui passent leurs loisirs à tricoter ou à broder, les mains occupées et la tête oisive.... Il doit venir un tas de pensées inutiles, dangereuses, et lorsqu'on a quelque chose à cœur particulièrement, la pensée s'appesantit sur cette chose et cela produit des effets déplorables.

Si j'étais heureuse et tranquille, je pourrais travailler des mains, je crois, pour penser à mon bonheur... Non, alors, je voudrais y penser les yeux fermés, je serais incapable de faire quoi que ce soit.

Demandez à tous ceux qui me connaissent ce qu'ils pensent de mon humeur, et ils vous diront : que je suis la fille la plus gaie, la plus insouciante, la plus ferme de caractère et la plus heureuse qui soit; car j'éprouve un grand plaisir à paraître rayonnante et fière, imprenable de toute façon, et je m'escrime volontiers en discussions aussi sérieuses que folles.

Ici on me voit à l'intérieur. A l'extérieur je suis tout autre. On dirait que je n'ai pas eu une contrariété et que j'ai l'habitude d'être obéie par les hommes et par les choses.

Samedi 3 juin. — Tout à l'heure, en sortant de

mon cabinet de toilette, je me suis superstitieusement effrayée. J'ai vu à côté de moi une femme vêtue d'une longue robe blanche, une lumière à la main, et regardant, la tête un peu inclinée et plaintive comme ces fantômes des légendes allemandes. Rassurez-vous, ce n'était que moi réfléchie dans une glace.

Oh! j'ai peur, j'ai peur qu'un mal physique ne procède de toutes ces tortures morales.

Pourquoi tout se tourne-t-il contre moi?

Pardonnez-moi de pleurer, ô mon Dieu! Il y a des gens plus malheureux que moi, il y a des gens qui manquent de pain, tandis que moi, je dors dans mon lit de dentelles; il y a des gens qui déchirent leurs pieds sur les pierres des pavés, tandis que moi je marche sur des tapis; qui n'ont que le ciel pour couvert, tandis que moi, j'ai au-dessus de ma tête un plafond de satin bleu. C'est peut-être pour mes larmes que vous me punissez, mon Dieu: faites donc que je ne pleure plus!

A tout ce que je souffrais déjà vient se joindre une honte personnelle, une honte pour mon âme.

« Le comte A... l'a demandée en mariage, mais on s'y est opposé; il a changé d'idée et s'est retiré. »

Voyez comme les bons élans sont récompensés!

Oh! si vous saviez quels sentiments de désespoir s'emparent de mon être, quelle indicible tristesse, quand je regarde autour de moi! Tout ce que je touche s'évanouit, s'écroule.

Et de nouveau l'imagination travaille, et de nouveau il me semble entendre prononcer : « Le comte A... l'a demandée en mariage, » etc., etc.

Dimanche 4 juin. — Quand Jésus guérit le lunatique, ses disciples lui demandèrent pourquoi ceux qui avaient essayé de le guérir ne l'avaient pas pu, et Jésus leur répondit : — C'est à cause de votre incrédulité, car, je vous le dis en vérité, si vous aviez de la foi aussi gros qu'un grain de moutarde, vous diriez à cette montagne : — « Transporte-toi d'ici là », et elle s'y transporterait et rien ne vous serait impossible.

A la lecture de ces paroles, je fus comme illuminée, et pour la première fois peut-être j'ai cru en Dieu. Je me levai, ne me sentant plus ; je joignais les mains, je levais les yeux, je souriais, j'étais en extase.

Jamais, jamais je ne douterai plus, non pas pour mériter quelque chose, mais parce que je suis convaincue par ce que je crois.

Jusqu'à l'âge de douze ans on m'a gâtée, on a fait toutes mes volontés, mais on n'a jamais songé à mon éducation. A douze ans j'ai demandé des maîtres, on m'en donna, et j'ai rédigé le programme moi-même. Je dois tout à moi-même...

Après cet élan enthousiaste, j'eus peur de tomber dans l'exagération, peur du couvent. Oh ! non, j'étais transformée, j'étais joyeuse ; je dormis bien, je me réveillai plus calme.

— *Lundi 5 juin.* — Dina, Mlle Colignon et moi, nous sommes restées jusqu'à dix heures sur ma terrasse par un clair de lune reflété dans la mer tout unie. Je discutais sur l'amitié et sur les rapports qu'on doit avoir avec ses semblables ; j'ai fait ma profession de foi. C'est venu à propos des Sapojenikoff qui n'ont pas encore écrit.

On sait l'admiration de Collignon pour eux, d'ailleurs elle a besoin d'adorer quelqu'un ; elle est la femme la plus romanesque et la plus sentimentale du monde. Elle veut prouver l'amitié et le bouhenr d'avoir confiance.

Moi, le contraire.

Pensez donc comme je serais malheureuse si j'avais voué aux Sapojenikoff une grande amitié !

On ne regrette jamais un bienfait, une gentillesse, une amabilité, un élan parti du cœur; on le regrette quand on est payé d'ingratitude. Et c'est un bien grand chagrin pour une personne de cœur que de savoir que la sympathie qu'on a éprouvée, l'amitié qu'on a eue pour quelqu'un, est perdue !

— Oh ! Marie, je ne suis pas de votre avis.

— Mais non, écoutez-moi, mademoiselle. Voilà moi, par exemple, qui me tue à vous expliquer une chose, qui m'épuise en raisonnements, et quand j'ai parlé, persuadé, assuré pendant une heure, je m'aperçois que vous êtes sourde.

— Ça, sans doute.

— Je ne vous accuse pas, je n'accuse personne de rien, parce que je ne m'attends à rien de la part de personne. Et c'est le contraire de l'ingratitude qui m'eût étonnée. Je vous assure qu'il vaut mieux regarder la vie et les hommes comme moi, ne leur accorder aucune place dans son cœur et s'en servir comme degrés d'escalier pour monter.

— Marie ! Marie !

— Que voulez-vous ? vous êtes faites autrement que moi ! Tenez, je suis sûre que vous avez déjà parlé de moi assez désavantageusement avec les Sapojenikoff et d'autres. Je suis sûre de cela comme si je l'avais entendu de mes propres oreilles. Et pourtant, je suis avec vous comme j'étais avant et comme je serai toujours.

— C'est la lecture des philosophes qui vous donne

de pareilles idées, vous vous défiez de tout le monde.

— Je ne me défie pas, seulement je ne me fie à personne ; il y a une grande différence.

— Non, écoutez, Marie, vous n'avez d'amitié pour personne.

— Mais pensez ce que ce serait si j'en avais ! Supposons qu'au lieu d'avoir pris Marie et Olga pour ce qu'elles étaient, pour de bonnes filles qui riaient avec moi, ne se moquant pas mal de moi, comme je me moquais d'elles ; supposons que je me lie avec Olga d'une tendre amitié. Je lui écris de Rome, elle me répond trois mots au bout de trois semaines ; je lui écris encore et cette fois elle ne répond pas du tout. Que dites-vous de cela ? Et ce n'est pas le premier exemple.

— Mais comment pouvez-vous demander à vos amis, si vous ne leur donnez rien ?

— Nous ne nous comprenons pas. Je leur donne toutes les amabilités possibles. Je suis prête à faire pour eux tout ce qu'il est en mon pouvoir de faire ; qu'on me demande n'importe quoi, je le ferai avec plaisir ; mais je ne donne pas à mes amis mon cœur, car, croyez-moi, il est bien vexant de le donner pour rien.

— On ne peut jamais être vexée quand on a bien fait, quand on a fait son devoir.

— L'amitié n'est pas un devoir. Vous ne faites ni bien ni mal en donnant votre amitié. Une amitié comme la vôtre n'est pas susceptible, car elle n'est chez vous qu'un besoin perpétuel ; mais lorsqu'elle vient du fond du cœur, il est bien chagrinant de se voir payer par de l'ingratitude.

— Si quelqu'un est ingrat, tant pis pour lui.

— Voilà qui est égoïste. Avant je croyais que j'aimais tout le monde ; mais je vois que cet amour universel n'est qu'une universelle indifférence. J'ai la plus grande bienveillance envers mes semblables. Je les vois mauvais, ce qui me rend indulgente au suprême degré... Avez-vous lu Epictète ? Je trouve qu'en ce qui concerne l'amitié il faut être stoïcien. Vous recevez un choc, et vous ne pouvez vous empêcher de faire un mouvement de surprise, de peur ; cela ne dépend pas de vous ; mais il dépend de vous d'acquiescer à vos premiers sentiments. On ne peut s'empêcher de ressentir certaines préférences, mais on peut s'empêcher d'*acquiescer*.

— Ces lectures mènent à l'athéisme ; vous finirez, Marie, par ne plus croire en rien

— Oh ! non. Si vous saviez ma pensée, vous ne le diriez pas.

— Tous les philosophes sont mauvais à lire.

— Non pas quand on a l'esprit solide... Mais tenez, dis-je, tout bien pesé, il n'y a qu'une chose qui vaille dans ce monde (je parle des choses de sentiment), c'est l'amour.

— Oui.

— Il n'y a pas au monde de plus grand plaisir que d'aimer et d'être aimée.

— C'est vrai.

— Et encore n'approfondissons pas, par grâce ! N'en prenons que le plaisir qu'on nous donne et celui que nous donnons. L'amour est une chose divine par elle-même, je veux dire pendant qu'il dure ; il rend l'homme parfait envers l'objet aimé ; dévouement, tendresse, passion, constance, sincérité, tout y est. Approfondissons donc l'amour, mais jamais l'homme. L'homme peut se comparer à une grotte. On y trouve ou l'humidité ou la saleté au fond, ou bien une sortie, c'est-à-dire que le fond n'existe pas du tout. Tout cela ne m'empêche pas d'aimer mes semblables.

— On ne peut jouir de rien si on est indifférent à tout.

— Attendez, attendez, je ne suis pas indifférente, mais je n'accorde aux personnes que selon leur valeur.

*
* *

Maman a pleuré aujourd'hui, ma tante a une figure toute bouleversée; elles ont parlé de moi et de tous mes tourments.

Je revenais chez moi, les bras pendants, les yeux fixés devant moi, les sourcils froncés; j'étouffais malgré le ciel bleu, la fontaine jaillissante, les néfliers couverts de fruits, l'air si pur. J'avançais sans m'en apercevoir.

Pourquoi ne pas supposer que je l'aime, tout indigne qu'il est?

Ciel! expliquez-moi quel est cet homme et quel est cet amour?

Tout doit être écrasé en moi, l'amour-propre, l'orgueil et l'amour.

Mardi 6 juin. — J'ai lu la journée d'hier; il n'y a que des douleurs et des larmes.

Vers deux heures j'étais assez montée pour ne plus me mettre en colère et pour ne soupirer que de mépris. Ces pensées sont indignes, on ne doit se souvenir des injures que lorsqu'on est en mesure de se venger. Y penser, c'est accorder trop d'importance à des gens indignes, c'est s'abaisser; aussi n'est-ce pas aux gens que je pense, je pense à moi, à ma position, à l'insouciance de mes parents. Car tous les maux viennent de là.

Si les A... avaient soulevé la question de religion, cela ne ferait que m'amuser, et je crois bien que s'ils me priaient de prendre Pietro, je ne le prendrais pas.

Mais c'est cette honte, cette idée qu'on leur a dit des indignités de nous.

Car tout le monde a parlé de ce mariage, et bien certainement on ne dira pas que le refus vient de moi. D'ailleurs ils auront raison. N'ai-je pas consenti? Pour traîner, pour le garder dans tous les cas; je ne m'en repens pas, j'ai bien fait, et si ça a mal tourné, ce n'est pas de ma faute.

On ne nous connaît pas, on entend un mot par-ci par-là, on parle, on augmente, on invente, ô seigneur Dieu ! Et ne rien pouvoir !

Entendons-nous bien, je ne me plains pas, je raconte, voilà tout.

Je méprise profondément tout le monde, donc je ne puis me plaindre ni me fâcher contre personne,

L'amour tel que je l'ai imaginé n'existe donc pas ? Ce n'est qu'une fantaisie, un idéal !

La suprême pudeur, la suprême pureté sont donc des mots que j'ai inventés ?

Alors, quand je suis descendue lui parler, la veille du départ, il n'a vu dans mon action qu'un simple rendez-vous galant ?

Quand je m'appuyais sur son bras, il ne tremblait que pour des désirs? Quand je le regardais sérieuse, et pénétrée comme une prêtresse antique, il n'a vu qu'une femme et un rendez-vous ?

Et moi, je l'aimais donc ? Non, ou plutôt je ne l'aimais que de son amour pour moi.

Mais comme je suis incapable de lâcheté en amour, j'ai aimé et senti comme si je l'aimais moi-même.

C'était de l'exaltation, du fanatisme, de la myopie, de la bêtise, oui, de la bêtise !

Si j'avais plus d'esprit, j'aurais mieux compris le caractère de l'homme.

Il m'a aimée comme il a pu. C'était à moi de discerner, de comprendre qu'on ne jette pas les perles devant les pourceaux.

La punition est dure ; des illusions détruites pour longtemps et le remords envers moi-même ; j'avais tort de penser ainsi.

Il faut être comme les autres, prosaïque et vulgaire.

C'est sans doute ma grande jeunesse qui m'a fait faire des inutilités. Qu'est-ce que c'est que ces idées de l'autre monde ? On ne les comprend plus, car le monde n'a pas changé.

Voilà que je tombe dans l'erreur commune, voilà que j'accuse le monde pour la vilenie d'un seul. Parce qu'un seul a été lâche, je nie la grandeur d'âme et l'esprit !

Je nie l'amour de cet homme parce qu'il n'a rien fait pour cet amour. Et si on l'a menacé de le déshériter, de le maudire, cela pouvait-il l'empêcher de m'écrire ? Non, non. C'est un lâche...

Jeudi 8 juin. — Les livres de philosophie me surprennent. Ce sont des produits de l'imagination renversants. En lisant beaucoup et avec le temps, j'en prendrai l'habitude, mais à présent j'en perds l'haleine.

Que dites-vous de Fourier ? Et puis ce système de Jouffroy : « L'âme se répand au dehors sous la pression de la sensation, puis rentre en elle-même en retirant l'objet. »

C'est surprenant, mais stupide.

Quand la fièvre de la lecture me prend, je deviens enragée et il me semble que jamais je ne lirai tant ; je voudrais tout savoir et ma tête éclate, et je suis de nouveau comme enveloppée dans un voile de cendre et de chaos.

Je me dépêche comme une folle à lire Horace.

Oh ! quand je pense qu'il y a des élus qui s'amusent, qui s'agitent, qui s'habillent, qui rient, qui dansent, qui cancanent, qui aiment, qui se livrent enfin à toutes les délices d'une vie mondaine, et moi, je moisis à Nice !

Je reste encore assez résignée, tant que je ne pense pas qu'on ne vit qu'une fois. Car, pensez seulement, *on ne vit qu'une fois* et cette vie est si courte !

Quand je pense à cela, je deviens insensée et mon cerveau se bouleverse de désespoir.

On ne vit qu'une fois ! Et je perds cette vie précieuse, cachée dans la maison, ne voyant personne.

On ne vit qu'une fois ! Et on me gâte cette vie !

On ne vit qu'une fois ? Et on me fait perdre mon temps indignement ! Et ces jours qui s'écoulent, s'écoulent pour ne jamais revenir et abrègent ma vie !

On ne vit qu'une seule fois ! Faut-il que cette vie si courte soit encore raccourcie, gâtée, volée, oui, volée par les circonstances infâmes ?

Oh ! Seigneur !

Vendredi 9 juin. — En relisant mon séjour à Rome et mes perturbations lors de la disparition de Pietro, je suis tout étonnée d'avoir écrit avec tant de vivacité.

Je lis et je hausse les épaules. Je ne devrais pas m'étonner, moi, qui sais comme on me monte facilement la tête.

Il y a des moments où je ne sais ni ce que je déteste, ni ce que j'aime, ni ce que je désire, ni ce que je crains. Alors tout m'est indifférent et je tâche de me rendre compte de tout, et alors il se produit un tel tourbillonnement dans mon cerveau, que je secoue la tête, je me bouche les oreilles et aime bien mieux mon abrutissement que ces recherches et ces explorations de moi-même.

Samedi 10 juin. — Vous savez, dis-je au docteur, que je crache le sang et qu'il faut me soigner?

— Oh! mademoiselle, dit Walitsky, si vous continuez à vous coucher tous les jours à trois heures du matin, vous aurez toutes les maladies.

— Et pourquoi pensez-vous que je me couche tard? parce que je n'ai pas l'esprit tranquille. Donnez-moi la tranquillité et je dormirai tranquille.

— Vous pouviez la prendre. Vous aviez l'occasion à Rome.

— Avec qui?

— Avec A..., en vous mariant sans changer de religion.

— Oh! mon ami Walitsky, quelle horreur! Avec un homme comme A...! pensez à ce que vous dites! Un homme qui n'a ni opinion, ni volonté, quelle bêtise vous venez de dire! Oh! mais vraiment!

Et je me mis à rire doucement.

— Il ne vient pas, il n'écrit pas, continuai-je, c'est un pauvre enfant dont *nous avons exagéré l'importance.* Non, mon cher, ce n'est pas un homme et nous avions tort de penser autrement.

J'ai dit ces derniers mots avec le même calme que durant tout ce dialogue, calme de la conviction que j'avais d'avoir dit vrai et juste.

Je rentrai chez moi, et il se fit comme une grande lumière dans mon esprit. J'ai compris enfin que j'avais tort de permettre un baiser, un seul, mais tout de même un baiser; de donner un rendez-vous au bas de l'escalier; que si je n'étais allée ni dans le corridor, ni ailleurs, si je n'avais cherché le tête-à-tête, l'homme aurait eu plus de considération pour moi, et je n'aurais ni dépit, ni larmes.

(Que je m'aime de parler ainsi ! que je suis gentille ! Paris, 1877.)

Il faut toujours se tenir à ce principe; je m'en suis écartée, j'ai fait une folie provenant de l'attrait de la nouveauté et de la facilité qu'a mon esprit à s'exalter, et de mon peu d'expérience.

Oh ! comme je viens de bien tout comprendre !

Ah ! mes bons amis, que voulez-vous ? on est jeune, on fait des fautes. A... m'a enseigné la conduite avec les prétendants.

Vivre cent ans, apprendre cent ans !

Oh ! comme je vois clair, comme je suis calme et comme je n'éprouve aucun amour !

Je vais sortir tous les jours, être gaie, espérer.

Ah! son felice,
Ah! son rapita!

Je chante Mignon et mon cœur est si plein !

Que la lune est belle, reflétée dans la mer ! Que Nice est adorable !

J'aime tout le monde ! Toutes les figures passent devant moi aimables et souriantes.

C'est fini ! Je disais bien que cela ne pouvait durer. Je veux vivre tranquille ! J'irai en Russie ! ce qui améliorera notre situation; j'amènerai mon père à Rome.

Lundi 12 juin. — *Mardi 13 juin.* — Moi qui voulais vivre sept existences à la fois, je n'en ai pas un quart. Je suis enchaînée.

Dieu aura pitié de moi, mais je me sens faible et il me semble que je vais mourir.

C'est comme je le dis. Ou je veux avoir tout ce que

Dieu m'a permis d'entrevoir et de comprendre, alors, c'est que je serai digne de l'avoir, ou je mourrai !

Car Dieu, ne pouvant sans injustice tout m'accorder, n'aura pas la cruauté de faire vivre une malheureuse à laquelle il a donné la compréhension et l'ambition de ce qu'elle comprend.

Dieu ne m'a pas faite telle que je suis sans dessein. Il ne peut m'avoir donné la faculté de *tout voir* pour me tourmenter en ne me donnant rien. Cette supposition ne s'accorde pas avec la nature de Dieu, qui est un être de bonté et de miséricorde.

J'aurai ou je mourrai. C'est comme je le dis. Qu'il fasse comme il sait ! Je l'aime, je crois en lui, je le bénis et je le supplie de me pardonner ce que je fais de mal.

Il m'a donné cette compréhension pour la satisfaire si je m'en montre digne. Si je ne suis pas digne, il me fera mourir !..

Mercredi 14 juin. — Outre le triomphe que je procure à ce petit garçon italien qui me cause une vive contrariété, je vois encore le scandale qui résulte de cette affaire.

Je ne m'attendais pas à une aventure de ce genre, je n'avais rien prévu de semblable. Je n'ai jamais imaginé une pareille chose pour moi ! Je savais que cela arrivait, mais je n'y croyais pas, je ne m'en rendais pas compte, comme on ne se rend pas compte de la mort, quand on n'a jamais vu un mort. O ma vie, ma pauvre vie !...

Si je suis jolie autant que je le dis, pourquoi ne m'aime-t-on pas? On me regarde! on est amoureux! Mais on ne m'aime pas! Moi qui ai tant besoin d'être aimée!

Ce sont les romans qui me montent la tête! Non, mais je lis les romans parce que j'ai la tête montée. Je relis de vieux livres, je recherche avec une déplorable avidité les scènes, les paroles d'amour, je les dévore parce qu'il me semble que j'aime, parce qu'il me semble que je ne suis pas aimée.

J'aime, oui, car je ne veux pas donner un autre nom à ce que j'éprouve.

Eh bien, non, ce n'est pas cela que je veux. Je veux aller dans le monde, je veux y briller, je veux y avoir un rang suprême. Je veux être riche, je veux des tableaux, des palais, des bijoux: je veux être le centre d'un cercle politique brillant, littéraire, bienfaisant, frivole. Je veux tout cela.... que Dieu me le donne!

Mon Dieu, ne me punissez pas pour ces pensées follement ambitieuses.

N'y a-t-il pas des gens qui naissent au milieu de tout cela et qui trouvent tout naturel de le posséder, et qui n'en remercient pas Dieu?

Suis-je coupable en désirant d'être grande?

Non, car je veux employer ma grandeur a remercier Dieu et à désirer être heureuse! Est-ce défendu de désirer être heureuse?

Ceux qui trouvent leur bonheur dans une modeste et confortable maison, sont-ils moins ambitieux que moi? Non, car ils ne voient pas davantage.

Celui qui se contente de passer humblement sa vie dans le sein du ménage, est-ce un homme modeste, modéré dans sa volonté, par vertu, par résignation, par sagesse? Non, non, non! Il est tel parce qu'il se trouve heureux ainsi; parce que vivre obscurément est pour lui le suprême bonheur. Et s'il ne désire pas le fracas, c'est qu'il s'en trouverait malheureux. Il y en a aussi qui n'osent pas; ceux-là ne sont pas des sages, mais des lâches, car ils désirent sourdement et restent là où ils sont, non par vertu chrétienne, mais bien par leur nature timide et incapable. Mon Dieu, si je raisonne mal, éclairez-moi, pardonnez-moi, ayez pitié de moi !

Jeudi 22 juin. — Je me moquais quand on me vantait l'Italie et je me demandais pourquoi on faisait tant de bruit de ce pays; et pourquoi on en parlait comme de quelque chose à part. C'est que c'est la vérité. C'est qu'on y respire autrement. La vie est autre, libre, fantastique, large, folle et languissante, brûlante et douce comme son soleil, son ciel, sa campagne. Aussi je m'enlève sur mes ailes de poète (je le suis quelquefois tout à fait, et presque toujours par un côté quelconque), et je suis prête à m'écrier avec Mignon :

Italia, reggio di ciel,
Sol beato !

Samedi 24 juin. — J'attendais qu'on m'appelât pour déjeuner, quand le docteur arriva tout essoufflé, me dire qu'on avait reçu une lettre de Pietro. Je rougis très fort, et sans lever les yeux du livre que je lisais:

— Bien, bien, et que nous écrit-il?

— On ne lui donne pas d'argent; d'ailleurs je ne sais pas, vous verrez mieux.

Je me suis bien gardée de m'empresser de demander, j'avais honte de montrer tant d'intérêt.

Contre l'habitude, je fus la première à table, mangeant... avec impatience, mais ne disant rien.

— Est-ce vrai, ce que le docteur m'a dit? demandai-je enfin.

— Oui, répondit ma tante, A.... lui écrit.

— Docteur, où est la lettre?

— Chez moi.

— Donnez-la-moi.

Cette lettre est datée du 10 juin, mais comme A.... a écrit Nizza tout court, elle a fait le voyage de Nizza en Italie avant d'arriver ici.

« J'ai employé tout ce temps, écrit-il, à demander
« à mes parents de me laisser venir ici, ils ne veulent
« pas absolument entendre parler de cela », de sorte qu'il lui est impossible de venir, et il ne lui reste que l'espérance de l'avenir, qui est toujours incertain.

La lettre est en italien, on s'attendait à une traduction. Je ne dis pas un mot, mais, ramassant ma traîne avec une lenteur affectée pour qu'on ne pensât pas que je fuyais suffoquée, je sortis de la chambre et traversai le jardin, le calme sur le visage et l'enfer dans le cœur.

Ce n'est pas une réponse à un télégramme d'ami de Monaco, pour rire. C'est une réponse à moi, c'est un avis. Et c'est à moi! à moi qui étais montée sur une hauteur imaginaire!... c'est à moi qu'il dit cela!

Mourir? Dieu ne le veut pas. Devenir chanteuse? je n'ai ni assez de santé, ni assez de patience.

Alors quoi, quoi?

Je me jetai dans un fauteuil, et, les yeux stupidement fixés dans le vague, tâchai de comprendre la lettre, de penser à quelque chose...

— Veux-tu aller chez la somnambule? me cria maman du jardin.

— Oui, répondis-je en me levant toute raide. Quand?
— A l'instant même.

Tout, tout, tout, pour ne pas rester seule à m'affoler, pour me fuir moi-même.

La somnambule se trouve partie. Cette course par la chaleur ne me fit ni bien ni mal. J'ai pris une poignée de cigarettes et mon journal avec l'intention de m'empoisonner les poumons, tout en écrivant des pages incendiaires. Mais toute volonté semblait m'avoir quittée.

Je marchai droite et lente comme dans un rêve, vers mon lit, et me couchai tout d'une pièce en tirant les rideaux de dentelle.

Il est impossible de raconter ma douleur; d'ailleurs il arrive un moment où on ne sait plus se plaindre. Ecrasée comme je le suis, de quoi voulez-vous que je me plaigne?

*
* *

On ne peut se donner une idée du dégoût profond et du découragement que j'éprouve. Amour! ô mot inconnu pour moi! Alors, voilà la vérité? c'est que cet homme ne m'a jamais aimée et a regardé le mariage comme un moyen de s'affranchir. Quant à ses protestations, je n'en parle pas, je n'en ai rien dit tout haut, je n'y attachais pas assez de foi pour en parler sérieusement.

Je ne dis pas qu'il ait toujours menti, on pense presque toujours ce qu'on dit au moment où on le dit, mais après?..

Et malgré tous les raisonnements, malgré l'Évangile,

je brûle de me venger. Je prendrai mon temps, soyez tranquille, et je me vengerai.

> *Chi lungo a tempo aspetta*
> *Vede al fin la sua vendetta.*

Je rentrai chez moi, écrivis quelques lignes, et puis, tout à coup, perdant courage, je me suis mise à pleurer. Oh! après tout, je ne suis qu'une enfant! toutes ces peines sont *trop lourdes* pour moi *toute seule*, et j'ai voulu aller réveiller ma tante. Mais elle penserait que je pleure mon amour, et je ne pourrais souffrir cela.

Dire que l'amour n'a aucune place ici serait justice, j'en ai honte à présent.

Un petit garçon, un souffre-douleur doublé d'un mauvais sujet et recouvert d'un jésuite, un enfant, un Paul! Et j'ai aimé cela! Bah! pourquoi pas? Un homme aime bien une cocotte, une grisette, une canaille quelconque, une paysanne. De grands hommes et de grands rois ont aimé des nullités et ne sont pas détrônés pour cela.

J'allais devenir folle de rage et d'impuissance, tous mes nerfs étaient montés, et je me mis à chanter; cela calme:

> *Quanti ce n'è che s'entendomi cantare,*
> *Diran : Viva colei che a il cor contento.*
> *S'io canto, canto per non dir del male!*
> *Faccio per revelar quel c'ho qui dentro,*
> *Faccio per revelar un'afflitta doglia,*
> *Sebbene io canto, di piangere ho voglia,*
> *Faccio per revelar l'afflitta pena,*
> *Sebbene io canto, di dolor son piena.*

Combien il y en a qui m'écoutant chanter
Diront : Vive celle qui a le cœur content!
Si je chante, je chante pour ne pas dire du mal,
Je le fais pour révéler ce que je renferme dans mon cœur;

> Je le fais pour révéler une douleur qui m'afflige.
> Quoique je chante, j'ai le désir de pleurer ;
> Je le fais pour révéler une peine qui me tourmente...
> Quoique je chante, je suis accablée de douleur !

Je resterais toute la nuit que je ne dirais pas tout ce que je veux dire, et si je parvenais à le dire, je ne dirais rien de nouveau, rien que je n'aie déjà dit.

*
* *

En vérité, en vérité, toutes les choses que j'ai vues et entendues à Rome me viennent à l'esprit, et en contemplant ce mélange bizarre de dévotion, de libertinage, de religion, de canaillerie, de soumission, de dépravation, de pruderie et de fierté hautaine et de lâches bassesses, je me dis : En vérité, Rome est une ville unique, bizarre, sauvage et raffinée.

Tout y est différent des autres villes. On semble arriver sur une autre planète que la terre.

Et, en vérité, Rome, qui a eu un commencement fabuleux, une prospérité fabuleuse, une décadence fabuleuse, doit être quelque chose de saisissant et à part, au moral et au physique.

La ville de Dieu, la ville des prêtres, veux-je dire. Depuis que le roi y est, tout change, et encore ce n'est que chez les libéraux. Les noirs sont toujours les mêmes. C'est pour cela que je ne comprenais rien à ce que me disait A....., et je regardais toujours ses affaires comme des fables ou des choses tout à fait à part. Tandis que ce n'était que comme partout à Rome.

Faut-il que je sois tombée sur cet habitant de la lune, de la vieille lune, de la vieille Rome, veux-je dire, un neveu de cardinal !

Bah ! c'est curieux pour moi qui aime l'extraordinaire. C'est original. Non, c'est tout de même... étrange, Rome et les Romains.

Au lieu de m'étonner, je ferais mieux de raconter ce que je sais de Rome et des Romains ; cela étonnerait bien plus que mes étonnements et mes exclamations.

Vous savez, quand Pietro, il y a six ans de cela, était mourant, sa mère lui faisait manger des bandes de papier sur lesquelles était écrit ce mot répété sans fin : *Maria, Maria, Maria.* C'était pour que la Vierge le guérît. C'est peut-être pour cela qu'il a été amoureux d'une Marie... très terrestre d'ailleurs. On lui faisait, en outre, boire de l'eau bénite au lieu de médecine.

Mais ça, ce n'est rien encore. Peu à peu je me souviendrai de tout, d'ailleurs, et on y trouvera des choses bien curieuses.

Le Cardinal, par exemple, n'est pas bon, lui, et quand on lui a dit que son neveu se corrigeait dans un monastère, il a ri, en disant que c'était folie, qu'un homme de vingt-trois ans ne devient pas sage au bout de huit jours de cloître, et que, s'il semble converti, c'est qu'il a besoin d'argent.

Vendredi 30 juin. — J'ai pitié des vieillards, surtout depuis que grand-papa est devenu tout à fait aveugle ; je le plains tant !

Aujourd'hui j'ai dû le conduire par l'escalier et lui donner à manger moi-même. Il en est honteux, à cause de cette espèce d'amour-propre de vouloir toujours paraître jeune, et il a fallu le faire avec tant de ménagement ! Au fait, il a accepté mes services avec reconnaissance, car je les avais offerts avec une brusque insistance mêlée de tendresse, à laquelle on ne peut résister.

Dimanche 2 juillet. — Ah ! quelle chaleur ! Ah ! quel ennui ! J'ai tort de dire ennui ; on ne peut pas s'ennuyer ayant des ressources en soi-même comme moi. Je ne m'ennuie pas, car je lis, je chante, je peins, je rêve, mais je suis inquiète et triste.

Ma pauvre jeune vie va-t-elle donc se passer entre la salle à manger et les tracasseries domestiques ? La femme vit de seize à quarante ans. Je tremble à la pensée de pouvoir perdre un mois de ma vie.

Pourquoi ai-je donc étudié, tâché de savoir plus que les autres femmes, me piquant de savoir toutes les sciences qu'on attribue aux hommes illustres dans leur biographie ?

J'ai des notions de tout, mais je n'ai approfondi que l'histoire et la littérature, la physique, pour *tout* lire, *tout* ce qui est intéressant. Il est vrai que, quand je m'y mets, je trouve tout intéressant. Et ça me donne une vraie fièvre.

Pourquoi donc avoir étudié, pensé ? Pourquoi le chant, l'esprit, la beauté ? pour moisir, pour mourir de tristesse ? Ignorante, brute, je serais peut-être heureuse.

Pas une âme vivante avec qui échanger une parole ! La famille ne suffit pas à un être de seize ans, à un être comme moi surtout.

Grand-papa est certes un homme éclairé, mais vieux, mais aveugle, mais agaçant avec son domestique Triphon et ses plaintes éternelles contre le dîner.

Maman a beaucoup d'esprit, peu d'instruction, aucun savoir-vivre, pas de tact, et son esprit est rouillé et moisi à force de ne jamais parler que des domestiques, de ma santé et des chiens.

Ma tante est un peu plus polie, elle impose même à qui la connaît peu.

Ai-je jamais dit leur âge ? Sans la maladie, ma mère serait encore superbe. Ma tante a quelques années de moins et paraît l'aînée, ; elle n'est pas belle, mais grande et bien faite.

Lundi 3 juillet. — *Amor (1) descrescit ubique crescere non possit.*

« L'amour diminue dès qu'il ne peut plus augmenter. »

C'est pour cela que, dès que l'on est tout à fait heureux, on commence imperceptiblement à moins s'aimer et on finit par s'écarter l'un de l'autre.

Je pars demain. Il y a je ne sais quel regret de quitter Nice.

Tous ces préparatifs de voyage jettent un certain froid dans ma résolution.

J'ai choisi la musique que je dois emporter, quelques livres : l'Encyclopédie, un volume de Platon, Dante, Arioste, Shakespeare, puis une quantité de romans anglais de Bulwer, de Collins et de Dickens.

Je dis des impertinences à ma tante, puis je suis allée sur ma terrasse. Je restai au jardin jusqu'au crépuscule qui est si beau avec la mer, l'infini pour fond, et ces riches plantes, ces arbres aux larges feuilles ; puis, par contraste, les bambous, les palmiers. La fontaine, la grotte avec ses gouttes d'eau qui tombent sans cesse de rocher en rocher avant de tom-

---

(1) Dans Syrus il y a *dolor*. J'ai dit *amor*, car on peut appliquer la maxime à l'un et à l'autre.

ber dans le bassin ; tout alentour, des arbres touffus donnent à ce coin un air de bien-être, de mystère, qui rend paresseux, qui fait rêver.

Pourquoi l'eau fait-elle toujours rêver ?

Je restai au jardin, et regardai un vase dans lequel pousse un admirable canna rose, en pensant comme ma robe blanche et ma couronne verte devaient faire bien dans ce délicieux jardin.

N'ai-je donc pas d'autre but dans la vie que de m'habiller avec tant d'art, m'orner de feuillage et penser à l'effet ?

Franchement, je crois que si on me lisait, on me jugerait ennuyeuse. Je suis si jeune encore, je connais si peu la vie !

Je ne puis pas parler avec cette autorité ou cette impudence propre aux écrivains qui ont l'exorbitante prétention de connaître les hommes, de dicter des lois, d'imposer des maximes.

Ma femme de chambre vient m'apporter à voir un corsage pour demain; cela me rappelle que demain je vais partir.

⁂

Je rentrai chez moi, suivie de tous les chiens; je tirai la boîte blanche près de la table. Ah! voilà le regret principal !.... Mon journal... c'est la moitié de moi-même. Chaque jour j'avais l'habitude de feuilleter un de mes cahiers, soit que je voulusse me rappeler Rome ou Nice, ou des choses plus anciennes encore !

Il faisait trop beau !

Et comme exprès, la veille de mon départ, la lune se montra brillante et pâle, éclairant toutes les beautés de ma ville. *Ma ?* Sans doute, *ma ville!* Je suis trop peu de chose pour qu'on vienne me contester cette propriété.

D'ailleurs le soleil n'est-il pas également à tout le monde? J'entrai au salon; les rayons de la lune pénétraient librement par les fenêtres grandes ouvertes et éclairaient le mur en stuc blanc et les housses blanches. On se sent, malgré soi, mélancolique par une nuit d'été comme celle-là !

Je fis deux fois le tour de la chambre, il me manquait quelque chose, pourtant je n'étais pas malheureuse, au contraire. Je ne désirais rien, j'aurais voulu toujours me sentir aussi doucement, aussi bien. Mon âme se dilatait par ce sentiment de calme bienheureux, elle semblait vouloir se répandre tout autour de moi; je m'assis au piano et laissai errer sur les touches mes doigts longs et blancs. Mais il me manquait quelque chose, peut-être quelqu'un...

Je vais en Russie... Comme je me coucherais volontiers de bonne heure à la veille d'une journée si impatiemment attendue, pour abréger le temps!

Je suis attirée vers Rome. Rome est une ville qu'on ne comprend pas d'abord. Dans les premiers jours, je ne voyais à Rome que le Pincio et le Corso. Je ne comprenais pas la beauté simple et toute de souvenir de la campagne sans arbres, sans maisons. Rien qu'une plaine ondulée comme l'Océan en tempête, semée çà et là de troupeaux de moutons gardés par des bergers, comme ceux dont parle Virgile.

Car ce n'est que notre classe dévergondée qui subit mille transformations, et les hommes simples, les hommes de la nature ne changent pas et se ressemblent dans tous les pays.

A côté de cette vaste solitude sillonnée d'aqueducs,

dont les lignes droites, coupant l'horizon, produisent l'effet le plus saisissant, on voit les plus beaux monuments de la barbarie et de la civilisation universelles. Pourquoi dire barbarie? C'est que nous autres, pygmées modernes, dans notre petit orgueil, nous nous croyons plus civilisés, parce que nous sommes nés les derniers.

Aucune description ne peut donner une idée exacte de ces pays gracieux et superbes, de ces pays du soleil, de la beauté, de l'esprit, du génie, des arts; de ces pays tombés si bas et restés si longtemps par terre, qu'il est impossible qu'ils soient déjà en train de se relever.

.

On a beau parler de gloire, d'esprit, de beauté, on n'en parle que pour parler d'amour; pour faire un magnifique cadre à ce tableau toujours le même et toujours nouveau.

Laisser mon journal ici, voilà une vraie peine.

Ce pauvre journal qui contient toutes ces aspirations vers la lumière, tous ces élans qui seraient estimés comme des élans d'un génie emprisonné, si la fin était couronnée par le succès, et qui seront regardés comme le délire vaniteux d'une créature banale, si je moisis éternellement!

Me marier et avoir des enfants! Mais chaque blanchisseuse peut en faire autant.

A moins de trouver un homme civilisé et éclairé ou faible et très amoureux.

Mais qu'est-ce que je veux? Oh! vous le savez bien. Je veux la gloire!

Ce n'est pas ce journal qui me la donnera. Ce journal ne sera publié qu'après ma mort, car j'y suis *trop nue* pour me montrer de mon vivant. D'ailleurs, il ne serait que le complément d'une vie illustre.

Une vie illustre ! Folie produite par l'isolement, les lectures historiques et une imagination trop vive !...

Je ne connais parfaitement aucune langue. La mienne ne m'est familière que dans les rapports domestiques. J'ai quitté la Russie à l'âge de dix ans, je parle bien l'italien et l'anglais. Je pense et j'écris en français et encore je crois que je fais des fautes d'orthographe ! Et souvent les mots me manquent et je trouve avec un dépit à nul autre pareil ma pensée exprimée par un écrivain célèbre, avec facilité et grâce !

Écoutez plutôt : « Voyager est, quoi qu'on puisse dire, un des plus tristes plaisirs de la vie ; lorsque vous vous trouvez bien dans quelque ville étrangère, c'est que vous commencez à vous y faire une patrie. »

C'est l'auteur de *Corinne* qui a dit cela. Et combien de fois me suis-je impatientée, ma plume à la main, ne pouvant me faire comprendre et finissant par éclater en expressions comme celles-ci : Je déteste les nouvelles villes ; c'est un martyre pour moi, les nouveaux visages !

Tout le monde sent donc de la même façon ; la différence n'existe que dans l'expression, comme tous les hommes sont faits des mêmes matériaux ; mais combien ils diffèrent par les traits, la taille, le teint, le caractère !

Vous allez voir qu'un de ces jours je lirai quelque chose dans ce genre, mais exprimé avec esprit, avec éloquence, avec charme.

Que suis-je ? Rien. Que veux-je être ? Tout.

Reposons mon esprit fatigué par tous ces bonds vers l'infini. Revenons à A...., et encore cela! Un enfant! Un misérable!

Non! ne serait-ce pas plutôt qu'il ne m'aime pas tout à fait?

Il m'aime comme je l'aime. Oh! alors, ça ne vaut pas la peine d'en parler... Non. Le principal, c'est que je laisse ici mon journal.

Voilà ce cahier terminé! Arrivée à Paris, j'en commencerai un autre qui me suffira sans doute pour la Russie.

Personne ne fera attention à un cahier à la douane.

J'emporte la dernière lettre de Piétro.

Je viens de la relire. Il est malheureux! Aussi pourquoi n'a-t-il pas plus d'énergie que cela?

J'en parle bien à mon aise, moi, dans ma position despotiquement exceptionnelle, mais lui?... Et ces Romains!... C'est quelque chose d'inouï.

Pauvre Pietro! Ma gloire future m'empêche d'y penser sérieusement. Il semble qu'elle me reproche les pensées que je lui consacre.

Chère divinité, rassure-toi. Pietro n'est qu'un amusement, *une musique pour couvrir les lamentations de mon âme.* Et cependant je me reproche d'y penser, puisqu'il ne me sert à rien! Il ne peut pas même être le premier échelon de cet escalier divin au haut duquel se trouve l'ambition satisfaite.

Grand Hôtel. — Paris, 4 juillet.

Amor, ut lacryma, oculo oritur in pectus cadit.
Publius Syrus.

Mercredi, 5 juillet. — Hier à deux heures, j'ai quitté Nice avec ma tante et Amalia (ma femme de chambre).

Chocolat, s'étant fait mal aux pieds, ne nous sera envoyé que dans deux jours.

Maman pleure depuis trois jours ma future absence, aussi suis-je douce et tendre avec elle.

Les affections des maris, des amants, des amis, des enfants passent et viennent, car tous ces êtres peuvent *être deux fois*.

Mais il n'y a qu'une mère, et une mère est la seule créature à laquelle on peut se fier entièrement, dont l'amour est désintéressé, dévoué et éternel. J'ai senti tout cela pour la première fois peut-être en lui disant adieu. Et comme j'ai ri des amours pour H..., L..., et A...! Et comme ils m'ont paru peu de chose! Rien.

Grand-papa s'est ému jusqu'aux larmes. D'ailleurs il y a toujours quelque chose de solennel dans les adieux d'un vieillard; il me bénit et me donna une image de la sainte Vierge.

Maman et Dina nous accompagnèrent à la gare.

Je prenais, comme toujours, mon air des plus joyeux pour partir; j'étais très affligée cependant.

Maman ne pleurait pas, mais je la sentais si malheureuse, que j'eus comme un flot de regrets de partir et d'avoir été souvent dure avec elle. — Mais, pensais-je, en la regardant par la fenêtre de notre wagon, je n'ai pas été dure par méchanceté, je l'ai été par douleur, par désespoir; et à présent, je pars pour changer notre vie.

Quand le train se fut mis en mouvement, j'ai senti que mes yeux étaient pleins de larmes. Et j'ai comparé involontairement ce départ avec mon dernier départ de Rome.

Etait-ce que mon sentiment fût plus faible ou que je ne sentisse pas que je laissais derrière moi une immense douleur comme celle d'une mère?

Je me mis aussitôt à lire *Corinne*. Cette description de l'Italie a un charme tout particulier pour moi. Et avec quel bonheur je revoyais par cette lecture Rome !.. ma belle Rome avec tous ses trésors!

J'avoue tout simplement que je n'ai pas du premier abord compris Rome. Ma plus forte impression a été le Colisée et, si je savais écrire comme je pense, j'aurais dit une foule de pensées bien belles qui me sont venues, lorsque j'étais debout et muette dans la loge des vestales, en face de celle de César.

A une heure et demie, nous sommes entrées à Paris et, il faut en convenir, Paris est, sinon la plus belle, du moins la plus gracieuse, la plus spirituelle des villes.

Paris n'a-t-il pas aussi son histoire de grandeur, de décadence, de révolution, de gloire et de terreur? Oh! oui, mais tout pâlit devant Rome, car c'est de Rome que sont nées toutes les autres puissances.

Rome a avalé la Grèce, le foyer de la civilisation des arts, des héros, des poètes. Tout ce qui a été bâti, sculpté, pensé, fait depuis, est-ce autre chose que l'imitation des anciens?

Chez nous, il n'y a d'original que le moyen âge. Oh! pourquoi? Pourquoi est-ce que le monde est usé? Est-ce que l'esprit des hommes a déjà donné tout ce qu'il pouvait donner?

Lundi 10 juillet. — On a beau dire, on a beau faire des romans, la puissance et l'éclat (vils biens de ce monde) font comme une auréole à ce qu'on aime et font presque aimer *ce qu'on n'aime pas*.

Tant il est vrai que, malgré les cris de tous les *sensibilistes*, il est clairement démontré que les esprits les plus forts sont sujets à se laisser influencer par les biens apparents, par le cadre.

Mais, mettons cela de côté et prenons la chose au point de vue du cœur.

N'est-ce pas affreux d'être séparé par une cause absurde, de souffrir le doute, l'absence, la tristesse, et à cause de l'argent?... Je le méprise, l'argent, mais je conviens qu'il est nécessaire.

Quand on est heureux physiquement, on a l'esprit et le cœur libres, on peut alors aimer sans calcul, sans arrière-pensée, sans vilenie.

Pourquoi tant de femmes ont-elles aimé des rois?

Parce qu'un roi est l'expression de la puissance et que la femme aime dominer, mais elle a besoin de s'appuyer sur quelque chose de fort, comme la plante frêle et délicate s'appuie contre un arbre.

Voyez, j'aime A... et cet amour est à chaque instant secoué, tantôt par l'incertitude, tantôt par la crainte.

A chaque instant aplatie par l'amour-propre blessé, humiliée par cette dépendance ignoble, j'aurais pu l'aimer beaucoup, j'aurais pu avoir un sentiment égal, fort, durable, et, au lieu de cela, je n'ai qu'une espèce de tourment qui me fait dire tantôt oui, tantôt non; qui me rend incertaine, indécise, mercenaire, misérable.

Non, n'attribuez pas ma conduite à d'affreux calculs. Je n'aime pas un homme parce qu'il est riche, mais parce qu'il est libre, franc dans tous ses mouvements. Je veux la richesse pour pouvoir ne plus y songer, ne plus être soumise à cette force brutale, mais incontestable, mais inévitable.

J'ouvre la bouche pour parler encore, mais tout ce que je pourrais dire se réduira toujours à ceci : Le parfait bonheur moral ne peut exister que lorsque le côté matériel est satisfait et n'oblige pas à songer à soi comme un estomac vide.

L'amour au dernier point, la passion l'emporte sur tout, mais pour un instant seulement, et comme on sent après, davantage, tout ce que je viens de dire ! Ce que je dis, je ne l'ai pas lu dans les livres, je ne l'ai pas éprouvé, mais que tous ceux qui ont vécu, qui n'ont plus seize ans comme moi, mettent de côté cette fausse honte qu'on a d'avouer de pareilles choses, et qu'ils l'avouent, qu'ils disent si ce que je tâche de prouver n'est pas juste. *Si quelqu'un se contente de peu, c'est qu'il ne voit pas au-dessus de ce qu'il a.*

Jeudi 13 juillet. — Le soir, nous allons chez la comtesse de M... Elle me parle mariage.

— Oh ! non, dis-je, je ne veux pas ; je veux me faire chanteuse !... Voyez-vous, chère comtesse, il faut faire ceci : je me déguiserai en fille pauvre, et vous, avec ma tante, me conduirez chez le premier professeur de chant de Paris, comme une petite Italienne que vous protégez et qui donne des espérances pour le chant.

— Oh ! oh !

— Ainsi donc, continuai-je tranquillement, c'est le seul moyen de savoir la vérité sur ma voix. Et j'ai une petite robe de l'année dernière qui fera un effet ! dis-je en pinçant et en allongeant les lèvres.

— Au fait, mais oui, c'est une excellente idée !

.*.

Mon père télégraphie qu'il m'attend avec impatience. L'oncle Etienne télégraphie qu'il vient me prendre à la frontière. L'oncle Alexandre télégraphie qu'il y a le choléra en Russie; mais je ne crains rien, je ne suis pas fataliste, et je ne crois pas que tout soit écrit d'avance; je crois fermement que rien ne se fait sans la volonté de Dieu, et si Dieu veut que je meure à présent, rien ne pourra l'empêcher, tandis que s'il me réserve une longue vie, aucune épidémie au monde ne me fera aucun mal.

Ma tante me prie de me coucher, car il est une heure.

— Laissez-moi! lui dis-je, si vous m'ennuyez, je deviendrai folle.

Mon Dieu! quelle idée me trouble encore? Paris! Oui! Paris! le centre de l'esprit, de la gloire! de tout! Paris! la lumière et la vanité, le vertige!

Mon Dieu! donnez-moi la vie que je veux, ou faites-moi mourir...

Vendredi 14 juillet. — Depuis le matin, je prends le plus grand soin de ma personne : je ne tousse pas une fois de trop, je ne me remue pas, je meurs de chaleur et de soif, mais je ne bois pas.

A une heure seulement, je prends une tasse de café et je mange un œuf, si salé que c'est plutôt du sel avec un œuf qu'un œuf avec du sel.

J'ai idée que le sel fait du bien au gosier.

Je mets une robe de batiste grise tout unie, un fichu de dentelle noire et un chapeau marron. Mais, une fois habillée, je me trouve si bien, que je voudrais toujours être ainsi.

Enfin, nous partons, prenons Mme de M... et arrivons à la porte du n° 37 de la Chaussée-d'Antin, chez M. Wartel, le premier professeur de Paris.

Mme de M... a été chez lui et lui a parlé d'une jeune fille qui lui est particulièrement recommandée d'Italie; — les parents voudraient savoir à quoi s'en tenir sur son avenir musical.

M. Wartel a dit qu'il l'attendrait demain, et c'est avec grand'peine qu'il a accordé cette audition à quatre heures.

Nous arrivons à trois heures. On nous laisse pénétrer dans une antichambre; nous voulons aller plus loin, mais un domestique nous barre le passage et ne nous laisse passer que lorsqu'on lui dit que ce sont des dames que M. Wartel attend.

On nous fait entrer dans un petit salon attenant à celui où se tient le maître, en train de donner une leçon.

— C'est pour quatre heures, madame, dit un jeune homme en entrant.

— Oui, monsieur, mais vous permettrez que cette jeune fille écoute.

— Sans doute, madame.

Pendant une heure, nous écoutons le chant de la femme anglaise : une vilaine voix, mais une méthode! Je n'ai jamais entendu chanter comme cela.

Et je me souvins avec indignation de Faccioti, de Tosti, de Creschi.

Les murs du salon où nous nous trouvons sont tout couverts des portraits des plus grands artistes connus, avec les dédicaces les plus affectueuses.

Enfin, quatre heures sonnent, l'Anglaise s'en va. Je me sens trembler et je perds mes forces.

Wartel me fait un signe qui veut dire : Entrez!

Je ne comprends pas.

— Entrez donc, mademoiselle, fait-il, entrez!

J'entre, suivie de mes deux protectrices, que je prie de retourner dans le petit salon, car elles m'intimideraient et, en réalité, j'ai très peur.

Wartel est très vieux, mais l'accompagnateur est assez jeune.

— Vous lisez la musique?

— Oui, monsieur.

— Que savez-vous chanter?

— Rien, mais je chanterai une gamme ou une vocalise.

— Prenez donc une vocalise, monsieur Chose! Quelle voix avez-vous? soprano?

— Non, monsieur; contralto.

— Nous verrons.

Wartel, qui ne se lève pas de son fauteuil, fait signe de commencer. Et j'attaquai une vocalise, tremblante d'abord, enragée ensuite et contente à la fin. Car je ne quittais pas des yeux la figure longue, longue, longue, du maître. C'est surprenant.

— Eh bien, dit-il, c'est plutôt un mezzo-soprano que vous avez. C'est une voix qui monterait.

— Et qu'en dites-vous, monsieur? demandèrent ces dames en entrant.

— Je dis qu'il y a de la voix, mais, vous savez, il faut beaucoup travailler. Cette voix est toute jeune, elle ne fera que croître, enfin elle suivra le développement de mademoiselle. Il y a de l'étoffe, il y a de l'organe, il faut travailler.

— Alors vous croyez, monsieur, que cela vaut la peine?

— Oui, oui, il faut travailler.

— Mais la voix est belle? demanda Mme de M...

— Ce sera une belle voix, répondit l'homme de sa voix tranquille et avec son air indolent et réservé; mais il faut la développer, la poser, la travailler, et c'est toute une affaire.

Oh! oui, il faut travailler!

— J'ai mal chanté? dis-je enfin, j'avais si peur!
— Ah! mademoiselle, il faut s'habituer, il faut surmonter cette peur, elle serait très mal venue sur la scène.

Mais j'étais enchantée de ce que l'homme avait dit; car ce qu'il a dit, c'est énorme pour une pauvre fille qui ne lui donnera aucun profit.

Habituée que je suis aux flatteries, ce ton grave et *iudiciaire* me parut froid, mais je compris de suite qu'il était content.

Il disait : « Il faut travailler, il y a du bon, » c'est énorme déjà.

Pendant ce temps, l'accompagnateur me toisait, m'examinait minutieusement la taille, les bras, les mains, la figure. Je baissais les yeux et rougissais en priant ces dames de sortir.

Wartel était assis, moi debout, devant son fauteuil.
— Vous avez pris des leçons?
— Jamais, monsieur; dix leçons seulement, c'est-à-dire.
— Oui; enfin, il faut travailler. Vous pouvez chanter une romance?
— Je sais une chanson napolitaine, mais je n'en ai pas la musique.
— L'air de *Mignon*! cria ma tante de l'autre chambre.
— Fort bien; chantez l'air de *Mignon*.

Pendant que je chantais, la figure de Wartel, qui n'exprimait d'abord que l'attention, exprima une légère surprise, puis de l'étonnement et, enfin, il se laissa aller jusqu'à remuer la tête en mesure, sourire agréablement et chanter lui-même.

— Hein! fit l'accompagnateur.
— Oui, oui, fit le maître avec la tête.

Je chantais, très agitée.

— Tenez-vous donc en place, ne remuez pas, respirez !

— Eh bien, monsieur? avons-nous demandé toutes les trois ensemble.

— Eh bien, c'est bien. — Faites-lui faire un.. (Ah! diable, j'oublie le mot qu'il a dit.)

L'accompagnateur me fit faire le.., peu importe le nom; il m'a fait parcourir toutes *mes* notes.

— Jusqu'au *si* naturel, dit-il au vieux.

— Oui, c'est un mezzo-soprano; d'ailleurs c'est beaucoup plus avantageux, beaucoup plus avantageux pour la scène.

Je restais toujours debout.

— Asseyez-vous, mademoiselle, me dit l'accompagnateur en m'examinant de la tête aux pieds.

Je m'assis sur le bord du canapé.

— Enfin, mademoiselle, dit le sévère Wartel, il faut travailler, vous arriverez.

Il me dit encore plusieurs choses concernant le théâtre, le chant, l'étude, tout cela de son air impassible.

— Combien de temps faut-il pour former cette voix? demanda Mme de M...

— Vous comprenez, madame, que cela dépend de l'élève, il y en a qui devancent le temps, celles qui ont de l'intelligence.

— Celle-là en a plus qu'il n'en faut.

— Ah! tant mieux! Dans ce cas, c'est plus facile.

— Mais enfin, combien de temps?

— Pour la bien former, pour la finir, trois grandes années... oui, trois grandes années de travail, trois grandes années !

Je me taisais et méditais une vengeance contre le perfide accompagnateur avec son air de dire : « Celle-là est bien faite, gentille, ce sera amusant ! »

Après quelques phrases encore on se leva. Wartel resta assis et me tendit la main avec bonté. Je me mordais les lèvres.

— Ecoutez, dis-je à la porte, rentrons et disons-lui la vérité.

Ma tante a tendu sa carte. Nous sommes rentrées en riant de grand cœur. Je racontai au sévère maestro ma farce.

C'est l'accompagnateur qui faisait une figure ! Je ne l'oublierai jamais. J'étais vengée.

— Si vous aviez parlé un peu plus, dit Wartel, je vous aurais reconnue pour une Russe.

— Je le sais bien, monsieur, aussi n'ai-je pas parlé.

Ces dames lui expliquèrent mon désir de savoir la vérité de son illustre bouche.

— C'est comme je vous l'ai dit, mesdames, il y a de la voix, il faut avoir du talent.

— J'en aurai, monsieur, j'en ai ; vous verrez d'ailleurs.

J'étais si contente que j'ai consenti a aller à pied jusqu'au Grand Hôtel.

— C'est égal, ma chère, dit la comtesse, j'ai de l'autre chambre observé la figure du maître, et quand vous avez chanté *Mignon* il a été très étonné, n'est-ce pas, madame ? Il a chantonné lui-même, et de la part d'un homme comme lui ! Et pour une petite Italienne qu'il était là à juger avec toute la sévérité possible !...

Nous avons dîné ensemble ; j'étais contente, et je me suis montrée comme je suis avec toutes mes originalités, mes fantaisies, toutes mes ambitions, toutes mes espérances

Après dîner, nous sommes restés longtemps sur le perron à jouir de la fraîcheur de l'air et de la vue des innombrables voyageurs qui passent et repassent par la cour.

Je dois étudier avec Wartel. Et Rome?

On y songera...

Il est tard, je dirai cela demain.

Dimanche 16 juillet. — Quand je pense au bonheur de Mlle K..., princesse de S..., tous les mauvais instincts se réveillent en moi, c'est-à-dire l'envie!

Cette fille, si misérable à Nice, si commune avec ses joues rouges et son gros nez moldave!

Elle est belle, mais c'est une beauté que je voudrais avoir pour femme suivante, habillée d'un costume bizarre, une femme pour me chausser et pour me rafraîchir avec un grand éventail. Et la voilà reine, et reine dans un moment de trouble, c'est-à-dire dans un moment inappréciable pour les ambitieuses. Certes, sa place est marquée dans l'histoire.

Et moi!!!

Mardi 18 juillet. — C'est aujourd'hui que j'ai vu des choses bien extraordinaires. Nous sommes allées chez le célèbre somnambule Alexis.

Il ne donne presque plus d'autres consultations que des consultations pour la santé

On nous a fait entrer dans une chambre demi-éclairée, et comme Mme de M... avait dit : « Nous ne sommes pas pour la santé», le médecin sortit, nous laissant seules avec l'homme endormi.

Un homme, cela m'a rendue incrédule et surtout l'absence de tout charlatanisme extérieur.

— Il ne s'agit pas de santé, a dit Mme de M.... en mettant ma main dans celle d'Alexis.

— Ah! dit-il avec les yeux à moitié fermés et vitreux comme ceux d'un mort. En attendant autre chose, votre petite amie est bien malade.

— Oh! fis-je effrayée, et j'allais lui dire de ne pas parler de ma maladie, craignant d'entendre des horreurs. Mais, avant que j'eusse le temps, il me détailla mon mal, qui est une laryngite, quelque chose de chronique; — une laryngite, mais j'ai des poumons très forts, c'est ce qui m'a sauvée.

— L'organe était superbe, dit Alexis avec compassion; à présent il est usé; il faut vous soigner.

Il fallait écrire, je ne me rappelle pas toutes ces histoires de bronches, de larynx; pour cela j'y retournerai demain.

— Je viens, monsieur, lui dis-je, vous consulter sur cette personne.

Et je lui remis une enveloppe cachetée avec la photographie du cardinal.

Mais avant de dire ici toutes ces choses extraordinaires, convenons ensemble que je n'avais rien dans mon aspect qui pût dénoncer que je m'occupe d'un cardinal. Je n'en avais dit mot à personne. Et d'ailleurs, quelle probabilité qu'une jeune Russe, élégante, aille chez un somnambule pour parler du pape, du cardinal, du diable ?

Alexis se tenait le front, et cherchait; moi, je m'impatientais.

— Je le vois, dit-il enfin.

— Où est-il?

— Dans une grande ville, en Italie; il est dans un palais; entouré de beaucoup de monde; c'est un homme jeune... Non! c'est sa figure expressive qui me trompe. Il a des cheveux gris... il est en uniforme... il a passé soixante ans.

Moi qui arrachais les mots de sa bouche avec une avidité croissante, je fus refroidie.

— Quel uniforme? demandai-je, c'est singulier... il n'est pas militaire.

— Non, pour sûr!

— Non, mais alors, quel est cet uniforme?

— Etrange ; pas de notre pays... c'est...

— C'est?...

— C'est un habit d'ecclésiastique... Attendez... Il occupe un rang très élevé, il domine les autres, c'est un évêque... non! c'est un cardinal.

Je fis un soubresaut et lançai mes mules à l'autre bout de la chambre. Mme de M... se tordait de rire en voyant mon excitation.

— Un cardinal? répétai-je.

— Oui.

— Quelle est sa pensée?

— Il pense à une très grave affaire, il est fort occupé!

La lenteur d'Alexis et la difficulté qu'il semblait avoir à prononcer les paroles me rendaient nerveuse.

— Allez, voyez bien avec qui il est? que dit-il?

— Il est avec deux jeunes gens... militaires, deux jeunes gens qu'il voit souvent, qui sont du *palais*.

J'ai toujours vu dans les audiences du samedi deux militaires assez jeunes qui se trouvaient parmi la suite du pape.

— Il leur parle, continua Alexis, il leur parle une langue étrangère... italien!

— Italien?

— Ah! mais il est très instruit, ce cardinal, il sait presque toutes les langues d'Europe...

— Le voyez-vous en ce moment?

— Oui, oui. Ceux qui sont autour de lui sont aussi des ecclésiastiques. Un d'eux, très grand, maigre, à lunettes, s'approche et lui parle bas ; il regarde de très près... il est obligé d'approcher l'objet tout près de ses yeux pour voir...

Ah! bigre, c'est le portrait de celui dont j'oublie toujours le nom, mais il est très connu à Rome, c'est lui qui a parlé de moi au dîner de la villa Mattei.

— De quoi est occupé ce cardinal? demandai-je, que vient-il de faire, qui a-t-il vu dernièrement?

— Hier!... hier il y a eu une grande réunion chez lui... des gens d'Église... tous! oui, on a agité un sujet grave, très grave, hier lundi. Il est très inquiet, car il est question de...

— De quoi?

— On a parlé, on travaille, on veut...

— Quoi? Voyez!

— On veut le faire... Pape!

— Oh! oh!

Le ton avec lequel ç'a été dit, l'étonnement du somnambule et les paroles par elles-mêmes me donnèrent comme une commotion électrique ; je n'avais plus rien aux pieds. J'ôtai mon chapeau, dérangeant mes boucles, détachant les épingles et les lançant au milieu de la chambre.

— Pape! m'écriai-je.

— Oui, Pape, répéta Alexis, mais il y a de grandes difficultés... Il n'est pas celui qui a le plus de chances.

— Mais il sera Pape?

— Je ne lis pas dans l'avenir.

— Mais si, monsieur, essayez, vous pouvez... Allons!

— Non, non, je ne vois pas l'avenir! je ne le vois pas!

— Mais qui est ce cardinal, comment est son nom?

ne le pouvez-vous pas voir par ce qui l'entoure, par ce qu'on lui dit?...

— A... attendez. Ah! dit-il, c'est que son image que je tiens ici est bien dépourvue de la vitalité, et vous vous agitez tant, que vous me fatiguez horriblement; vos nerfs donnent des secousses aux miens; soyez plus calme.

— Oui, mais vous dites des choses qui me font sauter. Voyons, le nom de ce cardinal?

Et il se mit à se presser la tête, à flairer l'enveloppe (qui est grise et double, très épaisse).

— A...!

Je n'avais plus rien à ôter; je me suis renversée dans mon fauteuil.

— Pense-t-il à moi?

— Peu... et mal. Il est contre vous. Il y a je ne sais quel mécontentement... des motifs politiques...

— Des motifs politiques?

— Oui.

— Mais il sera pape?

— Je ne le sais pas. Le parti français va être détruit, c'est-à-dire que le *papabile* français a si peu de chance, oh! mais il n'en a presque pas... que son parti va se réunir au parti Antonelli ou à l'autre Italien.

— Auquel des deux? Lequel triomphera?

— Je ne pourrai le dire que quand ils seront *en train*, mais beaucoup de monde est contre A...., c'est l'autre...

— Et ils seront bientôt en train?

— On ne peut pas le savoir. Il y a le pape, on ne peut pas tuer le pape! il faut que le pape vive...

— Et Antonelli vivra longtemps?

Alexis secoua la tête.

— Il est donc bien malade?

— Oh ! oui.

— Qu'a-t-il ?

— Il a mal aux jambes, il a la goutte, et hier... non, avant-hier il a eu un terrible accès. Il a la décomposition du sang, je ne peux pas dire cela à une dame...

— Et c'est inutile.

— Ne vous agitez pas, dit-il. Vous me fatiguez. Pensez doucement, je ne peux pas vous suivre...

Sa main tremblait et faisait tout trembler en moi; je la lâchai et devins calme.

— Prenez cela, lui dis-je, lui donnant la lettre de Pietro cachetée dans une enveloppe exactement semblable à l'autre.

Il la prit, et, comme l'autre, la pressa contre son cœur et son front.

— Tiens, fit-il, celui-là est plus jeune, il est très jeune. Cette lettre est écrite depuis quelque temps déjà; elle a été écrite à Rome et, depuis, cette personne s'est déplacée... Elle est toujours en Italie... mais ce n'est pas à Rome... Il y a la mer... Cet homme est à la campagne... en pleine campagne. Oh ! certainement il s'est déplacé depuis hier, depuis vingt-quatre heures seulement, pas davantage... Mais cet homme est quelque chose au Pape, je le vois derrière le Pape... Il est lié à A...., il a un lien de parenté proche avec lui ..

— Mais quel est son caractère, quelles sont ses inclinations, ses pensées ?

— C'est un caractère étrange... renfermé, *sombre*, ambitieux... Il pense à vous constamment... mais il pense surtout à arriver à son but... Il est ambitieux.

— Il m'aime ?

— Beaucoup; mais c'est une nature étrange, malheureuse. Il est ambitieux.

— Mais alors il ne m'aime pas?

— Si! il vous aime, mais, chez lui, l'amour et l'ambition marchent ensemble. *Il a besoin de vous.*

— Décrivez-le-moi davantage au moral.

— Il est le contraire de vous, dit Alexis en sourian bien que tout aussi nerveux.

— Voit-il le Cardinal?

— Non, ils sont mal ensemble; le Cardinal est contre lui depuis longtemps déjà par des motifs politiques.

Je me souviens toujours de ce que me disait Pietro; « Mon oncle ne serait pas fâché contre le Caccia-Club et le volontariat; qu'est-ce que ça lui fait, à lui? Mais c'est à cause de la POULITIQUE. »

— Mais il est son proche parent, continua Alexis. Le Cardinal est mécontent de lui.

— Dernièrement, ne se sont-ils pas vus?

— Attendez! Vous pensez à trop de choses, ce sont des questions difficiles, je confonds ce billet avec *l'autre*! Ils étaient dans la même enveloppe!

C'est que c'est vrai: hier, ils étaient dans la même enveloppe.

— Voyez, monsieur, tâchez de voir.

— Je vois! Ils se sont vus il y a deux jours, mais ils n'étaient pas seuls... je le vois avec une dame.

— Jeune?

— Agée, sa mère.

— De quoi ont-ils parlé?

— De rien clairement; on était embarrassé. On a dit quelques mots vagues, presque rien sur *ce* mariage.

— Quel mariage?

— Avec vous.

— Qui en a parlé?

— *Eux*. Antonelli ne parle pas, il laisse dire, lui... Il est contre ce mariage, surtout dès le commencement.

A présent il le regarde mieux, et supporte un peu mieux cette idée.

— Mais quelles sont les idées du jeune ?

— Des idées arrêtées; il veut vous épouser... mais Antonelli ne le veut pas. Depuis fort peu de temps il vous est toutefois moins hostile.

Mme de M... me gênait beaucoup, mais j'ai continué bravement, bien que toute mon humeur joyeuse fût tombée aussi bas que possible.

— Si cet homme ne pense qu'à son but, il ne pense donc pas à moi ?

— Oh ! si, je vous l'ai dit, *chez lui* vous faites avec son ambition une seule et même chose.

— Alors il m'aime ?

— Oh ! beaucoup.

— Depuis quand ?

— Vous êtes trop agitée, vous me fatiguez et vous me faites des questions trop difficiles... je ne vois pas.

— Mais si... tâchez !

— Je ne vois pas... Depuis longtemps ? non, je ne vois pas cela.

— Qu'est-ce qu'il est à A....?

— Un proche parent...

— Et A.... a-t-il des desseins sur ce jeune homme ?

— Oh ! oui, mais ils sont divisés par la politique; cependant cela va mieux à présent.

— Vous dites qu'A.... est contre moi ?

— Beaucoup. Il ne veut pas ce mariage à cause de la religion... Mais il commence à s'adoucir... Oh ! très peu... Tout cela dépend de la politique... Je vous dis qu'A.... et ce jeune homme étaient tout à fait divisés il y a quelque temps, A.... était carrément contre lui.

.·.

Eh bien, que dites-vous de cela, vous qui traitez ces choses-là de charlatanisme ? Si c'est du charlatanisme, il produit des effets merveilleux. J'ai transcrit exactement ; j'ai peut-être omis quelque chose, mais je n'ai rien ajouté. Voyons, n'est-ce pas surprenant ? n'est-ce pas étrange ?

Ma tante fit l'incrédule, car elle était furieuse contre le Cardinal ; elle commença une série de phrases contre Alexis, sans but ni raison, qui m'agaçaient terriblement, car je savais bien qu'elle n'en pensait pas un mot.

Autant j'étais *haute* hier, autant je suis *basse* aujourd'hui.

Samedi 22 juillet — I....., ne me voyant pas arriver en Russie, télégraphie à maman, qui m'écrit que lui et L..... sont mes vrais fidèles. Oui, c'est vrai. Je ne pense plus à Pietro, il est indigne, et, grâce à Dieu, je ne l'aime pas.

Jusqu'à avant-hier, tous les soirs je demandais à Dieu de me le conserver et de me faire triompher. Je n'en parle plus à Dieu. Mais Dieu sait que je veux m'en venger, tout en n'osant pas le demander. La vengeance n'est pas un sentiment chrétien, mais noble ; laissons aux vilains l'oubli des injures. D'ailleurs on ne les oublie que quand on ne peut pas faire autrement.

Dimanche 23 juillet. — Rome... Paris... La scène, le chant... la peinture !

Non, non. La Russie avant tout ! C'est le fondement de tout. Hé ! puisque je pose en sage, agissons convenablement. Ne nous laissons pas égarer par les feux follets de l'imagination.

La Russie avant tout ! que Dieu m'aide seulement.

J'ai écrit à maman. Me voilà hors de l'amour, et jusqu'aux oreilles dans les affaires. Oh ! que Dieu m'aide seulement, et tout ira bien.

Que la Vierge Marie prie pour moi !

Jeudi 27 juillet. — Enfin, hier à sept heures du matin nous avons quitté Paris.

Pendant le voyage, je me suis amusée à donner une leçon d'histoire à Chocolat, et ce brigand, grâce à moi, a une idée des anciens Grecs, de Rome gouvernée par des rois, puis en République et enfin en Empire, comme la France; et de l'histoire de France à partir du roi auquel on a coupé le cou.

Je lui ai expliqué les différents partis qui existent à présent; et Chocolat est au courant de tout; il sait même ce que c'est qu'un député. Je racontais et je le questionnais ensuite.

Et quand j'eus fini, je lui demandai à quel parti il appartenait. Ce brigand me répondit :

— Je suis bonapartiste !

Voici comment il résume ce que je lui ai appris : — Le dernier roi était Louis XVI, qui était très bon, mais les républicains, qui sont des gens qui ne cherchent qu'à avoir de l'argent et des honneurs, lui ont coupé le cou, et à sa femme Marie-Antoinette aussi, et ils ont fait une république. Alors la France était très misérable, et il est né en Corse un homme qui était Napoléon Bonaparte et qui avait tant d'esprit et de courage qu'on l'a fait colonel, puis général. Alors il a conquis tout le monde, et les Français l'aimaient beaucoup. Mais, étant allé en Russie, il a oublié de prendre des pelisses pour ses soldats, et ils étaient très malheureux à cause du froid, et les Russes ont brûlé Moscou. Alors Napoléon, qui était déjà empereur, est revenu en France; Mais, comme il était malheureux, les Français, qui n'aiment que ceux qui ont de la chance, ne l'ont plus aimé, et tous les autres rois, pour se venger, lui ont ordonné d'abdiquer. Alors il est allé à l'île d'Elbe, puis il est revenu pour cent jours à Paris, et enfin on lui a couru après. Alors il a vu un vaisseau anglais et il a prié qu'on le sauve, et, quand il a monté dessus, on l'a fait prisonnier et on l'a conduit à l'île de Sainte-Hélène, où il est mort.

Je vous assure que Chocolat a dit bien du vrai.

*
* *

Enfin, ce matin, nous sommes entrées à Berlin.

Et cette ville m'a fait une impression singulièrement agréable; les maisons sont fort belles.

Je ne sais pas écrire un mot aujourd'hui. C'est énervant.

« Deux sentiments sont communs aux natures altières ou affectueuses, celui de l'extrême susceptibilité de l'opinion, et de l'extrême amertume quand cette opinion est injuste. »

Vendredi 28 juillet. — Berlin me rappelle Florence : Attendez ! Il me rappelle Florence parce que j'y suis avec ma tante, comme à Florence, et j'y mène la même vie.

Avant tout, nous avons visité le musée. Je ne m'attendais à rien de pareil en Prusse, soit par ignorance, soit par prévention.

Comme toujours, ce furent les statues qui me retinrent le plus longtemps, et il me semble que j'ai un sens de plus que les autres hommes, une faculté spécialement destinée à la *compréhension* des statues.

Il y a dans la grande salle une statue que j'ai prise pour une Atalante, à cause d'une paire de sandales qui semble là indiquer le sens principal; mais l'inscription porte le nom de Psyché. C'est égal, Psyché ou Atalante, c'est une remarquable figure comme beauté et naturel.

Après les plâtres grecs, nous avons passé plus loin. J'avais déjà les yeux et l'intelligence fatigués, et je ne reconnus la partie égyptienne qu'à ces lignes pressées et fuyantes qui rappellent les cercles produits dans l'eau par la chute d'un objet.

Rien de plus terrible que d'être avec quelqu'un qui s'ennuie de ce qui nous amuse. Ma tante se pressait, s'ennuyait, grognait. Il est vrai que nous avions marché deux heures.

Ce qui est très intéressant, c'est le musée historique des miniatures, des statues, et puis les anciennes gravures et les portraits miniatures. J'adore cela. J'adore ces portraits et, en les regardant, ma fantaisie fait des voyages incroyables, se transporte à toutes les époques, invente des caractères, des aventures, des drames... Mais assez.

Puis les tableaux.

Nous sommes arrivés au moment marqué pour la perfection de la peinture, l'idéal de l'art.

On a commencé par des lignes dures, des couleurs trop vives et pas liées entre elles, et l'on est arrivé à une mollesse qui frise la confusion. Il n'y a pas encore eu, quoi qu'on dise et écrive, il n'y a pas encore eu de copie fidèle de la nature.

Il faut fermer les yeux sur tout ce qui a été fait entre le genre primitif et le genre moderne (1), et ne considérer que ces deux.

La dureté, les couleurs aveuglantes, les lignes rudement tracées, voilà pour le premier.

Le moelleux, les couleurs si liées entre elles qu'elles perdent beaucoup de relief, peu de lignes, voilà pour le second.

A présent, il faudrait, pour ainsi dire, prendre avec le bout du pinceau les couleurs trop vives des tableaux anciens et les transporter sur les fadeurs modernes. Alors on aurait la perfection.

Il y a encore le genre tout à fait nouveau qui consiste à peindre par taches. C'est une grave erreur, bien qu'avec son aide on obtienne quelque effet.

Dans les nouveaux tableaux, les objets positifs, tels que les meubles et les maisons ou églises, ne sont pas compris. On dédaigne la précision des décors et on produit une espèce de *dépravation* des lignes, on estompe trop (on peut estomper sans faire l'usage de l'estompe); ce qui fait que les figures contrastent peu et semblent aussi mortes que les objets qui les entourent, car ces objets n'ont pas assez de *précision* et semblent ne pas être complètement *assis* et immobiles.

Alors, ma fille, puisque tu comprends si bien ce qu'il faut pour faire de la perfection?..... Soyez tranquille, je travaillerai et, ce qui est mieux, je réussirai !

Je suis rentrée extrêmement fatiguée, après avoir

---

(1) Par *moderne*, j'entends ici Raphaël, Titien et les autres grands maîtres

acheté trente-deux volumes anglais, en partie traduits des premiers écrivains allemands.

— Déjà ici une bibliothèque! s'est écriée ma tante épouvantée.

Plus je lis, plus j'ai envie de lire, et plus j'apprends, plus j'ai de choses à savoir. Je ne dis pas cela pour imiter certain sage de l'antiquité. Je sens ce que je dis.

Me voilà en Faust. Un antique bureau allemand devant lequel je suis assise, des livres, des cahiers, des rouleaux de papier...

Où est le diable? Où est Marguerite? Hélas! le diable est toujours avec moi : ma folle vanité, voilà le diable. O ambition non justifiée! Inutile élan vers un but inconnu!

Je déteste en tout le juste milieu. Il me faut ou une vie... bruyante! ou le calme absolu.

Je ne sais à quoi cela tient, mais je n'aime pas du tout A.....; non seulement je ne l'aime pas, mais je n'y pense plus, et *tout cela* me semble un rêve.

Mais Rome m'attire, je sens que là seulement je pourrai étudier. Rome, le bruit et le silence, la dissipation et la rêverie, la lumière et l'ombre... Attendez... la lumière et l'ombre... c'est clair : où il y a la lumière, il y a l'ombre, et *vice versa*... Non! mais je me moque de moi, c'est positif! Il y a de quoi, tant que je voudrai! Je veux aller à Rome, le seul endroit du monde qui convienne à mes dispositions, le seul que j'aime pour lui-même.

Le musée de Berlin est beau et riche, mais le doit-il à l'Allemagne? Non; à la Grèce, à l'Egypte, à Rome!

Après la contemplation de toute cette antiquité, je suis montée en voiture avec le plus profond dégoût pour nos arts, notre architecture, nos modes.

Si on prenait la peine d'analyser ses sentiments en sortant de pareils endroits, on trouverait qu'on pense comme moi. Pourquoi vouloir s'identifier aux autres?

Tout en n'aimant pas la *sécheresse* et le matérialisme des Allemands, il faut leur reconnaître bien des qualités ; ils sont très polis, très obligeants.

Et ce qui me plaît surtout, c'est ce respect qu'ils ont pour les princes et leur histoire. Cela tient à ce qu'ils sont vierges de l'infection qu'on nomme république.

Rien ne vaut une république idéale ; mais la république est comme l'hermine : la moindre tache la tue. Et trouvez-moi une république sans taches!

**

Non, cette vie-là est impossible, c'est un affreux pays. De belles maisons, des rues larges, mais... mais rien pour l'esprit ou l'imagination. La plus petite ville d'Italie vaut Berlin.

Ma tante me demande combien de pages j'ai écrites. Cent pages, je crois, dit-elle.

En effet, j'ai l'air d'écrire ; mais non, je pense, je rêve, je lis, puis j'écris deux mots, et comme cela toute la journée.

C'est singulier comme je comprends les bienfaits de la république depuis que je suis bonapartiste.

Non, vrai, la république est le seul gouvernement heureux ; seulement, en France, il est impossible. D'ailleurs la république française est bâtie dans la boue et le sang. Voyons, ne pensons pas à la république. C'est que j'y pense depuis tantôt une semaine ; car enfin, voyons, la France est-elle plus malheureuse depuis qu'elle est en république? Non, au contraire. Eh bien, alors?

Et les abus? Il y en a partout.

Ce qu'il faut, c'est une bonne constitution libérale, et un homme à la tête qui gouvernera peu et qui sera comme une belle enseigne, qui n'augmente pas la valeur du magasin, mais qui inspire la confiance et est agréable à l'œil. Or, un président ne peut être cela.

Mais assez pour ce soir; une autre fois, quand j'en saurai davantage, j'en dirai plus aussi.

Dimanche 30 juillet. — Rien de plus triste que Berlin. La ville porte un cachet de simplicité, de simplicité laide, disgracieuse. Tous ces innombrables monuments qui encombrent les ponts, les rues et les jardins sont mal placés et ont l'air bête. Berlin a l'air d'un tableau à horloge, où à certains moments les militaires sortent de la caserne, les bateliers rament, les dames en chapeaux-capotes passent, tenant par la main de vilains enfants.

A la veille d'entrer en Russie, de rester sans ma tante, sans maman, je faiblis et j'ai peur. La peine que je cause à ma tante me chagrine.

Le procès, l'incertitude, tout cela... et puis, et puis, je ne sais pas, mais je crains que je ne change rien!

L'idée de recommencer après mon retour la même vie qu'avant, cette fois sans espoir de changement, sans avoir cette « Russie » qui me consolait de tout et me donnait quelque force... Mon Dieu, ayez pitié de moi, voyez l'état de mon âme et soyez bon.

Dans deux heures nous quittons Berlin, demain je serai en Russie. Eh bien, non, je ne faiblis pas, je suis forte... Seulement, si j'allais en vain? Voilà qui est mal. On ne doit pas désespérer d'avance.

Ah ! si quelqu'un pouvait savoir ce que je sens !

Lundi 31 juillet. — Hier, ma tante, moi, Chocolat et Amalia, sommes arrivés à la gare, à dix heures. J'étais passablement accablée, mais la vue d'un coupé grand et confortable comme une petite chambre me ranima beaucoup, d'autant plus que le wagon était éclairé par le gaz, et que nous étions sûres d'être seules. Le compartiment n'ayant que trois places, les domestiques se placèrent à côté. J'aurais bien voulu, à la veille d'une séparation, causer avec ma tante, mais je ne suis pas expansive, quand je sens quelque tendresse sérieuse, et ma tante se taisait, craignant de me déplaire ou de m'impatienter en me parlant. De sorte que, bon gré mal gré, je restai absorbée par « *Un Mariage dans le Monde* » d'Octave Feuillet. Salutaire ouvrage, par ma foi ! qui m'a donné la plus profonde horreur pour l'adultère et pour toutes ses saletés...

Sur ces sages réflexions, je me suis endormie pour ne me réveiller qu'à trois heures de la frontière, à Eydtkühnen, où nous sommes arrivées vers quatre heures.

La campagne est plate, les arbres touffus et verts, mais les feuilles, tout en étant fraîches et vigoureuses, donnent une certaine idée de tristesse après la verdure grasse et riche du Midi.

On nous conduisit à une auberge qui se nomme Hôtel de Russie, et nous nous installâmes dans deux petites chambres aux plafonds blanchis à la chaux, aux planchers en boisnu et aux meubles de bois également clairs et simplement faits.

Grâce à mon nécessaire, je me suis improvisé de suite un bain et une toilette, et, après avoir mangé des œufs et bu du lait, servis par une Allemande grasse et fraîche, me voilà à écrire.

Je ne me trouve pas sans charme, dans cette pauvre petite chambre, en peignoir blanc, avec mes beaux bras nus et mes cheveux d'or.

Je viens de regarder par la fenêtre. L'infini fatigue la vue. Cette complète absence de collines, ce plat, si plat, me fait l'effet du sommet d'une montagne qui domine le monde entier.

Chocolat est un vaniteux.

— Tu es mon courrier, lui dis-je, tu dois parler plusieurs langues?

Le petit me répondit qu'il parlait le français, l'italien, le niçois et un peu le russe, et qu'il parlerait allemand, si je voulais bien le lui apprendre.

Il vint tout en larmes, escorté des éclats de rire d'Amalia, se plaindre parce que l'hôtelier lui avait indiqué un lit dans une chambre déjà occupée par un juif. Je fis une mine sérieuse, faisant semblant de trouver tout naturel qu'il couchât avec un juif; mais le pauvre Chocolat pleura tant, que je me mis à rire et, pour le consoler, lui fis lire quelques pages d'une histoire universelle achetée à son intention.

Ce négrillon m'amuse, c'est un joujou vivant; je lui donne des leçons, je le dresse au service, je lui fais dire ses boutades, en un mot c'est mon chien et ma poupée.

Décidément la vie d'Eydtkühnen me charme; je m'adonne à l'instruction du jeune Chocolat, qui fait d'excellents progrès, en morale et en philosophie.

Ce soir, je lui fis réciter son histoire sainte, puis, lorsqu'il fut arrivé au moment où Jésus va être trahi par Judas, il me raconta d'une façon très touchante comment ledit Judas vendit le Seigneur pour trente pièces d'argent et l'indiqua aux gardes en l'embrassant.

— Chocolat, mon ami, dis-je, me vendrais-tu à des ennemis pour trente francs?

— Non, dit Chocolat en baissant la tête.

— Et pour soixante?

— Non plus.

— Et pour cent vingt?

— Non plus.

— Alors pour mille francs? demandai-je encore.

— Non, non, répondait Chocolat en tourmentant le bord de la table avec ses doigts de singe, les yeux baissés et les pieds agités.

— Voyons, Chocolat, si on t'en donnait dix mille? persistai-je affectueusement.

— Non plus.

— Brave garçon! Mais si on t'offrait cent mille francs? demandai-je encore pour l'acquit de ma conscience.

— Non, dit Chocolat, et sa voix se changea en murmure, il m'en faudrait plus...

— Qu'est-ce que tu dis?

— Qu'il m'en faudrait plus.

— Alors, excellent cœur, dis combien, dis donc, fidèle garnement! Voyons, deux millions, trois, quatre?

— Cinq ou six.

— Mais, malheureux, m'écriai-je, n'est-ce pas la

même chose, vendre pour trente francs ou pour six millions !

— Ah ! non, car quand on a tant d'argent que ça... les autres ne peuvent rien me faire.

Et, au mépris de toute moralité, je tombai sur le canapé en éclatant de rire, pendant que Chocolat, satisfait de son effet, se retirait dans l'autre chambre.

Mais savez-vous qui m'a fait le dîner ? C'est Amalia.

Elle m'a rôti deux petits poulets, sans ça je mourais de faim, et quant à la soif... on nous a servi un Château-Larose *imbuvable*.

Non, vrai, c'est drôle ! Eydtkühnen, nous verrons bien ce que sera la Russie.

Mardi 1er août. — J'ai envie d'écrire un roman de chevalerie. Car celui que j'ai commencé est jeté au fond de la boîte blanche.

Je suis avec ma tante dans la bienheureuse auberge d'Eydtkühnen à attendre mon très honoré oncle.

Vers huit heures et demie, lasse d'être enfermée, je suis allée moi-même voir l'arrivée du train, et comme on me dit que j'avais quelques minutes d'avance, je suis allée me promener, accompagnée d'Amalia.

Eydtkühnen possède une charmante allée, bien pavée et ombragée, toute garnie à droite de gentilles petites maisons fort propres ; il y a même deux espèces de cafés et une sorte de restaurant. Le sifflet de la locomotive me surprit au milieu de cette promenade et, malgré mes petits pieds et mes grands talons, je me mis à courir à travers potagers, amas de pierres, rails, pour arriver à temps — et en vain.

Que pense mon bel oncle ?

Mercredi 2 août. — En attendant d'autres douleurs,

voilà que mes cheveux tombent. Qui ne l'a jamais éprouvée, ne peut pas comprendre quelle douleur c'est, de voir tomber ses cheveux.

L'oncle Étienne télégraphie de Konotop; aujourd'hui seulement il se met en route. Encore vingt-quatre heures d'Eydtkühnen, S. V. P. ! Un ciel gris, un vent froid, quelques juifs dans la rue, de temps en temps le bruit d'une charrette et des inquiétudes de tous genres à foison.

Ce soir ma tante voulut me faire parler de Rome... Depuis longtemps déjà je n'avais pas pleuré, — non pas d'amour, — non, mais c'est d'humiliation au souvenir de notre vie à Nice, que j'ai pleuré ce soir !

Jeudi 3 août; vendredi 4 août (23 juillet, style russe). — Hier à trois heures je suis allée voir l'arrivée du train, et par bonheur mon oncle était là.

Mais il ne pouvait rester qu'un quart d'heure, car à la frontière russe, à Wirballen, il avait avec peine obtenu de venir ici sans passe-port; il avait donné sa parole d'honneur à un officier de la douane de revenir par le train suivant.

Chocolat courut chercher ma tante, il n'y avait que quelques minutes. Quand elle arriva, on n'eut que le temps de dire deux mots. Ma tante, dans son inquiétude pour moi, en rentrant à l'auberge, s'imagina qu'elle avait remarqué chez l'oncle un air étrange et, par toute sorte de demi-paroles, me découragea tellement que je commençai à être aussi inquiète. Enfin à minuit je suis montée en voiture ; ma tante pleurait, je tenais mes yeux hauts et immobiles pour qu'ils ne débordassent pas. Le conducteur donna le signal et pour la première fois de ma vie je me suis trouvée seule !

Je me mis à pleurer tout haut, mais si vous croyez

que je n'en tire pas profit !... J'étudiais d'après nature comment on pleure.

— Assez, ma fille! dis-je en me levant. — Il était temps, j'étais en Russie. En descendant je fus reçue dans les bras de mon oncle, de deux gendarmes et de deux douaniers. On me conduisit comme une princesse, on ne visita pas même mes bagages. La gare est grande, les fonctionnaires sont élégants et excessivement polis. Je me croyais dans un pays idéal, tant tout est bien. Un simple gendarme ici est mieux qu'un officier en France.

Et ici, plaçons une remarque à la justification de notre pauvre Empereur, qu'on accuse d'avoir des yeux étranges. Tous ceux qui portent des casques (et il n'y en a pas mal à Wirballen) ont des yeux comme l'Empereur. Je ne sais si cela tient au casque qui tombe sur les yeux, ou à l'imitation. Quant à l'imitation, c'est connu en France, tous les soldats ressemblaient à Napoléon.

On me donna un compartiment à part et, après avoir causé d'affaires et d'autres choses avec l'oncle, je m'endormis en rageant de ma dépêche à A...

Aux buffets des stations, on mange très proprement, de sorte que je descendais souvent.

Mes compatriotes n'éveillent en moi aucune émotion particulière, aucune espèce d'extase comme j'en éprouve en revoyant des pays que j'ai déjà vus, mais j'éprouve beaucoup de sympathie pour eux et il m'en revient un grand sentiment de bien-être.

Et puis, tout est si bien accommodé, on est si poli, il y a dans la contenance de chaque Russe tant de cordialité, tant de bonté, tant de franchise, qu'on en a le cœur content.

L'oncle est venu me réveiller ce matin à dix heures.

Les locomotives sont chauffées avec du bois, ce qui nous épargne l'horrible saleté du charbon. Je me réveillai toute propre et passai la journée à causer, à dormir et à regarder par la fenêtre notre belle Russie si plate, mais cette campagne rappelle celle de Rome.

A neuf heures et demie il faisait encore clair. Nous avions passé Gatchina, l'ancienne résidence de Paul Ier, si persécuté pendant la vie de sa superbe mère, et enfin nous voilà à Tzarskoë-Selo et dans vingt-cinq minutes à Pétersbourg.

Je suis descendue à l'hôtel Demouth, accompagnée d'un oncle, d'une femme de chambre, d'un nègre suivie d'un nombreux bagage et avec 50 roubles dans la poche. Qu'en dites-vous?

Pendant que je soupais dans mon salon assez grand, sans tapis et sans peinture au plafond, l'oncle entra.

— Sais-tu qui est ici, qui est chez moi? demanda-t-il.

— Non, qui?

— Devinez, princesse.

— Je ne sais pas!

— Paul Issayevitch; peut-on le faire entrer?

— Oui, qu'il entre.

Issayevitch est à Pétersbourg avec le général gouverneur de Wilna, M. Albedinsky, celui qui a épousé l'ancienne favorite de l'Empereur.

Il a reçu ma dépêche d'Eydtkühnen au moment de partir. Ne pouvant manquer au service, il avait chargé son ami le comte Mouravieff de venir à ma rencontre. Mais ce comte a été dérangé en vain, attendu que nous avons passé Wilna cette nuit à trois heures, et je dormais comme une bienheureuse.

Qui niera ma bonté, après que j'aurai dit que j'ai été

gaie ce soir, parce que je sentais qu'Issayevitch était content de me voir ? Est-ce de l'égoïsme ?

Je me réjouissais uniquement du plaisir que je procurais à un autre. Enfin voilà un cavalier pour me servir à Pétersbourg; je suis à Pétersbourg!

Mais je n'y ai encore vu que des *drochki*. Le drochki est une voiture à une place, à huit ressorts (comme les grandes voitures de Binder), et à un cheval; j'ai aperçu la cathédrale de Casan avec sa colonnade dans le genre de Saint-Pierre de Rome, et beaucoup de « maisons à boire ».

De tous côtés j'entends les louanges de la princesse Marguerite — si simple, si bonne ! — dit-on. Simple, personne n'apprécie la simplicité dans une femme qui n'est pas princesse; soyez simple, et bonne, et aimable, et ne soyez pas reine, et les inférieurs se permettront des libertés, tandis que vos égaux diront : Bonne petite personne! et vous préféreront en tout des femmes qui ne sont ni simples ni bonnes.

Ah ! si j'étais reine! C'est moi qu'on adorerait, c'est moi qui serais populaire!

La princesse italienne, son mari et sa suite n'ont pas encore quitté la Russie, ils visitent Kieff en ce moment.

« La mère de toutes les villes russes, » comme a dit le grand prince saint Woldemar, après être devenu chrétien et avoir baptisé la moitié de la Russie dans le Dnieper.

Kieff est la ville la plus riche du monde en églises, couvents, moines et reliques; et quant aux pierres précieuses que possèdent ces couvents, c'est fabuleux; il y a des caves qui en sont pleines comme dans les contes des *Mille et une Nuits*. J'ai vu Kieff, il y a huit ans de cela, et je me souviens encore de ses corridors souterrains, remplis de reliques, qui font le tour de la ville.

qui passent sous toutes les rues et lient les couvents entre eux, donnant ainsi des kilomètres de corridors garnis à droite à gauche de tombeaux de saints. Mon Dieu, pardonnez une mauvaise pensée... mais il n'est pas possible qu'il y en ait eu autant que cela.

Dimanche 6 août. — Au lieu de visiter les églises, j'ai dormi, et Nina m'emmena déjeuner chez elle. Son perroquet parlait, ses filles criaient, je chantais ; on se croirait à Nice. Le coupé à deux places donna asile aux trois Grâces qui allèrent, par une pluie battante, voir la cathédrale d'Issakië, célèbre par ses colonnes de malachite et de lapis lazuli. Ces colonnes sont d'une richesse extrême, mais de mauvais goût, car le vert du malachite et le bleu du lapis lazuli se détruisent mutuellement. Les mosaïques et les peintures sont idéales, de vraies figures des Saints, de la Vierge, des Anges. Toute l'église est en marbre ; les quatre façades avec des colonnes en granit sont belles, mais elles ne sont pas en harmonie avec le dôme doré byzantin. Et en général on reçoit une sorte d'impression pénible de l'ensemble extérieur, car le dôme est trop important et écrase les quatre petits dômes surmontant les façades qui sans cela seraient si belles.

La profusion d'or et d'ornements à l'intérieur produit le plus heureux effet, le bigarré est harmonieux et du meilleur goût, sauf les deux colonnes de lapis lazuli qui seraient superbes ailleurs.

On célébrait un mariage de gens du peuple. Les mariés étaient laids et nous n'avons pas regardé longtemps. J'aime le peuple russe, bon, brave, loyal, naïf. Ces hommes et ces femmes s'arrêtent devant chaque église et chaque chapelle, devant chaque niche à image, et se signent au milieu de la rue, comme s'ils étaient chez eux.

Après la cathédrale d'Issakië nous allâmes à celle de Kasan. Encore un mariage, et une mariée charmante. Cette cathédrale est bâtie à l'imitation de Saint-Pierre de Rome, mais la colonnade a l'air de trop, elle semble ne pas se rattacher au bâtiment, et elle n'est pas assez prolongée, de sorte que le demi-cercle n'est pas formé, et tout cela donne une tournure désavantageuse et non achevée au monument.

Plus loin, sur le Newsky, la statue de Catherine la Grande.

Et devant le Sénat, près du palais d'hiver, qui est, soit dit en passant, une immense caserne, la statue équestre de Pierre le Grand, d'une main montrant le Sénat, de l'autre la Néva. Le peuple interprète singulièrement cette double indication. Le tzar, dit-on, montre le Sénat d'une main et la rivière de l'autre, pour dire qu'il vaut mieux se noyer dans la Néva que plaider au Sénat.

La statue de Nicolas est remarquable en ce qu'elle n'est pas soutenue par les deux jambes et la queue du cheval, trois appuis, mais seulement par les jambes; cette merveille m'a fait faire une lugubre réflexion :

— Les communards auront moins à faire, l'appui de la queue manquant.

J'ai dîné seule avec mes Grâces, Etienne et Paul pour spectateurs; ils se disent très sérieusement ma cour; ils m'agacent horriblement. Je voudrais ne voir que Giro et Marie

Il pleut et je suis enrhumée. J'écris à maman : « Pétersbourg est une saleté! Les pavés sont atroces pour une capitale, on est impitoyablement secoué; le palais d'hiver est une caserne, le grand théâtre aussi; les cathédrales riches, mais *biscornues* et mal comprises. »

Et ajoutez à cela le climat, vous aurez le charme complet.

J'ai essayé de me monter la tête en regardant le portrait de Pietro A..., mais il ne me semble pas assez beau pour que j'oublie qu'il est un vilain homme, une créature qu'on ne peut que mépriser.

Je ne suis plus en colère contre lui, car je le méprise complètement, non pour une insulte personnelle, mais pour sa manière de vivre, pour sa faiblesse... Attendez, je vais vous définir le sentiment que je viens de nommer. La faiblesse qui nous pousse au bien, aux sentiments tendres, au pardon des injures, peut s'appeler de ce nom. Mais la faiblesse qui pousse au mal et à la vilenie se nomme *lâcheté*.

J'ai cru que je sentirais davantage l'absence des miens; je suis pourtant *pas contente*, mais cela tient plutôt à la présence de gens désagréables et communs (mon pauvre oncle, malgré sa beauté) qu'à l'absence de ceux que j'aime.

Lundi 7 août 1876 (26 juillet). — « Nous n'avons d'original que le moyen âge, » ai-je dit dans le dernier livre de mon Journal.

Nous, qui? Les chrétiens. Est-ce qu'en réalité je monde a été régénéré, ou bien, sous d'autres couleurs, les mêmes mœurs ont-elles coulé comme elles coulent depuis le commencement du monde, tendant toujours à l'amélioration?

Les vies des nations semblent des fleuves qui coulent lentement tantôt sur des rochers, tantôt sur le sable, tantôt entre deux montagnes, tantôt sous terre, tantôt à travers un océan auquel ils se mêlent en le traversant, mais d'où ils ressortent les mêmes en changeant de nom et même de *direction*, mais ce n'est que pour poursuivre toujours *la même*, celle qui est fixée et inconnue.

Par qui ?

Dieu ? Ou la nature ? Si Dieu est la nature, nous ne sommes que des imbéciles, car la nature n'a rien à faire avec les hommes et leurs intérêts.

Dans les classes de philosophie, on prouve fort bien l'existence d'un Être suprême, en désignant le mécanisme de l'univers; mais prouve-t-on l'existence d'un Dieu tel que nous nous l'imaginons ?

La nature s'occupe à faire mouvoir les astres, *à soigner* physiquement notre terre. Mais notre esprit, mais notre âme? Il faut admettre un Dieu autre que la vague idée d'une personnification du mécanisme universel.

Il faut, pourquoi ?...

A cet endroit, j'ai été interrompue et je ne suis plus au fait à présent.

J'ai été à la poste prendre mes photographies et une dépêche de mon père : il télégraphie à Berlin que mon arrivée serait pour lui « un vrai bonheur ».

Ayant trouvé Giro au lit, je restai quelque temps chez elle; un mot nous fit parler de Rome, et je lui racontai mes aventures dans cette ville avec feu et gestes. Je ne m'interrompais que pour rire, et Giro et Marie se roulaient dans leur lit.

Un trio incomparable, je ne ris ainsi qu'avec mes Grâces.

Et par une réaction subite, sinon naturelle, je tombai dans la mélancolie au retour.

Je rentrai à minuit, avec l'oncle et Nina.

Pétersbourg gagne, la nuit; je ne connais rien de plus superbe que la Néva garnie de lanternes contrastant avec la lune et le ciel bleu foncé, presque gris. Les défauts des maisons, des pavés, des ponts sont fondus, la nuit, par les ombres complaisantes. La largeur des quais apparaît dans toute sa majesté. Le pic de l'Amirauté se perd dans le ciel, et dans un brouillard d'azur bordé de lumière, on voit la coupole et la forme gracieuse de la cathédrale d'Issakië, qui semble elle-même une ombre flottante descendue du ciel.

Je voudrais être ici en hiver.

Mercredi 9 août (28 juillet) 1876. — Je suis sans le sou. Agréable situation. Étienne est un excellent homme, mais il froisse toujours mes sentiments délicats. Ce matin je me suis mise en colère, mais une demi-heure après, je riais comme si rien n'était, chez les Sapogenikoff.

Le docteur Tchernicheff était là et j'avais envie de lui demander un remède contre mon enrouement, mais je n'avais pas d'argent et ce monsieur ne fait rien pour rien. Position très délicate, je vous assure. Mais je ne pleure pas d'avance, le désagrément est bien assez ennuyeux lorsqu'il arrive, sans qu'on le pleure d'avance.

A quatre heures, Nina et les trois Grâces partaient en carrosse pour la gare de Peterhoff. Les trois habillées de blanc sous de longs cache-poussière.

Le train allait partir, nous montâmes sans billet, mais munies de l'escorte de quatre officiers de la garde qui se laissèrent sans doute tenter par ma plume blanche et par les talons rouges de mes Grâces. Donc, nous voici, moi et Giro, comme de nobles chevaux militaires au son de la musique, l'oreille au guet, l'œil brillant et l'humeur joyeuse...

Rentrée, j'ai trouvé un souper, mon oncle Etienne et de l'argent que m'envoie l'oncle Alexandre. Je mangeai le souper, renvoyai l'oncle et cachai l'argent.

Et alors, chose étrange, je sentis un grand vide, une espèce de tristesse ; je me regardai dans la glace, j'avais les yeux comme le dernier soir à Rome. Le souvenir me revint dans le cœur et dans la tête.

L'autre soir, il me priait de rester encore un jour, je fermai les yeux et me crus alors là-bas.

— Je resterai, murmurai-je comme s'il était là, je resterai pour mon amour, pour mon fiancé, pour mon bien-aimé! Je t'aime, je veux t'aimer, tu ne le mérites pas, peu m'importe, il me plaît de t'aimer....

Et faisant tout à coup quelques pas dans la chambre, je me mis à pleurer devant le miroir; les larmes en petite quantité m'embellissent assez.

M'étant excitée par caprice, je me calmai par fatigue et me mis à écrire en riant doucement de moi-même.

Souvent ainsi je m'invente un héros, un roman, un drame, et je ris et je pleure de mon invention comme si c'était la réalité.

Je suis enchantée de Pétersbourg, mais on n'y dort pas ; il fait déjà jour, les nuits sont si courtes.

Jeudi 10 août (29 juillet) 1876. — Ce soir est un soir mémorable. Je cesse définitivement de considérer le duc de H... comme mon ombre chérie. J'ai vu chez Bergamasco un portrait du grand-duc Vladimir. Je ne pus m'arracher de ce portrait; beauté plus parfaite et plus agréable ne se peut rêver. Giro s'enthousiasmait avec moi et nous avons fini par embrasser le portrait sur les lèvres. A-t-on remarqué le plaisir que donne un baiser de portrait?

Nous avons fait comme toutes les demoiselles de l'Institut feraient, c'est la mode d'adorer l'Empereur et les grands-ducs; d'ailleurs ils sont tous si parfaitement beaux qu'il n'y a en cela rien d'étonnant, mais j'ai emporté de ce baiser de carton une mélancolie étrange et de quoi rêver pendant une heure. J'ai adoré le Duc quand j'aurais pu adorer un prince impérial de Russie; c'est bête, mais ces choses-là ne se commandent pas, et puis je considérais dans le commencement H... comme mon égal, comme un homme pour moi. Je l'ai oublié. Qui va être mon idole? Personne. Je chercherai la gloire et un *homme*.

Le trop-plein de mon cœur débordera comme il a débordé au hasard, sur le chemin, dans la poussière, mais sans vider ce cœur constamment rempli par des sources généreuses qui ne tariront jamais dans ses profondeurs.

Où avez-vous lu cela, mademoiselle? Dans mon esprit, fichus lecteurs.

Me voilà donc libre, je n'adore personne, mais je cherche celui que j'adorerai. Il faut que cela soit bientôt; la vie sans amour est une bouteille sans vin. Mais encore faut-il que le vin soit bon.

La lanterne de mon imagination est allumée, serais-je plus heureuse que le sale fou qu'on nommait Diogène?

Samedi 12 août (31 juillet). — Tout était prêt, Issayevitch m'avait dit adieu, les Sapogenikoff étaient

avec moi à la gare, lorsque... ô ennui! l'argent vint
à manquer, nous avions mal calculé. J'ai été obligée
d'attendre chez Nina jusqu'à sept heures du soir, pour
que l'oncle puisse m'avoir de l'argent en ville.

A sept heures je suis partie passablement humiliée
de l'aventure, mais agréablement émue au moment du
départ par l'apparition d'une douzaine d'officiers de la
garde suivis de six soldats en blanc avec des drapeaux.
Cette brillante jeunesse venait de reconduire deux officiers qui, avec l'autorisation du gouvernement, partent pour la Serbie. La Serbie cause une vraie désertion;
puisque l'Empereur ne veut pas déclarer la guerre, toute
la Russie souscrit et se soulève de cœur pour les Ser-
bes. On ne fait qu'en parler, on exalte les morts vraiment héroïques d'un colonel et de plusieurs officiers
russes. On ne peut que se sentir ému de pitié pour nos
frères qu'on laisse tranquillement égorger et couper
par morceaux par ces affreux sauvages de Turquie,
par cette nation sans génie, sans civilisation, sans morale, sans gloire.

Et dire que je ne peux même pas souscrire!

Une heure avant d'arriver, j'ai mis mon livre de côté
pour bien voir Moscou, notre vraie capitale, la ville
vraiment russe; Pétersbourg est une copie allemande;
comme il est copié par des Russes, il vaut mieux
que l'Allemagne cependant. Mais ici tout est russe,
l'architecture, les wagons, les maisons, le paysan, qui,
sur le rebord de la route, regarde passer le train, le
petit pont en bois jeté à travers une espèce de rivière,
la boue sur le chemin, tout est russe, tout est cordial,
simple, religieux, loyal.

Les églises, avec leurs coupoles en forme et de la couleur d'une figue renversée et verte, produisent une
agréable impression à l'approche de la ville. Le faquin

qui vint prendre nos paquets ôta sa casquette et nous salua comme des amis, avec un large sourire plein de respect.

On est loin de l'effronterie française et de la gravité allemande si bête et si lourde.

Je ne cessais de regarder par la fenêtre du *carrosse* qu'on nous avança pour aller à l'hôtel.

Il fait frais, mais non de cette fraîcheur humide et malsaine de Pétersbourg. La ville, la plus grande de l'Europe comme étendue de terrain, est ancienne ; les rues sont pavées de grosses pierres irrégulières, elles sont elles-mêmes irrégulières : on monte, on descend, on tourne à chaque instant au milieu de maisons de peu d'étages, souvent à un étage seulement, mais hautes avec de larges fenêtres. Le luxe de l'étendue est une chose si commune ici qu'on n'y fait pas attention, et on ne sait pas ce que c'est que l'amoncellement d'étages l'un sur l'autre.

Le « Bazar-Slave » est un hôtel comme le Grand Hôtel de Paris, on y trouve même le grand restaurant rond qu'on voit du premier, comme du balcon d'une salle de spectacle. Mais, quoique peut-être pas aussi luxueux que le Grand Hôtel, le Bazar-Slave est infiniment plus propre et infiniment moins cher, et surtout en comparaison de l'hôtel Demouth.

Les portiers des maisons sont habillés d'une veste noire, de pantalons dans des bottes qui leur viennent jusqu'aux genoux, et d'une toque en astrakan.

En général on aperçoit beaucoup de costumes nationaux, tout le peuple porte son costume et on ne voit pas les odieuses jaquettes allemandes, et les enseignes allemandes sont plus rares ; mais il y en a, je le dis avec regret, il y en a.

Je me suis attendrie en choisissant un fiacre, les

cochers vous supplient de monter avec tant d'empressement qu'on craint en donnant la préférence à l'un, de blesser mortellement l'autre. Enfin nous montâmes dans une manière de phaéton excessivement étroit et alors commença une course à obstacles. Les pierres du pavé, les rails de tramways, les passants, les voitures, nous allions au milieu de tout cela vite comme le vent, secoués à chaque instant et souvent presque lancés hors de la voiture. L'oncle poussait des gémissements d'inquiétude et je riais de lui, de moi, de notre course sauvage, du vent qui me soulevait les cheveux et *rôtissait* les joues, je riais de tout, et à chaque église, à chaque chapelle, à chaque niche à images je me signais dévotement à l'imitation des bonnes gens de la rue. Ce qui m'a désagréablement surprise, ce sont des femmes pieds nus.

J'allai dans le passage de Solodornikoff acheter une ruche blanche; je me promenais là la tête en l'air, les mains pendantes et la bouche souriante comme chez moi. Je veux partir demain, je ne puis rien acheter, je n'ai que juste de quoi arriver chez l'oncle Etienne.

L'arc de triomphe de Catherine II est peint en rouge avec des colonnes vertes et des ornements jaunes. Malgré l'extravagance des couleurs, vous ne sauriez croire combien c'est joli; d'ailleurs c'est en harmonie avec les toits des maisons et des églises, qui sont presque tous en feuilles de fer vertes ou rouge foncé. Cette naïveté des ornements extérieurs vous remplit de bien-être en vous faisant sentir la bonne simplicité du peuple russe. Et les nihilistes le sapent déjà! Méphistophélès pervertit Marguerite. La propagande fait son œuvre infâme, et le jour où ce bon peuple, excité, trompé, se soulèvera... ce sera terrible, car, si en temps de paix et de calme, il est doux et simple comme un mouton, en se révoltant, il serait féroce jusqu'à la rage, cruel jusqu'au délire.

Mais l'amour pour l'Empereur est encore grand, Dieu merci, et le respect de la religion aussi. Il y a quelque chose de touchant dans la dévotion et la loyauté du peuple.

Sur la place du Grand-Théâtre se promènent des troupeaux entiers de pigeons gris; ils ne s'effrayent nullement des voitures, et les roues passent à deux doigts d'un pigeon sans qu'il s'en inquiète. Vous savez, les Russes ne mangent pas ces oiseaux, parce que c'est sous la forme d'un pigeon qu'est figuré le Saint-Esprit.

Je ne veux rien visiter cette fois, Moscou veut une semaine de temps. En retournant, avec de l'argent, je verrai toutes les curiosités historiques. Je n'ai fait qu'apercevoir le Kremlin, car, au moment où on me le montrait, mon attention était absorbée par un fiacre, dont l'extérieur était peint en imitation de malachite.

Parmi les noms exposés dans le vestibule de l'hôtel, j'ai lu celui de la princesse Souwaroff. J'envoyai de suite Chocolat demander si elle voulait me recevoir, et Chocolat vint me dire que Madame la princesse était sortie jusqu'à sept heures.

L'oncle Étienne dort, et j'écris au salon.

Sur le revers de la note du déjeuner, on imprime un appel désespéré au peuple et au clergé russes, de la part du Comité slave de Moscou. Cette proclamation déchirante m'a été remise ce matin à mon arrivée. Je la garde.

Cet appel m'a soulevé l'âme. Pourquoi ne va-t-on pas demander à l'Empereur la guerre ? Si toute la nation, se soulevant, venait tomber aux genoux de l'Empereur en le priant d'aller au secours de ses frères livrés à la fureur des sauvages, qui oserait dire non?

Mais les nihilistes, voilà le malheur. Une fois les troupes éloignées, ils soulèveraient tout ce qu'il y a de forçats et de vauriens et feraient une petite Commune *pour commencer.*

Voyez-vous, être là, dans le cœur de son pays si beau et qui donne tant d'espérance, et se sentir menacé de toutes ces horreurs !...Je voudrais le prendre dans mes bras et l'emporter au loin, comme un enfant auquel on ferme les yeux et bouche les oreilles pour qu'il n'entende pas les blasphèmes et ne voie pas les saletés.

Dieu ! comment ai-je pu l'embrasser sur la figure ? moi, la première ? Folle, exécrable créature ! Ah ! voilà qui me fait pleurer et frissonner de rage ! *Turpis, execrabilis !*

Il a cru que c'était tout simple pour moi, que ce n'était pas la première fois, que c'était une habitude prise ! Vatican et Kremlin ! j'étouffe de rage et de honte !

Une tasse de consommé, un *calatch* chaud et du caviar frais, voilà un commencement de dîner incomparable. Le calatch est une espèce de pain, mais il faut aller à Moscou pour en avoir une idée, et le calatch de Moscou est presque aussi célèbre que le Kremlin, Pour une portion d'*assétrine*, on m'a donné deux immenses tranches qu'à l'étranger on diviserait en quatre (il est bien entendu que je n'ai pas tout mangé). En outre j'ai eu une côtelette de veau de cinquante centimètres carrés, entourée de petits pois et de pommes de terre ; un poulet entier. Et une soucoupe remplie de caviar représentait « une demi-portion ».

Etienne se mit à rire et dit au domestique qu'en Italie, il y en aurait pour quatre. Le domestique, grand et maigre comme Gianetto Doria, et immobile comme un Anglais, répondit sans bouger et sans changer de physionomie que c'était là la raison de la petite taille et de la maigreur des Italiens, mais les Russes, ajouta-t-il, aiment à bien manger, c'est pour cela qu'ils sont forts. Sur cela, l'immobile brute daigna sourire et sortit comme une poupée de bois.

La quantité n'est pas le seul mérite du manger d'ici, car il est de la plus exquise qualité : quand on mange bien, on est de bonne humeur; quand on est de bonne humeur, on regarde le bonheur avec plus de joie et le malheur avec plus de philosophie, et on se sent agréablement disposé envers son prochain. La gourmandise exagérée est une monstruosité dans une femme, mais un peu de gourmandise est nécessaire comme l'esprit, comme la toilette, sans compter que la nourriture fine et simple entretient la santé et par conséquent la jeunesse, la fraîcheur de la peau et la rondeur des formes. Témoin mon corps. Marie Sapogenikoff a bien raison de dire que, pour un pareil corps, il faudrait une figure beaucoup plus jolie, et remarquez que je suis loin de la laideur. En pensant à moi quand j'aurai vingt ans, je fais claquer ma langue... A treize ans j'étais trop grasse et on me donnait seize ans. Aujourd'hui je suis mince, entièrement formée d'ailleurs, remarquablement cambrée, peut-être trop ; je me compare à toutes les statues et je ne trouve rien d'aussi cambré et d'aussi large des hanches que moi. Est-ce un défaut ? Mais les épaules demandent une ligne de plus en rondeur. — Je disais donc, oui, que je demandais un thé, on me servit un samovar, vingt-quatre morceaux de sucre et de la crème pour cinq tasses de thé. L'un et l'autre exquis. J'ai toujours aimé le thé, même mauvais. J'ai bu cinq tasses (petites) avec de la crème et trois sans crème, en vraie Russe.

Les vrais Russes et leurs deux capitales sont pour moi entièrement nouveaux.

Avant d'aller à l'étranger je ne connaissais de la Russie que la petite Russie et la Crimée.

Les rares paysans russes qui venaient à la campagne comme marchands ambulants nous semblaient presque des étrangers et on se moquait de leurs costumes et de leur langue.

J'ai beau dire tout ce que je veux, il n'en est pas moins vrai que mes lèvres ont noirci depuis le baiser profanant.

Gens sages, femmes cyniques, je vous pardonne votre sourire de mépris pour ma candeur affectée !... Mais, en vérité, je crois que je m'abaisse jusqu'à admettre de l'incrédulité ? Faut-il encore que je jure ?... Ah ! non, il me semble que je fais assez en disant mes moindres pensées, surtout n'y étant pas obligée. Je ne m'en fais pas de mérite, car mon Journal c'est ma vie, et, au milieu de tous ces plaisirs, je pense : Comme j'aurai long à raconter ce soir! Comme si c'était une obligation!

Lundi 14 août (2 août). — Hier à une heure, nous avons quitté Moscou, pleine de mouvement et pavoisée de drapeaux à l'occasion de l'arrivée des rois de Grèce et de Danemark.

Pendant tout le voyage l'oncle Etienne m'agaçait positivement.

Imaginez la lecture d'une étude sur Cléopâtre et Marc Antoine, interrompue à chaque instant par des phrases comme celles-ci : — Veux-tu manger? — Tu as peut-être froid? — Voici du poulet rôti et des concombres. — Peut-être une poire? — Faut-il fermer la fenêtre? — Que vas-tu manger en arrivant? — J'ai télégraphié pour qu'on te prépare un bain, notre reine, j'en ai fait venir un en marbre, et toute la maison a été arrangée pour recevoir Sa Majesté.

Incontestablement bon, mais irrécusablement ennuyeux.

Des messieurs fort bien font la cour à Amalia comme à une dame. Chocolat m'étonne par son esprit émancipé et par sa nature de chat, ingrate et rusée.

A la station Grousskoë nous sommes reçus par deux voitures, six domestiques-paysans et mon fichu frère. Grand de taille et de grosseur, mais beau comme une statue romaine, avec des pieds comparativement petits. Une heure et demie de voiture jusqu'à Chpatowka, pendant laquelle j'entrevois une quantité de rivalités et de pointes d'épingles entre mon père et les Babanine; je tiens la tête haute, je tiens en échec mon frère qui est d'ailleurs tout enchanté de me voir.

Je ne veux me mettre d'aucun parti. J'ai besoin de mon père.

— Gritzko (nom petit Russien et villageois de Grégoire) est resté deux semaines à t'attendre, me dit Paul, — on croyait que tu ne viendrais plus.

— Et il est parti ?

— Non, je l'ai laissé à Poltava; il désire beaucoup te voir. « Tu comprends, me dit-il, je l'ai connue petite comme ça. »

— Alors il se croit un homme et il me croit une petite fille ?

— Oui.

— C'est comme moi. Comment est-il ?

— Il parle français toujours, il va dans le grand monde à Pétersbourg ; on le dit avare; il n'est que raisonnable et comme il faut. Nous voulions, lui et moi, te recevoir avec un orchestre à Poltava ; mais papa a dit que cela n'était dû qu'à des reines.

Je remarque que mon père craint de paraître fanfaron et vaniteux. Je le rassurerai bien vite, j'adore toutes ces bêtises qu'il idolâtre.

Dix-huit verstes de champs labourés, et enfin le village formé de huttes basses et pauvres. Tous les paysans se découvrent d'avance en apercevant la voiture. Ces bonnes figures patientes et respectueuses m'attendrissent, je leur souris et, tout étonnés, ils répondent par des sourires à mes petits saluts amicaux.

La maison est d'un seul étage, petite, avec un grand jardin assez sauvage. Les paysannes sont remarquablement bien faites, belles et piquantes dans leurs costumes qui dessinent toutes les formes et laissent voir des jambes nues jusqu'aux genoux.

Marie, ma tante, nous reçoit sur le perron. Je me baigne et nous dînons. Plusieurs escarmouches avec Paul. Il tâche de me piquer, sans le vouloir peut-être, n'obéissant qu'à l'impulsion donnée par son père. Je le remets superbement à sa place, et c'est lui qui est humilié là où il désirait m'humilier. Je lis au fond de lui. Incrédulité quant à mes succès, pointes d'épingles relativement à notre position dans le monde. On ne m'appelle que « reine »; mon père veut me détrôner, je le ferai plier; je le connais, car, lui, c'est moi dans beaucoup de choses.

Mardi 15 août (3 août). — La maison est gaie et claire comme une lanterne. Les fleurs embaument, le perroquet parle, les canaris chantent, les domestiques courent. Vers onze heures un bruit de clochettes nous annonça un voisin. C'était M. Hamaley. Ne dirait-on pas un Anglais? Eh bien, pas du tout, une ancienne et noble famille de la petite Russie. Sa femme est une des Prodgers d'ici.

Mon bagage n'étant pas arrivé (nous sommes descendus une station plus tôt qu'il ne fallait), je me suis montrée en robe de chambre blanche; quelle immense différence moi à présent et moi il y a un an! Il y a un an j'osais à peine parler, « je ne savais que dire. » Comme Marguerite, à présent je suis *grande*. Ce monsieur a déjeuné avec nous; que veut-on que je dise de lui et de ceux que je verrai? Excellentes gens, mais sentant la province d'une lieue.

Vers le dîner qui suit de très près le déjeuner, une autre visite, le frère du susdit : — jeune homme; a beaucoup voyagé, malgré cela très serviable. — L'arrivée soudaine de mes huit malles nous procura deux romances chantées par *moi*, et du piano. Enfin je m'occupai de ma broderie en entrant jusqu'aux oreilles dans une conversation sur la politique en France, montrant des connaissances au-dessus de mon... sexe.

Ce second Hamaley si barbu resta jusqu'à dix heures.

J'ai fatigué jusqu'à onze heures ma pauvre voix à peine remise du rude climat de Saint-Pétersbourg.

Dans la bienheureuse Chpatowka, on ne fait que manger ; on mange, puis on se promène pendant une demi-heure, puis on mange encore et comme cela toute la journée.

Je marchais doucement appuyée au bras de Paul, avec mes pensées errant au diable, lorsqu'en passant sous des branches qui descendaient très bas au-dessus de nos têtes et formaient un plafond de feuilles entrelacées, je me figurai ce que dirait A... si j'étais à son bras, en passant par cette allée. Il me dirait, en se penchant légèrement vers moi; il me dirait de cette voix langoureuse et pénétrante dont il ne parlait qu'à moi... il me dirait : « Comme on est bien ici et comme je vous aime ! »

Rien ne peut donner une idée de la tendresse de sa voix quand il me parlait, quand il disait des choses qui étaient pour moi — seule. Ces manières de chat tigre, ces yeux qui vous brûlaient et cette voix enchanteresse, voilée et vibrante qui murmurait des paroles amoureuses et qui semblait se plaindre ou supplier... avec tant d'humilité, tant de tendresse, tant de passion !... Il ne s'en servait que pour moi seule.

Mais c'était une tendresse vide, celle de tout le monde, et s'il semblait pénétré, c'est que c'était sa manière d'être, car souvent il y a des gens qui paraissent toujours pressés, d'autres étonnés, d'autres chagrins, sans qu'il le soient en réalité.

Ah! que je voudrais savoir la vérité dans tout cela! Je voudrais revenir à Rome, mariée; autrement ce serait une humiliation. Mais je ne veux pas me marier, je veux encore être libre et surtout étudier: j'ai trouvé ma voie.

Et franchement se marier pour piquer A... serait bête.

Ce n'est pas cela, mais je veux vivre comme tout le monde !

Je suis mécontente de moi ce soir et je ne sais pourquoi en particulier.

Mercredi 16 août (4 août). — Une foule de voisins et voisines, la crème de ces nobles lieux. Une dame qui a été à Rome, aime l'antiquité et possède une fille qui ne parle pas. D'une manière subite ainsi qu'inattendue, il nous arriva trois anges : le juge d'instruction, le notaire et le secrétaire. Mon oncle, qui est juge de paix depuis sept ans, a toujours affaire avec ces fonctionnaires.

Dans deux ans, il sera conseiller d'Etat, et grille d'être décoré.

Je me suis mise en soie bleue, souliers bonbonnière.

Les beaux messieurs ne m'ont pas irritée comme les gens poussiéreux à Nice, ils m'ont seulement fait rire de grand cœur; ils n'ont pas osé s'approcher, nous nous sommes admirés à distance.

Dimanche 20 août (8 août). — Je pars accompagnée de mon frère Paul qui me sert très bien. A Kharkoff nous avons attendu deux heures. Mon oncle Alexandre se trouvait là. Il a été, malgré mes dépêches, presque abasourdi de me voir. Il me parle de la grande anxiété de mon père, qui était terriblement inquiet, pensant que je ne viendrais pas chez lui. Il ne faisait que demander les dépêches que j'envoyais à mon oncle, pour savoir où j'en étais de mon voyage.

En un mot, le plus grand empressement de me voir, sinon par amour, du moins par amour-propre.

L'oncle Alexandre lança quelques pierres dans son jardin, mais ma politique est de rester neutre. Il me fit avoir un coupé en me présentant le colonel des gendarmes Menzenkanoff, qui me céda le sien.

Je me sens bien dans mon pays; tout cela me connaît, moi, ou les miens; rien d'équivoque dans la position et on marche et on respire librement. Mais je ne voudrais pas vivre ici, oh! non, non!

Ce matin à six heures nous arrivons à Poltava. Personne à la gare.

Arrivés à l'hôtel, j'écris la lettre suivante; la brusquerie réussit souvent:

« J'arrive à Poltava, et je ne trouve même pas une voiture.

« Venez tout de suite, je vous attends à midi. En vérité, on ne me fait pas une réception convenable.

« MARIE BASHKIRTSEFF. »

La lettre était à peine partie que mon père se précipitait dans la chambre et je me jetai dans ses bras avec une noble lenteur. Il fut visiblement satisfait de ma figure, car son premier soin fut d'examiner mon physique avec une sorte de hâte.

— Comme tu es grande! Je ne m'y attendais pas, et jolie; oui, oui, bien, fort bien, en effet.

— C'est comme cela qu'on me reçoit, pas même une voiture ! Avez-vous eu ma lettre ?

— Non, mais je viens de recevoir le télégramme et et je suis accouru. J'espérais arriver pour le train, je suis tout en poussière. Pour venir plus vite, je suis monté dans la troïka du petit E...

— Et je vous ai écrit une jolie lettre.

— Comme la dernière dépêche ?

— Presque.

— Fort bien... oui, fort bien.

— Je suis comme ça, moi, on me sert.

— Comme moi ; mais, vois-tu, je suis capricieux comme un diable.

— Et moi comme deux.

— Tu es habituée à ce qu'on te coure après, comme des toutous.

— Et il faut qu'on me coure après, sans cela, rien !

— Ah ! non, ça ne peut pas aller avec moi de la sorte.

— C'est à prendre ou à laisser.

— Mais pourquoi me traiter en « mon père ». Je suis un bon vivant, un jeune homme, voilà !

— Parfait, et tant mieux.

— Je ne suis pas seul, je suis avec le prince Michel E.... et Paul G...., ton cousin.

— Faites-les entrer.

E.... est un parfait petit gommeux exécrablement amusant, ridicule, saluant bas, englouti dans un pantalon trois fois la largeur naturelle, et dans un col jusqu'aux oreilles.

L'autre se nomme Pacha (1) ; son nom de famille est trop difficile. C'est un fort et robuste garçon, châtain

---

(1) Diminutif de Paul.

clair, bien rasé, à l'air russe, carré, franc, sérieux, sympathique, mais taciturne ou bien préoccupé, je ne sais encore.

On m'attendait avec une curiosité immense. Mon père est ravi. Ma taille l'enchante; l'homme vain est fier de me montrer.

Nous étions prêts, mais il fallait attendre les domestiques et le bagage pour que le cortège fût plus imposant. Un carrosse à quatre chevaux, une calèche et un droski à capote, attelé d'une troïka insensée au petit prince.

Mon *genitor* me regardait avec satisfaction et se tenait à quatre pour paraître calme et même indifférent.

D'ailleurs il est dans son caractère de ne rien montrer de ses sentiments.

A moitié chemin, je montai dans le droski pour aller comme le vent. Au bout de vingt-cinq minutes nous avions fait dix verstes. Il restait encore deux verstes jusqu'à Gavronzi, et j'allai de nouveau avec mon père pour lui donner la satisfaction d'une entrée imposante.

La princesse E... (belle-mère de Michel et sœur de mon père) nous rencontra sur le perron.

— Hein! fit mon père, comme elle est grande... et intéressante, n'est-ce pas vrai? hein?

Il faut croire qu'il a été content de moi pour hasarder une pareille expansion devant une de ses sœurs (mais celle-là est excellente).

Un intendant et d'autres vinrent me féliciter de mon heureuse arrivée.

La propriété est pittoresquement située : des collines, une rivière, des arbres, une belle maison et plusieurs petites. Tous les bâtiments tenus parfaitement, le jardin soigné; d'ailleurs la maison a été refaite et remeublée presque entièrement cet hiver. On mène un grand train, tout en affectant la simplicité et l'air de dire : « C'est tous les jours ainsi. »

Naturellement du champagne à déjeuner. Une affectation d'aristocratie et de simplicité qui frisent la raideur.

Des portraits d'ancêtres, des preuves d'ancienneté qui ne me sont que très agréables.

De beaux bronzes, des porcelaines de Sèvres, de Saxe, des objets d'art. En vérité, je ne m'attendais pas à tant que cela ici.

Mon père se pose en malheureux abandonné par sa femme, lui qui ne demandait qu'à être le modèle des maris.

Un grand portrait de maman peint en son absence, des marques de regret au souvenir du bonheur perdu et des élans de haine contre mes grands-parents qui ont brisé ce bonheur. Enormément de soin à me faire sentir que mon arrivée ne change rien dans les habitudes.

Une partie de cartes pendant laquelle j'ai travaillé à mon canevas, et de temps à autre dit quelque chose qu'on écoutait avec curiosité.

Papa se leva de la table de jeu et s'assit près de moi, abandonnant les cartes à Pacha. Je parlai tout en brodant et il m'écouta avec beaucoup d'attention.

Puis il proposa une promenade par la campagne. J'ai marché d'abord à son bras, puis au bras de mon frère et du petit prince. On entra chez ma nourrice, qui fit semblant d'essuyer une larme. Elle ne m'a nourrie que pendant trois mois ; ma vraie nourrice est à Tchernakovka.

On me conduisit loin.

— C'est pour te donner de l'appétit, disait mon père.

Je me plaignais de la fatigue, et parlais de mes craintes de l'herbe à cause des serpents et d'autres « animaux féroces ».

Le père est réservé, la fille aussi. S'il n'y avait pas sa sœur la princesse, Michel et l'autre, ce serait mille fois plus convenable.

Il me fit asseoir près de lui pour voir les tours d'adresse et de gymnastique de Michel qui a appris le « métier » dans un cirque, qu'il a suivi jusqu'au Caucase, à cause d'une petite écuyère.

A peine chez moi, je me suis souvenue d'une phrase de mon père, dite au hasard ou exprès, et, la grossissant dans mon imagination, je m'assis dans un coin et pleurai longtemps, sans bouger et sans cligner des yeux, mais les tenant attachés à une fleur sur le papier du mur; — abîmée, inquiète, et tantôt désespérée jusqu'à en être indifférente.

Voici de quoi il s'agit. On parla d'A... et on m'en demanda toutes sortes de choses. Contre mon habitude, je répondis avec réserve et ne m'étendis pas sur le sujet de mes conquêtes, laissant deviner ou supposer, et alors mon père dit ceci avec une grande indifférence :

— J'ai entendu dire qu'A..... s'est marié il y a trois mois.

Et une fois chez moi je ne raisonnai pas, je me souvins de cette phrase, je me couchai par terre et je restai là abrutie et misérable.

Je regardai sa lettre : « J'ai besoin de la consolation d'une parole de vous », m'a bouleversé le cœur et je me suis presque mise à m'accuser, moi !

Et puis... O quelle horreur de croire aimer et de ne pouvoir pas ! Car je ne peux pas aimer un homme comme lui : un être presque ignorant, un être faible, dépendant. Je n'ai même pas d'amour, je n'ai que de l'ennui.

On m'a donné une chambre à coucher verte et un salon bleu. Est-ce assez étrange, quand on pense à mes pérégrinations depuis cet hiver! Et depuis que je suis en Russie, combien de fois ai-je changé de guide, de logement, de pays!

Je change de logements, de parents, de connaissances, sans le moindre étonnement ou ce sentiment étrange que j'éprouvais avant. Tous ces êtres indifférents ou protecteurs, tous ces instruments de luxe ou d'utilité, se confondent et me laissent calme et froide.

Comment faire pour amener mon père à Rome?

Bigre, bigre, bigre!

Mardi 22-10 août. — Il y a loin de la vie d'ici à la franche hospitalité de mon oncle Etienne et de ma tante Marie, qui m'ont cédé leur chambre et qui me servaient comme des nègres.

Mais aussi c'est bien différent. Là, j'étais en pays ami, chez moi; ici je viens, bravant les relations établies et foulant sous mes petits pieds des centaines de querelles et des millions de désagréments.

Mon père est un homme sec, froissé et aplati dès son enfance par le terrible général, son père. A peine libre et riche, il s'est lancé et à moitié ruiné.

Tout bouffi d'amour-propre et d'orgueil puéril, il préfère paraître un monstre plutôt que montrer ce qu'il sent, surtout lorsqu'il est ému par quelque chose, et en cela il est comme moi.

Un aveugle verrait combien il est enchanté de m'avoir et il le montre même un peu quand nous sommes seuls.

A deux heures nous sommes partis pour Poltava.

Ce matin déjà nous avons eu une escarmouche à l'*occasion* des Babanine, et en voiture mon père s'est permis de les insulter au nom de son bonheur perdu, accusant en tout grand'maman. Le sang m'est monté au visage et je lui dis durement de laisser les morts dans leur tombeau.

— Laisser les morts! s'écria-t-il, mais c'est-à-dire que si je pouvais prendre les cendres de cette femme et les.....

— Taisez-vous, mon père! Vous êtes un impertinent et un mal élevé!

— Chocolat peut être un impertinent, mais pas moi!

— Vous, cher père, et tous ceux qui manquent de délicatesse et d'éducation! Je ne veux pas qu'on parle ainsi. Si j'ai la délicatesse de me taire, il est ridicule que les autres se plaignent. Vous n'avez rien à faire avec les Babanine, mêlez-vous des affaires de votre femme et de vos enfants; quant aux autres, n'en parlez pas comme je ne parle pas, moi, de vos parents à vous. Appréciez mon savoir-vivre et faites-en autant.

Tout en parlant ainsi, j'éprouvais la plus grande admiration pour moi.

— Comment pouvez-vous me dire de pareilles choses?

— Je le dis, je le répète, je regrette d'être ici.

Je lui tournai le dos, car j'étouffais de larmes et de rage de pleurer.

Et lorsque mon père commença à rire, embarrassé et confus, essayant de m'embrasser et de m'attirer dans ses bras :

— Allons, Marie, faisons la paix, nous ne parlerons jamais de cela, je ne t'en parlerai jamais, je te donne ma parole d'honneur!

Je repris ma pose naturelle, mais sans donner aucune marque de pardon ou de bienveillance, ce qui fit que papa redoubla d'amabilité.

Mon enfant, mon ange (je me parle à moi-même), tu es un ange, un ange positivement! Tu savais toujours comment te conduire, mais tu n'étais pas en état; à présent seulement tu commences à appliquer tes théories à la réalité!

A Poltava, mon père est roi, mais quel affreux royaume!

Mon père est archi-fier de ses deux chevaux Isabelle; lorsqu'on nous les avança avec la calèche de ville, je daignai à peine dire : « Très joli! »

Nous fîmes le tour des rues... désertes comme à Pompéi.

Comment ces gens-là peuvent-ils vivre ainsi?... Je ne suis pas ici pour étudier les mœurs de la ville, ainsi passons.

— Ah! fit mon père, si tu étais venue un peu plus tôt, il y avait du monde, on aurait pu arranger un bal ou n'importe quoi. A présent, il n'y a plus un chien; la foire est finie.

Nous avons été dans un magasin commander une toile à peinture. Ce magasin est le rendez-vous de la gomme de Poltava, mais nous n'y avons trouvé personne.

Au jardin de ville, la même chose.

Mon père, je ne sais pourquoi, ne veut me présenter personne; peut-être est-ce la crainte d'une trop forte critique?

Au milieu du dîner arriva M...

Il y a six ans de cela, nous étions à Odessa, maman voyait souvent Mme M..., et son fils Gritz venait tous les jours chez nous jouer avec Paul et moi et me faisait la cour, m'apportait des bonbons, des fleurs, des fruits.

On riait de nous et Gritz disait qu'il n'épouserait jamais une autre femme que moi; à quoi un monsieur ne manquait jamais de répondre :

— Oh! oh! quel garçon! il veut un ministre pour femme.

Les M... nous reconduisirent jusqu'au bateau à vapeur qui devait nous conduire à Vienne. J'étais excessivement coquette, quoique toute petite, j'avais oublié mon peigne et Gritz me donna le sien, et au moment des adieux nous nous sommes embrassés avec la permission des parents.

> « Jours fortunés de notre enfance
> Où nous disions, maman, papa!
> Jours de bonheur et d'innocence,
> Ah! que vous êtes loin déjà. »

— Vous savez, adorable cousine, Gritz est un peu bête et un peu sourd, dit Michel E..., pendant que M... montait les marches de la galerie du restaurant.

— Je le connais bien, cher gommeux, il n'est pas plus bête que vous et moi, et il est un peu sourd à cause d'une maladie et surtout parce qu'il met de la ouate dans ses oreilles de peur de se refroidir.

Plusieurs personnes déjà s'étaient approchées et ont serré la main à mon père, grillant d'être présentées à la fille qui arrive de l'étranger, mais mon père n'en fit rien, me faisant des grimaces de dédain. Je craignais déjà qu'il n'en fût de même avec Gritz.

— Marie, permettez-moi de vous présenter Grigori Lvovitch M..., dit-il.

— Nous nous connaissons depuis longtemps, dis-je en tendant gracieusement la main à mon ami d'enfance.

Il n'a pas du tout changé : le même teint éclatant, le même regard terne, la même bouche petite et légèrement dédaigneuse, une moustache microscopique. Parfaitement mis et d'excellentes manières.

Nous nous regardions avec curiosité, Michel faisait des grimaces sarcastiques. Papa clignait des yeux comme toujours.

Je n'avais pas faim du tout. Il était temps d'aller au théâtre, qui se trouve dans le jardin, comme le restaurant.

Je proposai de nous promener un peu et d'y aller ensuite. Le modèle des pères se précipita entre moi et Gritz, et lorsqu'il fut temps d'aller au théâtre il accourut et me présenta vivement son bras. — Un vrai père, parole d'honneur, comme dans les livres.

.*.

Une immense avant-scène des premières, tendue de drap rouge, — en face du préfet.

Un bouquet du prince qui passe la journée à me faire des déclarations pour recevoir des : — Allez-vous-en, mon cher ! — ou bien, — Vous êtes la fleur des gommeux, mon cousin !

Peu de monde et une pièce insignifiante. Mais notre loge renfermait à elle seule beaucoup d'intérêt.

Pacha est un homme curieux... Franc et droit jusqu'à l'enfantillage, il prend tout au sérieux et dit tellement ce qu'il pense, avec tant de simplicité, qu'il me semble parfois qu'il cache sous cette bonhomie un immense esprit de sarcasme. Il reste quelquefois dix minutes sans rien dire et quand on lui parle, se secoue comme après un rêve. Lorsqu'à un compliment de lui on sourit et on lui dit : — Que vous êtes aimable! — il s'offense et s'en va dans un coin en murmurant : — Je ne suis pas du tout aimable; si je le dis, c'est que je le pense.

Je me suis mise sur le devant pour gratifier la vanité de mon père.

— Voilà, disait-il, voilà!... me voilà dans le rôle d'un père à présent! C'est drôle. Mais je suis un jeune homme encore, moi!

— Ah! ah! papa, voilà votre faible. Soit. Vous serez mon frère aîné et je vous nommerai Constantin. Cela va-t-il?

— Parfaitement.

M... et moi, désirions beaucoup causer à nous deux, mais Paul, E... ou papa empêchaient comme exprès. Enfin je me mis dans le coin qui est comme une petite loge à part donnant sur la scène et permettant de voir les préparations des acteurs. Michel me suivit naturellement, mais je l'envoyai me chercher de l'eau et Gritz s'assit auprès de moi.

— Je vous attendais avec impatience, dit-il, tout en m'examinant curieusement. Vous n'êtes pas du tout changée.

— Oh! cela me chagrine, j'étais laide quand j'avais dix ans.

— Non, non, mais vous êtes toujours la même.

— Hum!...

— Je vois bien ce que signifiait ce verre d'eau! miaula le prince en m'en tendant un, — je le vois bien!

— Prenez garde à celui que vous apportez et que vous renverserez sur ma robe si vous vous penchez tant!

— Vous n'êtes pas bonne, vous êtes ma cousine et vous *lui* parlez toujours.

— Il est mon ami d'enfance, et vous, vous êtes un charmant gommeux d'un jour.

Il se trouva que nous nous souvenions des moindres choses.

— Nous étions enfants tous les deux, mais comme on se souvient de tout cela quand on a été enfant... ensemble, n'est-ce pas?

— Oui.

M... est un vieillard comme esprit; il est si étrange d'entendre ce garçon frais et rose parler des choses sérieuses, domestiques, utiles! Il me demanda si j'avais une bonne femme de chambre, puis :

— C'est bien que vous ayez tant étudié, pour quand vous aurez des enfants...

— Voilà une idée.

— Et quoi, n'ai-je pas raison?

— Oui, vous avez raison.

— Voici votre oncle Alexandre, me dit mon père.

— Où ça?

— Là, en face.

En effet, il était là avec sa femme.

L'oncle Alexandre vint chez nous, et mon père m'envoya chez la tante Nadine dans le prochain entr'acte. Cette chère petite femme est contente, moi aussi.

Dans un entr'acte j'allai au jardin avec Paul, et mon père courut après moi et me prit le bras.

— Tu vois, me dit mon père, comme je suis aimable envers tes parents : ça prouve que je sais vivre.

— Très bien, papa; qui veut être bien avec moi doit faire mes volontés et me servir.

— Ah! non.

— Ah! si; c'est à prendre ou à laisser; mais avouez

que vous êtes heureux d'avoir une fille comme moi, jolie, bien faite, élégante, spirituelle, instruite... Avouez!

— J'avoue, c'est vrai.

— Ah! ah! Et sans compter que tu es jeune. Et que tout le monde va s'étonner de te trouver de grands enfants?

— Oui, je suis très jeune encore...

— Papa, nous allons souper au jardin.

— Ce n'est pas comme il faut.

— Allons donc, papa, avec son père, le maréchal de noblesse que tous les chiens connaissent et qui est le chef de la jeunesse, de la jeunesse dorée de Pultava!

— Mais les chevaux attendent.

— C'est de cela que je voulais vous parler; renvoyez ceux-là et nous rentrerons en fiacre.

— Toi en fiacre, jamais! Et souper n'est pas convenable.

— Papa, lorsque moi je descends de ma dignité et trouve une chose convenable, il est ridicule que d'autres pensent autrement.

— Tu sais, nous souperons, mais c'est uniquement pour te faire plaisir; je suis las de ces amusements.

Nous avons soupé dans un salon à part (exigé par papa par respect pour moi).

Bashkirtseff père et fils, l'oncle Alexandre et Nadine, Pacha, E..., M... et moi. Celui-ci ne faisait que me mettre mon manteau sur les épaules, en m'assurant que je prendrais froid.

On a bu du champagne; E... demandait bouteilles après bouteilles pour me donner la dernière goutte.

On proposa plusieurs toasts, et mon ami d'enfance, prenant sa coupe, se pencha vers moi et me dit doucement: « A la santé de madame votre mère. » — Et comme il me regardait dans les yeux d'un air intime, je répondis aussi à voix basse et avec un regard de franc remerciement et un sourire amical.

Quelques minutes après, je dis tout haut :

— A la santé de maman !

Et on a bu de nouveau. M... guettait mes moindres gestes et cherchait visiblement à se conformer à mes opinions, à mes goûts, à mes plaisanteries même. Et je me plaisais à en changer pour l'embarrasser. Il m'écoutait toujours et finit par s'écrier :

— Ah ! mais elle est charmante ! — avec tant de naïveté, de naturel et de plaisir que cela me fit plaisir à moi-même.

Nadine rentra en calèche avec papa, et moi, j'allai chez elle et nous avons bavardé à l'aise.

— Chère Moussia, disait mon oncle Alexandre, tu m'as enchanté ; ta conduite digne avec tes parents et surtout avec ton père m'a ravi. Je craignais déjà pour toi, mais si tu continues, tout ira bien, je te l'assure !

— Oui, dit Paul, si tu restes seulement un mois, tu domineras notre père et ce sera un vrai bonheur pour nous tous.

Mon père a pris une chambre à côté de la mienne, à droite, et dans mon antichambre il fit coucher son domestique.

— J'espère qu'elle est bien gardée, dit-il à mon oncle. Vous savez je suis un bon vivant, un homme gai, mais du moment que sa mère me la confie, je justifierai cette confiance et je remplirai mon devoir d'une manière sacrée.

Hier j'ai pris vingt-cinq roubles à mon père pour avoir le plaisir de les lui rendre aujourd'hui.

Nous sommes partis dans le même ordre qu'hier.

Nous étions à peine dans les champs, quand mon père me demanda tout à coup :

— Eh bien, allons-nous nous battre encore aujourd'hui ?

— Tant que vous voudrez !

Il me prit brusquement dans ses bras, m'enveloppa de son manteau et m'appuya la tête sur son épaule.

Et je fermai les yeux, c'est ma manière d'être tendre.

Nous restâmes ainsi pendant quelques minutes.

— A présent, dit-il, remets-toi droite.

— Un manteau alors, car j'aurai froid.

Il m'enveloppa dans un manteau et je me mis à parler de l'étranger, de Rome et des plaisirs de la société, ayant bien soin de lui faire entendre que nous y étions excessivement bien, parlant de Mgr de Falloux, du baron Visconti, du pape. Je m'étendis sur la société de Poltava.

— Passer sa vie à perdre aux cartes, se ruiner au fond de la province, en champagne dans des cabarets. S'abrutir, se couvrir de moisissures !... Quoi qu'on fasse, il faut toujours être en bonne compagnie.

— Ah çà, mais tu as l'air de dire que je suis dans une mauvaise société ? dit-il en riant.

— Moi ! jamais ; seulement je parle en général ; de personne en particulier.

J'en dis tant et tant qu'il me demanda combien coûtait un grand appartement pour donner des fêtes à Nice.

— Tu sais, dit-il, que si je venais là-bas et m'installais pendant un hiver, la position serait tout autre...

— La position de qui ?

— Des oiseaux du ciel, dit-il en riant comme piqué.

— Ma position ? Oui, c'est vrai. Mais Nice est une

ville désagréable... Pourquoi ne viendriez-vous pas cet hiver à Rome?

— Moi? hum!... Oui... hum!...

C'est égal, le premier mot est lancé, il est tombé en bonne terre. Ce que je crains, ce sont les influences. Il faut habituer cet homme à moi, me rendre agréable, nécessaire et faire en sorte que ma tante T... trouve un mur entre son frère et sa méchanceté.

Il est content de me trouver capable de parler de tout, et comme on allait dîner j'ai terminé une phrase sur la chimie avec un certain Kapitanenko, officier de la garde en retraite, abruti par la province et les moqueries universelles. C'est un habitué de la maison.

Mon père dit en se levant:

— C'est vrai, Pacha, elle est très savante.

— Vous voulez rire, papa?

— Pas du tout, pas du tout, mais c'est bien, oui. Ah! fort bien, hum, fort bien!

Mercredi 23 août (11 août). — J'ai écrit à maman presque autant que dans mon journal. Cela lui fera plus de bien que toutes les médecines du monde. J'ai l'air d'être enchantée: je ne le suis pas encore; j'ai raconté tout exactement, mais je ne suis pas encore sûre de mon fait quant à la fin de l'histoire. Enfin on verra. Dieu est très bon.

⁂

Pacha est mon *vrai* cousin, le fils de la sœur de mon père. Cet homme m'intrigue. Ce matin nous avons causé, on parla de mon père, et je dis que les fils critiquaient toujours les actions des pères, et, une fois à leur place, faisaient comme eux, pour être à leur tour critiqués par leurs enfants.

— C'est parfaitement vrai, cela, dit-il, mais mes fils ne me critiqueront pas, car je ne me marierai jamais.

Et au bout d'un instant je repris : — Il n'y a pas encore eu de jeunes gens qui n'aient dit la même chose.

— Oui, mais moi ce n'est pas la même chose.

— Et pourquoi ?

— Parce que j'ai vingt-deux ans et je n'ai encore jamais été amoureux, et aucune femme n'a attiré mes yeux.

— C'est tout naturel ; jusqu'à cet âge on ne doit pas être amoureux.

— Comment, et tous ces garçons qui aiment depuis quatorze ans ?

— Tous ces amours-là n'ont aucun rapport avec l'amour.

— Peut-être, mais je ne suis pas comme tout le monde, je suis emporté, je suis orgueilleux, c'est-à-dire je parle de mon amour-propre, et puis...

— Mais tout cela, ce sont des qualités que vous me citez...

— Des bonnes ?

— Mais oui.

Puis je ne sais à propos de quoi il me dit que si sa mère mourait, il deviendrait fou.

— Oui.... pour un an, et puis...

— Oh ! non je deviendrais fou, je le sais.

— Pour un an, car tout s'efface à force de voir des figures nouvelles.

— Alors vous niez les sentiments éternels et la vertu ?

— Positivement.

— C'est étrange, Moussia, me dit-il, comme on se lie vite quand on n'est pas guindé. Avant-hier je disais Maria Constantinovna, hier Mademoiselle Moussia et aujourd'hui...

— Moussia tout simplement, et je vous l'ai ordonné.

— Il me semble que nous avons toujours été ensemble, tant vos manières sont simples et engageantes.

— N'est-ce pas?

.•.

Je m'amusais à parler aux paysans que nous rencontrions sur la route et dans la forêt, et figurez-vous, (figurez-vous, expression de portier) je parle petit russien très passablement.

Le *Vorsklo*, rivière qui passe dans le village de mon père, est si peu profond en été qu'on le traverse à pied, mais au printemps c'est un fleuve. Il me prit la fantaisie de faire barboter mon cheval dans l'eau et, relevant mon amazone, j'entrai tout à fait dans la rivière. C'est agréable à éprouver et ravissant à voir. Le cheval en avait jusqu'aux genoux.

J'étais échauffée par le soleil et la course, et j'ai essayé ma voix qui est en train de revenir peu à peu. J'ai chanté le *Lacrymosa* de la messe funèbre, comme à Rome.

Mon père nous attendait sous la colonnade et nous examinait avec satisfaction.

— Eh bien, vous ai-je trompé et suis-je mal en amazone? Demandez à Pacha comment je monte. Suis-je bien?

— C'est vrai, oui, hum!... très bien, vraiment.

Et il m'examinait avec satisfaction.

Je suis loin de regretter d'avoir apporté trente robes, mon père doit être pris par la vanité.

En ce moment arriva M... avec une malle et un domestique. Quand il m'eut saluée, je répondis aux compliments d'usage et m'en allai changer de costume, en disant : « Je reviens. »

Je revins vêtue d'une robe de gaze orientale avec deux mètres de queue, un corsage de soie ouvert devant à la Louis XV et attaché par un grand nœud blanc. La jupe est naturellement tout unie et la traîne carrée.

M... me parla toilette, admirant la mienne.

On le dit bête et il parle de tout, de la musique, des arts, des sciences. Il est vrai que c'est moi qui parle et il ne fait que dire : « Vous avez parfaitement raison, c'est juste. »

Je me taisais quant à mes études, craignant de l'effaroucher. Mais j'ai été provoquée à table; j'ai cité un vers latin et me suis étendue sur la littérature classique et les imitations modernes, avec le docteur.

Et on s'écria que j'étais étonnante et qu'il n'y avait rien au monde dont je ne pusse parler, aucun sujet de conversation où je ne fusse à mon aise.

Papa faisait des efforts héroïques pour renfermer les rayons de son orgueil. Ensuite un poulet aux truffes provoqua un discours culinaire dans lequel je montrai une science gastronomique qui fit ouvrir les yeux et la bouche encore plus à M...

Et alors passant à la *sophistication*, je me mis à expliquer toute l'utilité de la bonne cuisine, soutenant qu'elle faisait les hommes vertueux.

Je montai au premier. Les salons sont très grands, surtout la salle de bal; on y a placé le piano hier seulement.

Je jouai. Le pauvre Kapitanenko faisait des gestes désespérés pour empêcher Paul de bavarder.

— Mon Dieu! s'écriait le bonhomme, j'oublie en écoutant que je suis depuis six ans rouillé et moisi en province! je revis!

Je ne joue pas bien aujourd'hui; je barbouille souvent; cependant il y a des choses que je ne joue pas mal. Mais c'est égal, je savais bien que le pauvre Kapitanenko était sincère et le plaisir que je lui procurai me fit plaisir.

Kapitanenko à ma gauche, Eristoff et Paul derrière, et Gritz, me regardant et m'écoutant avec une contetenance enchantée; je ne voyais pas les autres.

Quand j'eus fini « *le Ruisseau* », ils me baisèrent tous la main.

Papa, couché sur un canapé, clignait des yeux. La princesse travaillait sans rien dire. Mais c'est une bonne femme.

Je respire librement, je suis chez mon père qui est un des premiers du gouvernement, et je ne crains ni manque de respect, ni légèreté.

A dix heures papa donna le signal du départ, en confiant à Paul les jeunes gens qui logent tous dans la maison rouge avec lui.

Et j'ai dit à mon père : —Voilà comment nous ferons quand je partirai pour l'étranger. Vous viendrez avec moi.

— J'y songerai, oui, peut-être.

J'étais satisfaite; il se fit un silence, puis on parla d'autre chose et, quand il sortit, j'allai chez la princesse pour rester un quart d'heure avec elle.

J'ai dit à mon père d'inviter l'oncle Alexandre ici, et il lui a écrit une lettre très aimable.

Que dites-vous de moi?

Je dis que je suis un ange, pourvu que Dieu continue à être bon.

Ne riez pas de ma dévotion, il n'y a qu'à commencer pour trouver tout ridicule dans mon journal. Si je me mettais à me critiquer comme écrivain, j'y passerais ma vie.

Jeudi 24 août (12 août). — A neuf heures j'étais chez mon père. Je le trouvai en manches de chemise et ne pouvant parvenir à attacher sa cravate. Je la lui attachai en lui baisant le front.

Les messieurs vinrent prendre le thé, Pacha aussi; hier au soir il était absent et le domestique vint dire qu'il était « couché comme malade ». Les autres se sont moqués de ses prévenances d'ours pour moi, et il ressent si profondément la moindre des choses qu'on n'en tirait pas un mot ce matin.

E... a fait venir pour m'amuser un jeu de quilles, un croquet et un microscope avec une collection de puces.

Il s'est produit une sorte de scandale; d'ailleurs jugez-en. Paul a retiré de son album la photographie d'une actrice très connue de mon père, et papa, s'apercevant de cela, retira son portrait.

— Pourquoi fais-tu cela? demanda Paul tout étonné.

— Moi, parce que je crains que tu ne jettes *aussi* mes portraits.

Je ne fis aucune attention à cela, mais aujourd'hui, Paul, me prenant à part, me conduisit dans une chambre et me montra son album vide avec le portrait de la femme seulement.

— J'ai fait cela pour faire plaisir à mon père, mais j'ai dû retirer de l'album tous les autres portraits; les voici d'ailleurs.

— Laissez-les-moi voir.

Je choisis toutes les photographies de grand-papa, de grand'maman, de maman et les miennes et les mis dans ma poche.

— Qu'est-ce que cela veut dire ? s'écria Paul.

— Cela veut dire, répondis-je avec calme, que je reprends nos portraits, qui sont ici en trop mauvaise compagnie.

Mon frère fut prêt à pleurer, déchira en deux l'album et sortit. J'avais ainsi opéré au salon, on a vu, et mon père le saura.

Nous avons fait une grande promenade au jardin, nous avons visité la chapelle et le caveau contenant les cercueils de mon grand-père et de ma grand'mère Bashkirtseff. M... était mon cavalier, m'aidait à monter et à descendre.

Michel me suivait en imitant du geste un chien qui fait le beau avec des yeux suppliants et soumis, et en faisant sans cesse des gestes de désespoir vers Gritz.

Pacha marchait en avant et, quand il me regardait, il le faisait avec des yeux tellement haineux que je détournais la tête.

Si maman savait qu'au souper de Poltava, j'ai eu la dernière goutte d'une bouteille de champagne, par hasard, et qu'en buvant à ma santé, les bras de Nadine, d'Alexandre, de moi et de Gritz se croisèrent comme pour un mariage !... Pauvre maman, comme elle serait heureuse !

Certes Gritz fond, mais moi je fais des prières au fond de mon âme pour qu'il ne me demande pas en mariage. Borné, vaniteux et une maman du diable !

Nous nous rappelons notre enfance, le jardin public d'Odessa.

— Je vous faisais la cour alors !

Je réponds par mes meilleurs sourires, pendant que le gommeux fait des grimaces implorantes et me prie de lui laisser porter ma queue. Il l'a fait hier et reçut le surnom de porte-queue.

Nous avons fait une partie de croquet.

Agréablement échauffée, je rentrai dans le salon chinois (ainsi nommé à cause des vases et des poupées) et m'asseyant, par terre, me mis à ranger mes pinceaux et mes couleurs. Mon père est incrédule quant à mes talents. Je fis asseoir Michel dans un fauteuil, Gritz dans un autre, et me plaçant par terre, je fis en quinze minutes la caricature de Michel sur une planche que Gritz tenait, me servant de chevalet. Et tout en donnant à droite et à gauche des coups de pinceau, je sentais que j'étais dévorée des yeux.

Mon père fut content et Michel me baisa la main.

Je montai et me mis au piano. Pacha m'écoutait de loin. Bientôt arrivèrent les autres et ils se placèrent comme hier. Mais passant de la musique à la conversation, Gritz et Michel parlèrent d'un hiver à Pétersbourg.

— Et je m'imagine ce que vous y ferez, dis-je. Voulez-vous que je vous raconte votre vie à présent, et vous me direz après si je me trompe?

— Oui, oui!

— D'abord, vous meublerez un appartement avec les meubles les plus saugrenus, vendus par de prétendus antiquaires, et avec des peintures les plus ordinaires vendues pour des originaux. Car la passion des arts et des antiquités est nécessaire. Ensuite, vous aurez des chevaux et un cocher qui se permettra des plaisanteries; vous le consulterez et il se mêlera même de vos affaires de cœur. Vous sortirez avec un monocle sur le Newsky, vous verrez un groupe d'amis, vous descendrez pour savoir les nouvelles du jour. Vous rirez jusqu'aux larmes des saillies d'un de ces amis dont le métier est de dire des choses spirituelles. Vous demanderez à quand le bénéfice de Judic et si l'on a été chez M*me* Damié. Vous vous moquerez de la princesse Lise et admirerez la jeune comtesse Sophie. Vous entrerez chez Borreel, où il y a sans doute un François, un Baptiste ou un Désiré qui vous connaît et qui arrivera avec des courbettes et vous racontera les soupers qui ont eu lieu et qui n'ont pas eu lieu, le dernier scandale du prince Pierre et l'aventure de Constance. Vous avalerez avec une affreuse grimace un verre de quelque chose de fort, en demandant si ce qu'on a servi au dernier souper du prince a été mieux préparé que ce qu'on a mangé à votre souper à vous. Et François ou Désiré vous répondra : « Monsieur le Prince, ces messieurs y pensent-ils ?... » Il vous dira qu'il vous a fait venir une dinde du Japon et des truffes de la Chine. Vous lui jetterez deux roubles en regardant autour de vous, et remonterez en voiture pour suivre des femmes, en vous penchant gaillardement de droite à gauche du cheval et échangeant des observations avec le cocher qui est gros comme un éléphant et qui est connu parmi vos amis pour boire trois samovars par jour.

Vous arriverez au théâtre en marchant sur les pieds de ceux qui y sont avant vous, et échangeant des poignées de main ou plutôt tendant vos doigts à des amis qui vous parlent des succès de la nouvelle actrice, pendant que vous lorgnez les femmes avec votre air le plus impertinent, croyant produire de l'effet.

Et comme vous vous trompez ! Et comme les femmes vous voient à travers !

Vous vous ruinez à vous prosterner devant des

étoiles de Paris, qui, éteintes là, viennent briller chez vous.

Vous soupez et vous vous endormez sur le tapis, mais les garçons du restaurant ne vous laissent pas tranquilles, on vous fourre des oreillers sous la tête et on vous couvre de couvertures, par-dessus votre frac trempé de vin et votre faux col froissé.

Vous rentrez le matin chez vous pour vous coucher ou plutôt on vous rentre. Et comme alors vous êtes pâles, laids, ridés! Et comme vous vous faites pitié à vous-mêmes!...

Puis, puis... vers trente-cinq ou quarante ans, on s'éprend définitivement d'une danseuse et on l'épouse. Elle vous bat et vous jouez le rôle le plus misérable dans les coulisses pendant qu'elle danse...

Ici je fus interrompue, Gritz et Michel tombent à genoux et demandent ma main à baiser, s'écriant que c'était fabuleux et que je parlais comme un livre!

— Seulement, dit Gritz, le dernier... Tout est vrai, excepté la danseuse. Je ne me marierai qu'avec une femme du monde. Et je suis un homme de famille, moi; j'adorerai avoir ma maison, ma femme et des gros bébés qui crient, j'en raffolerai.

Nous avons joué au croquet, papa nous surveille. Il remarque l'assiduité de Gritz. Et comment n'être pas assidu? je suis seule ici.

Il devait partir à quatre heures, mais à cinq heures il me demandait s'il pouvait rester à dîner et, après dîner, déclarait qu'il aimait mieux ne pas se mettre en route la nuit.

J'ai parlé de meubles, de voitures, de livrée, du service d'une maison. Et je me plaisais à voir comme mon père gobait mes paroles, et me faisait diverses questions, oubliant sa fierté et sa réserve.

Gritz parla beaucoup, comme un garçon sans esprit, mais homme du monde et connaissant tout le monde.

J'avais toutes mes photographies en main et il me pria tant de lui en donner une. Je ne sais pas refuser, et puis, c'est un ancien ami, je lui en ai donné une.

Mais j'ai refusé la petite carte-médaillon pour laquelle il était prêt à donner « deux années de sa vie. »

Ah! Dio mio[1]

Vendredi 25 août (13 août). — M... et Michel partirent après déjeuner.

Mon père proposa alors une promenade à Pavlovsk, son autre bien.

Il est parfait pour moi, mais aujourd'hui je suis nerveuse et je parlais peu, le moindre exercice oratoire me ferait fondre en larmes.

Mais, pensant à l'effet que ferait sur maman cette complète absence de fête et de pompe, je dis à mon père que je voulais du monde et des fêtes, que je trouvais ma position étrange et même ridicule.

— Eh bien, répondit-il, si tu le veux, ce sera fait! Veux-tu que je te mène chez la préfète?

— Je le veux.

— Eh bien, ce sera fait.

Rassurée sur ce sujet, je pus tranquillement visiter les travaux de la ferme et même entrer dans les détails, ce qui ne m'amusait guère, mais pouvait me servir à dire un jour un mot de connaisseur sur ce ménage, et étonner quelqu'un en parlant des semailles d'orge et des qualités du blé, à côté d'un vers de Shakespeare ou d'une tirade sur la philosophie platonicienne.

Vous voyez, je tire parti de tout.

Pacha me procura un chevalet et, vers l'heure du dîner, je reçus deux grandes toiles envoyées de Poltava par M...

— Comment trouves-tu M...? demanda papa.

Je dis comment je le trouvais.

— Eh bien, dit Pacha, il m'a déplu le premier jour et après je l'ai aimé.

— Et moi, vous ai-je plu du premier abord? demandai-je.

— Vous? Pourquoi?

— Voyons, dites.

— Eh bien, vous m'avez plu. Je ne m'attendais pas à vous trouver telle. Je pensais que vous ne saviez pas parler russe, que vous étiez affectée... et... et puis voilà!

— Très bien.

Je dis combien la campagne, les champs dépouillés déjà de leurs produits me faisaient un effet triste.

— Oui, dit Pacha, tout est jaune. Comme le temps vole! Il semble que le printemps était hier.

— On dit toujours la même chose. Ah! nous sommes heureux là-bas, nous n'avons pas ces changements si marqués.

— Mais aussi vous ne jouisssez pas du printemps! dit Pacha avec enthousiasme.

— Cela est plus heureux pour nous. Les brusques changements nuisent à l'égalité de l'humeur, et la vie est bien meilleure lorsqu'on est tranquille.

— Comment dites-vous?

— Je dis que le printemps en Russie est une époque favorable aux tromperies et aux vilenies.

— Comment?

— Pendant l'hiver, quand tout autour de nous est froid, sombre, muet, nous sommes sombres, et froids, défiants. Arrivent les jours chauds, ensoleillés et nous voilà transformés, car l'état du temps exerce une énorme influence sur le caractère, l'humeur et même les convictions de l'homme. Au printemps on se sent plus heureux et par conséquent meilleur; de là l'incrédulité au mal et à la bassesse des hommes. — Comment, lorsque tout est si beau et lorsque je suis si heureux, si enthousiasmé et disposé au bien jusqu'à l'enivrement, comment peut-il y avoir place pour les pensées mauvaises dans le cœur des autres? Voilà ce qu'on se dit. — Eh bien, chez nous, on n'éprouve pas ces enivrements, ou du moins bien plus faiblement; d'où je conclus qu'on est dans un état plus normal et à peu près le même toujours.

Pacha s'exalta au point de me demander mon portrait pour le porter dans un médaillon toute sa vie.

— Car je vous honore et vous aime comme personne!

La princesse ouvrait de grands yeux et je riais en priant mon cousin de me baiser la main.

Il s'obstinait, rougissait et finit par m'obéir.

Un homme sauvage et étrange. Cette après-midi je parlais de mon mépris pour le genre humain.

— Ah! c'est comme ça! s'écria-t-il. Je suis donc un lâche, un misérable!...

Et rouge et tremblant, il s'enfuit à toutes jambes du salon.

Samedi 26 août (14 août). — C'est crevant la campagne!

Avec une rapidité étonnante j'ai esquissé deux portraits, mon père et Paul, cela a duré trente-cinq minutes.

> Combien de femmes en ce monde
> Ne pourraient pas en dire autant !

Mon père, qui estimait mon talent comme une vaine vantardise, le reconnut et fut content; et moi, transportée, car peindre c'est marcher vers un de mes buts. Chaque heure passée en dehors de cela ou de la coquetterie (car la coquetterie mène à l'amour et l'amour à un mariage peut-être) me tombe comme un poids sur la tête. Lire? non ! Agir ! oui.

Ce matin, mon père entra chez moi et, après quelques phrases ordinaires, Paul étant sorti de la chambre, il se fit un silence pendant lequel je sentais que mon père avait quelque chose à dire, et comme je voulais parler de la même chose, je me suis tue exprès, tant pour ne pas commencer que pour avoir le plaisir de voir l'hésitation et l'embarras d'un autre que moi.

— Hum !... alors,... que dis-tu ? demanda-t-il enfin.

— Moi, papa? Rien.

— Hum !... tu as dit... Hum !... Que je vienne avec toi à Rome... Hum !... alors comment?

— Mais tout simplement.

— Mais...

Il hésitait en tourmentant mes brosses et mes peignes.

— Mais si je viens avec toi... Hum !... et maman... elle ne viendra pas ? Et alors... vois-tu, si elle ne vient pas... Hum !..., comment faire?

Ah! ah! fichu père! Nous y sommes. C'est toi qui hésites... adorable ! C'est fort bien !

— Maman? Maman viendra.
— Ah?
— Maman, d'ailleurs, fera tout ce que je voudrai. Elle n'existe plus, il n'y a que moi.

Alors, visiblement soulagé, il me fit plusieurs questions sur la manière dont maman passait son temps, un tas de choses enfin.

D'où vient que maman me prévenait contre le méchant esprit de papa et son habitude de confondre les gens et de les humilier? Cela vient de ce que c'est la vérité.

Mais pourquoi ne suis-je ni humiliée ni confondue, tandis que maman l'a toujours été?

Parce que mon père a plus d'esprit que maman, et qu'il n'a pas autant d'esprit que moi.

En outre, il me respecte énormément, car je le bats en discussion toujours, et ma conversation est pleine d'intérêt pour un homme rouillé en Russie, mais ayant assez de connaissances pour les apprécier chez un autre.

Je lui ai rappelé mon désir de voir les gens de Poltava et je vis bien par ses réponses qu'il ne voulait pas me montrer ceux parmi lesquels il brille. Seulement, lorsque je lui dis que je le voulais absolument, il me répondit qu'il serait fait selon mon désir et se mit avec la princesse à faire une liste des dames qu'il fallait aller voir.

— Et Mme M..., la connaissez-vous? demandai-je.
— Oui, mais je ne vais pas la voir, elle vit très retirée.
— Mais il faut que j'aille chez elle avec vous, elle m'a connue petite, c'est une amie à maman, et puis lorsqu'elle m'a connue, j'étais une petite fille très rude et assez désavantageuse au physique, je désire donc effacer cette vilaine impression.

— Eh bien, nous irons... Seulement, à ta place je n'irais pas.

— Et pourquoi?

— Parce que... hum!... Elle pourra croire...

— Quoi donc?

— Mais toutes sortes de choses ..

— Mais dites; j'aime qu'on s'explique clairement et les demi-mots m'impatientent.

— Elle croira que tu as des vues... Elle pensera que tu voudrais son fils comme prétendant.

— Gritz M...? Oh! non, papa. Elle ne le pensera pas, et d'ailleurs M... est un charmant jeune homme, ami d'enfance, que j'aime beaucoup, mais l'épouser! non, papa, il n'est pas le mari que je désire. Soyez tranquille.

*
* *

Le cardinal se meurt.

Misérable homme!... (je parle du neveu.)

A dîner on parla de la bravoure et je dis une chose remarquablement juste. C'est que celui qui a peur et va au danger, est plus brave que celui qui n'a pas peur; car plus on a peur, plus on a de mérite.

Dimanche 27 août (15 août). — Pour la première fois de ma vie j'ai puni quelqu'un, c'est-à-dire Chocolat.

Il a écrit à sa mère, lui demandant la permission de rester en Russie à des gages plus considérables que ceux que je lui donne. Cette ingratitude m'a fait de la peine pour lui et, l'appelant, je *dévoilai* sa vilenie devant tout le monde et lui ordonnai de se mettre à genoux.

L'enfant se mit à pleurer et n'obéit pas. Alors je fus obligée de le prendre par les épaules et par les genoux, et, plus par honte que par violence, il s'agenouilla en ébranlant une étagère toute chargée de Sèvres. Et moi, debout au milieu du salon, je lançai les foudres de mon éloquence et terminai en disant que je le renverrais en France, en quatrième classe, avec les bœufs et les moutons, par l'entremise du consul des nègres.

— Honte, honte! Chocolat! Tu seras un homme perdu. Lève-toi, fi! Va-t'en.

Je m'étais excitée pour de vrai et lorsque, cinq minutes après, ce singe vint me demander pardon, je lui dis que s'il ne se repentait que poussé par M. Paul, je ne voulais pas de son repentir.

— Non, c'est moi-même.

— Alors tu te repens toi-même?

Il pleurait avec les poings dans les yeux.

— Dis, Chocolat, je ne me fâcherai pas.

— O...ui.

— Eh bien, va, je pardonne, mais comprends-tu que tout cela est pour ton bien?

Ah! Chocolat sera un grand homme ou un grand misérable.

Lundi 28 août (16 août). — Mon père a été à Poltava; il était de service. Quant à moi, j'essayai de la philosophie avec la princesse, mais cela a dégénéré en une conversation sur l'amour, les hommes et les rois.

Michel amena l'oncle Alexandre, et Gritz arriva plus tard.

Il y a des jours où l'on est mal à l'aise. C'est un jour comme ça!

M.... a apporté un bouquet à la princesse et un

instant après, à table, il s'est étendu avec Alexandre sur la production des moutons.

— J'aime mieux quand vous parlez bouquets que quand vous parlez moutons, Gritz ! dit mon père.

— Ah ! papa, dis-je, ce sont les moutons qui donnent les bouquets.

Je n'avais aucune arrière-pensée, mais chacun fit un mouvement, et je rougis jusqu'aux oreilles.

Et puis le soir je désirai beaucoup qu'Alexandre vit que Gritz me fait la cour et je n'ai pas réussi ! L'imbécile ne quittait pas Michel.

D'ailleurs il est bête et tout le monde le dit ici. J'ai voulu le défendre, mais ce soir, soit mauvaise humeur, soit conviction, je suis de l'avis de tout le monde.

Quand ils furent partis pour la maison rouge, je me mis au piano et je versai sur les touches tout ce que je contenais d'ennui et d'irritation. Et à présent je vais m'endormir en rêvant au grand-duc Nicolas, ça m'amusera peut être.

La lune est fade ici, je l'ai regardée pendant qu'on tirait le canon. Mon père est parti pour Kharkoff pour deux jours. Le canon est une de ses vanités ; il a neuf pièces et ce soir on a tiré, pendant que je regardais la lune.

Mardi 29 août (17 août). — J'entends hier Paul dire à l'oncle Alexandre en me désignant de l'œil :

— Si tu savais, cher oncle ! Elle a bouleversé tout à Gavronzi ! Elle a refait papa à sa manière ! Tout s'incline !

En vérité, ai-je fait tout cela ? Tant mieux !

Je suis endormie et ennuyée depuis ce matin. Je n'admets pas encore l'ennui par manque de distraction ou d'amusement, et lorsque je m'ennuie je cherche une cause, persuadée que ce plus ou moins grand malaise provient de *quelque chose,* et n'est point au contraire un simple effet du manque d'amusement ou de la solitude.

Mais ici, à Gavronzi, je ne désire rien, je ne regrette rien, tout va selon mes désirs et pourtant je suis *ennuyée.* Faut-il donc croire simplement que je m'ennuie à la campagne? *Nescio...* Mais au diable!

Quand on se mit aux cartes, je restai avec Gritz et Michel dans mon atelier. Décidément Gritz est changé depuis hier. Il y a un certain embarras dans ses manières, que je n'explique pas.

La partie de demain est remise à jeudi et il veut partir pour un grand voyage.

J'étais préoccupée et on m'en fit la remarque. D'ailleurs depuis quelque temps déjà je plane entre deux mondes ; on me parle et je n'entends pas.

Les messieurs allèrent se baigner dans la rivière qui est belle, profonde et ombragée d'arbres à l'endroit où l'on se baigne, et je suis restée avec la princesse sur le grand balcon qui forme une entrée couverte pour les voitures.

La princesse me raconta entre autres une histoire curieuse. Hier Michel vient chez elle et lui dit :

« Maman, mariez-moi. — Avec qui ? — Avec Moussia. — Imbécile, mais tu n'as que dix-huit ans. » — Il insista si sérieusement qu'elle fut obligée de l'envoyer au diable.

— Seulement, ajouta-t-elle, chère Moussia, ne le lui racontez pas, il me mangerait!

Ces messieurs nous trouvèrent encore au balcon humant une chaleur exaspérante ; car d'air il n'en faut pas parler, et le soir pas la plus légère brise. Mais la vue est charmante. En face, la maison rouge et les pavillons éparpillés, à droite la montagne à la moitié de laquelle se trouve l'église toute noyée dans les arbres, plus loin le caveau de famille ; à gauche, la rivière, les champs, les arbres, l'espace. Et la pensée que tout cela est à nous, que nous sommes les maîtres souverains de tout cela et que toutes ces maisons, cette église, la cour, qui est comme une petite ville, tout, tout nous appartient, et les domestiques, presque soixante, et tout !...

J'attendis avec impatience la fin du dîner pour aller chez Paul, lui demander l'explication de quelques mots dits au croquet et qui me troublaient désagréablement.

— N'as-tu pas remarqué, me dit Paul, que Gritz est changé depuis hier ?

— Moi ? Non, je n'ai rien remarqué.

— Eh bien, moi j'ai remarqué et c'est à cause de Michel.

— Comment ?

— Michel est un bon garçon, mais il n'a jamais été qu'avec des femmes à souper et il ne sait pas se conduire ; de plus, il a une mauvaise langue, à preuve, l'histoire de l'autre jour. Il a dit qu'il voudrait... Enfin, il est amoureux fou de toi et capable de toutes les vilenies du monde. J'en ai parlé à l'oncle Alexandre et il a dit que j'aurais dû lui tirer les oreilles. La tante Nathalie est aussi de cet avis... Attends ! je te dis que Gritz a été persuadé par sa mère ou par ses connaissances qu'on ne cherchait qu'à l'attraper pour le marier, à cause de sa grande fortune. Eh bien, jusqu'à hier, il t'exaltait jusqu'aux cieux, et hier... Sans doute, je sais que tu ne veux pas de lui, tu ne te fiches pas mal (pardon pour l'expression) de tout cela, mais ce n'est pas bien. Et c'est toujours Michel qui a fait des commérages.

— Oui, mais que faire ?

— Il faut, tu as assez d'esprit pour cela et même pour davantage, il faut dire... faire comprendre; il est bête, mais il comprendra cela. En un mot, il faut... Une fois à dîner, j'aiderai et tu raconteras une histoire ou bien n'importe quoi.

C'était ma pensée.

— Nous verrons, mon frère !

Alexandre a été au théâtre après nous et a entendu parler de l'arrivée de « la fille de Bashkirtseff qui est une grande beauté ».

Dans le foyer, il fut entraîné par Gritz, qui parla de moi avec enthousiasme.

Je ne pus m'empêcher de faire tableau sur le grand escalier. Je m'assis au milieu; les messieurs qui montaient avec moi s'assirent plus bas sur les gradins et le prince s'agenouilla. Avez-vous vu la gravure représentant l'Eléonore de Gœthe ? c'était ça, même mon costume. Seulement je ne regardais personne, je regardais les lampes.

Si Paul n'avait pas éteint l'une d'elles, nous serions restés longtemps ainsi.

Bonne nuit. Ah ! que je m'ennuie !

Mercredi 30 août (18 août). — Pendant que les jeunes gens étaient à la poursuite de la gouvernante avec le feu d'artifice qu'ils lui lançaient dans les jambes, la princesse, Alexandre et moi parlions du pape et de Rome.

Je faisais l'inquiète, disant que le cardinal était décédé.

J'ai rêvé que Pierre A.... était mort. Je m'approchai de son cercueil et lui mis au cou un chapelet en topaze avec une croix en or. A peine eus-je fait cela, que je m'aperçus que l'homme mort n'était pas Pietro.

La mort en rêve se traduit par mariage, je crois. Vous devinez mon irritation, et chez moi l irritation se traduit par l'immobilité et par un silence complet. Mais gare à celui qui me taquine ou seulement me fait parler !

On parla des mœurs de Poltava. La dépravation y est très cultivée, et on dit avoir rencontré Mme M... en robe de chambre, la nuit, avec M. J... dans la rue, comme une chose assez ordinaire.

Les demoiselles s'y conduisent avec une légèrete... Mais quand on entama le chapitre des baisers, je me mis à arpenter la chambre.

Un jeune homme était amoureux d'une jeune fille, dont il était aimé, et au bout de quelque temps il en épousa une autre, et quand on lui demandait la raison de ce changement, il répondait :

— Elle m'a embrassé, elle en a donc aussi embrassé d'autres ou elle en embrassera.

— C'est juste, dit Alexandre. — Et tous les hommes raisonnent ainsi.

Raisonnement injuste au suprême degré, mais qui fit que je suis chez moi, déshabillée et enragée de dépit.

Il me semblait qu'on parlait pour moi. Alors voici la cause !...

Mais au nom du ciel, donnez-moi un moyen d'oublier ! Oh ! mon Dieu ! ai-je donc commis un crime, que vous me tourmentez tant?

Vous faites bien, Seigneur, et ma conscience en ne me laissant pas un moment de répit me guérira.

Ce que ni l'éducation, ni les livres, ni les conseils

n'auraient pu m'apprendre, l'expérience me l'a appris.

J'en remercie Dieu, et je conseille aux demoiselles d'être un peu plus canailles au fond de l'âme, de se garder bien d'éprouver un sentiment quelconque. On les compromet d'abord et on les tourne en ridicule ensuite.

Plus le sentiment est beau, plus il est facile de le ridiculiser; plus il est grand, plus il est drôle. Et il n'y a rien au monde de plus ridicule et de plus dégradant que l'amour ridiculisé.

J'irai à Rome avec mon père, j'irai dans le monde et on verra.

⁂

Une promenade enchantée. La troïka du prince, malgré le poids de l'oncle Alexandre, volait comme l'éclair. Michel conduisait. J'adore aller vite, les trois chevaux prirent la carrière, et pendant quelques minutes je ne respirais pas de joie et d'excitation.

Puis le croquet nous retint jusqu'au dîner, vers lequel arriva M.... Je cherchais déjà une « histoire » quand la princesse vint à nommer les demoiselles R......

— Elles sont bien gentilles, mais bien malheureuses, dit Gritz.

— Et pourquoi?

— Mais elles ne font que voyager à la recherche des maris et elles n'en trouvent point... Et par exemple, elles ont voulu m'attraper, moi !

Ici tout le monde éclata de rire.

— Vous attraper? demanda-t-on. Vous leur plaisiez donc?

— Enfin, je crois... mais elles ont bien vu que je ne voulais pas.

— Vous savez! dis-je, mais c'est très malheureux d'être comme cela! Sans compter que c'est insupportable pour les autres.

Chacun riait et on échangeait des regards qui n'étaient guère flatteurs pour M....

Ah! non, voyez-vous, quand on est bête, c'est un bien grand malheur.

Dans ses manières, ce soir, j'ai remarqué la même gêne qu'hier. Il croyait peut-être qu'on voulait l'attraper.

Et tout cela, — Michel.

Gritz osait à peine me parler d'un bout du salon à l'autre, et vers neuf heures et demie seulement, il se risqua à côté de moi. Je souriais de mépris.

Dieu qu'il est bête d'être bête! Je fus raide et sévère et donnai le signal du départ.

Je sais bien que Michel le bourre de toutes sortes de sottises. La princesse m'a dit : « Vous ne pouvez jamais vous donner une idée de la vilenie de Michel. Il est rusé et méchant. »

Mais quel malheur d'être bête !

Jeudi 19 août (31 août). — Paul tout déconfit vint m'annoncer que papa ne voulait pas qu'on allât manger dans la forêt.

J'ai passé un peignoir et suis allée lui dire qu'on irait.

Au bout de trois minutes, il était chez moi.

Après un tas de malentendus assez comiques, nous sommes partis pour la forêt; et moi, d'excellente humeur contre toute attente. Gritz est simple comme le premier jour et nos relations tendues et désagréables n'existent plus.

On nous servit dans la forêt comme à la maison. Tout le monde avait faim, on mangea de grand appétit, tout en s'égayant aux dépens de Michel. Car c'était lui qui devait organiser la partie, mais, ce matin, il la renia honteusement et les provisions partirent de Gavronzi.

On tira quelques fusées et on fit raconter des bêtises par un juif. Le juif, en Russie, est un être qui tient le milieu entre le chien et le singe. Les juifs savent tout faire et servent à tout. On leur emprunte de l'argent, on les bat, on les grise, on leur confie des affaires, on s'en amuse.

En rentrant dans ma chambre, j'étais si énervée que j'aurais passé ma nuit à pleurer d'attendrissement, si Amalia n'avait pas commencé des bavardages qui dirigèrent mes idées vers un autre point.

Il faut toujours *couper* l'humeur; cela évite des scènes de larmes, des gisements par terre.

Et je déteste quand je fais ces scènes-là.

Ce pauvre Gritz! A présent je le plains, il est parti un peu malade.

Samedi 2 septembre (21 août). — Je me suis évanouie de chaleur, et lorsque vers le dîner arrivèrent deux *crocodiles* de Poltava, je fis grande toilette, mais mon humeur était bien basse. On tira un feu d'artifice que nous regardâmes du balcon, tout garni de lanternes vénitiennes ainsi que la maison rouge et toute la cour.

Ensuite mon père proposa une promenade, la nuit étant remarquablement belle. J'ai changé de vêtements et nous allâmes dans le village. On s'assit devant le cabaret, on réveilla un violoniste et un fou pour danser. Mais le violoniste, n'étant que le second violon, ne voulut jamais comprendre que le premier était absent et s'obstina à jouer sa seconde partie. Et au bout d'une demi-heure on s'en alla vers la maison avec des intentions perfides; notamment, mon père, moi et Paul, montâmes au haut du clocher par une échelle insensée et l'on sonna la cloche à incendie. Je sonnai de toutes mes forces. Je ne m'étais jamais trouvée si près des cloches; si l'on essaye de parler pendant qu'elles sonnent on éprouve une espèce de terreur dans le premier instant, car il semble que les paroles meurent sur les lèvres comme dans un cauchemar.

Enfin tout cela n'était pas bien amusant et je fus bien heureuse de rentrer chez moi, où mon père vint et nous eûmes un « longuissime » entretien.

Mais j'étais énervée et au lieu de parler je pleurais tout le temps. Entre autres il me parla de M...., disant que sans doute maman me l'avait désigné comme un excellent parti, mais que lui ne ferait pas un pas pour arranger cela, attendu que M.... n'était qu'un animal à argent. Je me hâtai de le rassurer. Et puis on parla de tout. Mon père essaya de faire un peu le rétif, je ne cédai pas d'une ligne et nous nous quittâmes admirablement bien. D'ailleurs, il a été, comme toujours depuis quelque temps, d'une délicatesse exquise, et puis il m'a dit de sa manière sèche et rude des choses si tendres qu'elles m'ont touchée.

Je ne me gênai pas à l'endroit de sa sœur T....; je dis même à mon père qu'elle le dominait et que je ne pouvais, à cause de cela, compter sur lui.

— Moi! s'écria-t-il, ah! non. D'ailleurs, de toutes mes sœurs, c'est celle que j'aime le moins. Sois tranquille, en te voyant ici, elle te flattera comme un chien et tu la verras à tes pieds.

Dimanche 3 septembre (22 août). — Il paraît que je m'amuse. J'ai été portée dans un tapis comme Cléopâtre, j'ai dompté un cheval comme Alexandre et j'ai peint comme... quelqu'un qui n'est *pas encore* Raphaël.

Le matin on s'en alla en nombreuse compagnie pêcher au filet. Étendue sur un tapis (je tiens à le dire, il ne faut pas qu'on me soupçonne de me rouler dans la poussière), au bord de la rivière, belle et profonde en cet endroit, à l'ombre des arbres, mangeant des melons d'eau (pastèques) apportés par les *crocodiles* de Poltava, on a passé tant bien que mal deux heures. Et au retour, je fis Cléopâtre, on me porta dans le tapis jusqu'à la grille, et là ce furent Michel et Kapitanenko qui m'improvisèrent une litière avec leurs mains entrelacées. Et enfin Pacha me porta tout seul. Ayant ainsi épuisé tous les genres de locomotion, je me trouvai au bas du grand escalier que je montai moi-même, Michel invariablement accroché au bout de ma traîne.

Je parus au déjeuner d'une façon charmante; je parle de ma toilette. Une chemise napolitaine en crêpe de Chine bleu ciel et vieille dentelle, une très longue jupe de taffetas blanc et un grand morceau d'étoffe orientale rayée, contenant du blanc, bleu et or, mis comme un drap devant et noué derrière. Tout le reste de l'étoffe retombant naturellement comme un drap de lit dont on ferait un tablier. Vous ne sauriez imaginer quelque chose de plus joliment bizarre.

Pendant que les uns s'essoufflaient à jouer aux cartes et les autres à hurler à la chaleur, je ne sais qui parla des chevaux isabelle. On vanta leur jeunesse, leur force et leur fraîcheur.

Depuis plusieurs jours déjà il était question de me

seller un d'eux, mais on soulevait un océan de craintes et je laissais aller. Enfin aujourd'hui, tant par dépit contre ma poltronnerie que pour remplir le sac à nouvelles des *crocodiles*, j'ordonnai qu'on sellât la bête.

Pendant que je jouais, mon père couché sur l'herbe ne faisait que promener ses regards clignotants de moi aux crocodiles. Il fut content de l'impression.

Mon costume biscornu, mais adorable, était encore rehaussé par un foulard blanc que je me mis sur la tête, bas sur le front, attaché derrière, et les bouts revenant par devant à la manière des Egyptiennes, tout en couvrant la nuque et le cou. On amena le cheval et il s'éleva un chœur d'objections. Enfin Kapitanenko, en souvenir de son service de garde à cheval, le monta; mais dès les premiers pas il fut si secoué que les spectateurs charitables se mirent à rire aussi bêtement que possible.

Le cheval se cabrait, s'arrêtait, s'emportait, et Kapitanenko déclara au milieu de la gaieté générale que je pourrais le monter.... dans trois mois. — Je regardais la bête frémissante, dont la peau se couvrait à chaque instant de veines, comme lorsque le vent ride la surface de l'eau, et je me disais : — Tu vas donner en spectacle ta fausse bravoure, ma fille, tu feras comme une vraie *demoiselle*, les *crocodiles* n'auront rien à raconter de toi. Tu as peur? Tant mieux, car ceux-là seuls sont braves qui craignent et marchent tout de même au-devant de ce qu'ils craignent ; la bravoure ne consiste pas à faire une chose dont les autres ont peur et qui ne vous effraye pas. Mais la vraie, la seule bravoure, c'est de se forcer à faire quelque chose que l'on craint.

Je montai quatre à quatre l'escalier, je mis mon amazone noire, une toque de velours noir et je redescendis pour remonter encore.. à cheval...

Je fis le tour du gazon au pas; Kapitanenko marchait à côté sur un autre cheval. Sentant les yeux de l'assistance braqués sur moi, je revins près du perron rassurer ces gens; mon père monta en cabriolet avec un des messieurs; les autres prirent place dans la troïka du prince, et, suivie de ces deux équipages, je pris la grande allée. Je ne sais comment, mais tout simplement, je pris le galop, le petit, puis le grand, puis le trot et je revins vers les voitures ramasser les flatteries.

J'étais ravie, et mon visage pourpre semblait lancer du feu comme les naseaux de mon cheval. J'étais radieuse ! Un cheval que l'on n'avait jamais monté !

Le soir on tira un feu d'artifice, les maisons furent illuminées, et mes chiffres de tous les côtés. Une musique villageoise et les paysans dansant sous le balcon.

La table était préparée de l'autre côté de la maison, et nous traversâmes la foule des curieux.

— Mais c'est une vraie procession de l'église, dit une femme dans la foule, et voici le corps de Notre-Seigneur.

En effet, nous étions éclairés par des flambeaux et Michel portait ma traîne, et vous savez que l'on porte, le vendredi saint, une toile peinte représentant le corps de Jésus.

Michel faisait des exercices acrobatiques pendant que les garçons du village le regardaient avec stupéfaction, accrochés aux cordes et aux balançoires et semblant, dans la nuit, des pendus comme on en voit sur des gravures effacées et sinistres.

Je fus entourée par ces braves gens; j'ai tort de dire braves, car femmes et hommes faisaient les courtisans à ravir et me débitaient des compliments comme celui-ci, par exemple :

— Le cheval était beau cette après-midi, mais l'écuyère le surpassait de beaucoup.

Vous savez que j'adore m'encanailler, je leur parlais à tous et peu s'en fallait que je ne me misse à danser. Ah! c'est que la danse de nos paysans soumis et naïfs en apparence, mais rusés comme des Italiens en réalité, leur danse est un vrai cancan parisien, et même un cancan très séditieux, pour ne pas dire autre chose. On ne lève pas les jambes jusqu'au nez, ce qui d'ailleurs est affreusement laid, mais l'homme et la femme tournent, se rapprochent l'un de l'autre, se poursuivent, et tout cela avec des gestes, de petits cris et des sourires qui font courir le frisson par le corps.

Les filles dansent peu et très simplement.

On leur donna à boire et, ayant quitté ces aimables sauvages, je voulus me coucher; mais sur l'escalier je m'arrêtai comme l'autre soir, et Paul et les autres se groupèrent sur les marches. Chocolat nous a chanté une chanson niçoise, à ma grande satisfaction.

Après le chant vint la musique.

J'ai tiré du violon les sons les plus incroyables, et ces sons aigus, sérieux, criards, entremêlés, me faisaient rire aux éclats, et mon rire avec ce furieux accompagnement faisait pâmer les autres, même Chocolat.

Jeudi 7 septembre (26 août). — Le costume de tous les jours d'une Petite Russienne consiste en une chemise en grosse toile, avec de larges manches bouffantes, brodées de rouge et de bleu; et d'un morceau de drap noir fabriqué par les paysans, dont on s'enveloppe à partir de la ceinture. Ce fourreau est plus court que la chemise, dont on doit voir la broderie du bas. Ce morceau de drap n'est retenu que par une ceinture de laine de couleur.

On met un tas de colliers au cou et un ruban autour de la tête. Les cheveux sont tressés en une natte au bout de laquelle pendent un ou plusieurs rubans.

J'ai envoyé acheter un pareil habillement chez des paysans, je m'en revêtis et, accompagnée de nos jeunes gens, je m'en allai par le village. Les paysans ne me reconnaissaient pas, car je n'étais pas costumée comme une demoiselle, mais j'étais bel et bien habillée en paysanne, en fille; les femmes mariées se mettent autrement. Quant à mes pieds, ils étaient chaussés de souliers noirs à talons rouges.

Je saluai tout le monde et, arrivés près du cabaret, nous nous assîmes près de la porte.

Ce fut mon père qui a été surpris... mais enchanté.

— Tout lui va! s'écria-t-il. Et nous faisant monter tous les quatre dans son chariot *d'excursion*, il nous promena par les rues. Je riais aux éclats, au grand ébahissement des braves gens, qui se demandaient quelle était cette jeune paysanne promenée par « le vieux seigneur » et « les jeunes messieurs ».

Rassurez-vous, papa n'est pas vieux.

Un tam-tam chinois, un violon et une boîte à musique firent les frais de la soirée.

Michel tapait dans le tam-tam, je jouais du violon (jouais, seigneur Dieu!), la boîte joua toute seule.

Au lieu de se coucher de bonne heure comme c'est son habitude, l'auteur de mes jours resta jusqu'à minuit avec nous. Si je n'ai pas fait d'autre conquête, j'ai fait celle de mon père. Il cherche mon approbation en parlant, il m'écoute avec attention, il me laisse dire ce que je veux de la T.... et me donne raison.

La boîte à musique est son cadeau à la princesse;

nous avons tous donné quelque chose : c'est sa fête.

Les domestiques sont enchantés de me servir et d'être délivrés des « Français ». Je commande même le dîner! Et dire qu'il me semblait être dans une maison étrangère, et j'avais peur des usages, des heures fixes!

On m'attend comme à Nice et c'est moi qui fixe les heures.

Mon père adore la gaieté et il n'y est pas habitué par les siens.

Vendredi 8 septembre (27 août). — Misérable peur, je te vaincrai! Ne me suis-je pas avisée hier de craindre un fusil? Il est vrai que Paul l'avait chargé et je ne savais pas combien il y avait mis de poudre, et je ne connaissais pas le fusil; il pouvait éclater et ce serait une mort stupide ou bien je serais défigurée.

Tant pis! Ce n'est que le premier pas qui coûte; hier j'ai tiré à cinquante pas et c'est sans aucune espèce de crainte que j'ai tiré aujourd'hui; je crois, Dieu me pardonne, que j'ai atteint le but chaque fois.

Si je réussis le portrait de Paul, ce sera miracle, car il ne pose pas, et aujourd'hui j'ai travaillé pendant quinze minutes seule. Seule, pas tout à fait, car j'avais en face de moi Michel, qui ose être amoureux de moi.

Tout cela nous a menés jusqu'à neuf heures. Je traînais, traînais, traînais, voyant l'impatience de mon père. Je savais bien qu'il n'attendait que notre départ du salon pour s'enfuir dans la forêt... comme un loup.

Je tins de nouveau ma cour sur l'escalier... J'aime les escaliers, parce qu'on monte... Pacha devait partir demain, mais je fis tant ce soir qu'il restera peut-être, quoiqu'il serait plus raisonnable de partir, car il est dangereux de m'aimer comme une sœur, pour un cam pagnard, un rêveur, un ténébreux de vingt-deux ans. Avec lui et Michel, je suis on ne peut mieux, ce qui fait qu'il m'aime beaucoup. Mais quand je me trouve avec des hommes bêtes, je deviens stupide; je ne sais que dire qui leur soit intelligible et je crains à chaque instant qu'ils ne me soupçonnent d'être amoureuse d'eux. Comme ce pauvre Gritz : il pense que toutes les demoiselles le veulent et dans le moindre sourire il voit des guets-apens et des complots contre son célibat. Savez-vous seulement l'étymologie de ce mot?

Cœlebs en latin veut dire : délaissé; il vient aussi du mot grec *Koïlos*, qui veut dire : creux, vide.

O célibataires! creux, vides, délaissés!

A peine eus-je entendu décamper mon père, que je me précipitai chez la princesse, me roulant dans son lit, coiffant Pacha, flattant Michel sur la tête, et disant tant de bêtises que j'en suis à cette heure émerveillée.

Mon Dieu, faites que je ne me mette pas à détester Pacha, ce brave garçon! il est si honnête!

On a lu tout haut Poushkine et on a parlé d'amour.

Ah! je voudrais bien aimer pour savoir ce que c'est! Ou bien peut-être ai-je déjà aimé? En ce cas, l'amour est une grande misère qu'on ramasse pour.... jeter.

— Tu n'aimeras jamais, me dit mon père.

— Si c'était vrai, j'en remercierais le ciel, répondis-je.

Je veux et je ne veux pas.

Pourtant, dans mes rêves, *j'aime*. Oui, mais un héros imaginaire.

Et A....? Moi, l'aimer? Non, est-ce ainsi que l'on aime? Non. S'il n'était pas neveu du cardinal, s'il n'avait pas autour de lui des prêtres, des moines, des ruines... le pape, je ne l'aimerais pas.

D'ailleurs, qu'ai-je besoin de m'expliquer? vous savez tout, mieux que moi; vous savez donc que la musique de l'opéra et A.... dans la *barcaccia* faisaient un charmant effet, et vous devez connaître aussi la puissance de la musique. C'était un amusement, mais *ce* n'était pas l'amour.

Quand donc aimerai-je? Je vais encore m'amuser à répandre de tous côtés le superflu de mon cœur, encore m'enthousiasmer, encore pleurer... et pour des riens!

Samedi 9 septembre (28 août). — Les jours passent, je perds un temps précieux dans les meilleures années de ma vie.

Des soirées en famille, des plaisanteries charmantes, une gaieté dont je fais tous les frais... Puis on se fait monter et descendre du grand escalier dans un fauteuil par Michel et l'autre. On regarde ses souliers dans la glace tout en descendant... tous les jours comme ça...

Mais quel ennui! Pas une parole d'esprit, pas une phrase d'homme cultivé... je suis pédante malheureusement et j'adore entendre parler des anciens et des sciences... Cherchez moi ça ici! Les cartes et rien d'autre. Je m'enfermerais bien pour lire, mais, mon but étant de me faire aimer, ce serait une étrange manière pour y parvenir.

A peine installée pour l'hiver, je me remets à étudier comme avant.

⁂

Le soir, il y a eu une histoire de domestique avec Paul. Mon père encouragea le valet, je *réprimandai* (c'est le mot) mon père, qui *avala* la réprimande. Voilà de la vulgarité, mais mon journal en est plein. Je vous prie de croire que je ne suis pas vulgaire par ignorance et par *vulgarité*. J'ai adopté ce genre négligé pour la vitesse et la facilité qu'il donne de beaucoup dire. Enfin il y avait du mécontentement dans l'air, j'étais fâchée, et dans ma voix on entendait ces notes tremblantes qui annoncent un orage.

Paul ne sait pas se conduire et par lui je vois que ma mère avait *raison* d'être malheureuse.

Dimanche 10 septembre (29 août). — Ma majesté, mon père, mon frère et mes deux cousins nous nous sommes mis en route aujourd'hui pour Poltava.

Je n'ai qu'à m'applaudir, on me cède, on me flatte, et surtout on m'aime. Mon père, qui au commencement voulait me détrôner, a presque entièrement compris pourquoi l'on m'accordait les honneurs souverains et, sauf quelque puérile aspérité de son caractère, me les accorde.

Cet homme sec et étranger à tout sentiment de famille a avec moi des élans de tendresse paternelle qui étonnent tous ceux qui l'entourent. Paul en a conçu un double respect pour moi, et comme je suis bonne envers tout le monde, tout le monde m'aime.

— Tu as tellement changé depuis que je t'ai vue! me dit mon père aujourd'hui.

— Comment?

— Mais... hum ! c'est-à-dire que si tu te débarrasses de quelques brusqueries insignifiantes (d'ailleurs j'en ai aussi dans mon caractère), tu seras une perfection et un vrai trésor.

C'est-à-dire que... Enfin ceux qui connaissent l'homme peuvent seuls apprécier la portée de ces mots.

Et ce soir encore il m'a entourée de ses bras et m'embrassant (chose inouïe, à ce que dit Paul), tendrement, il dit :

— Vois, Michel, voyez tous quelle fille j'ai!.... Voilà une fille qui mérite d'être aimée.

— N'est-ce pas, papa? Je suis un trésor. Michel, repris-je, je vous promets de vous marier avec ma fille; pensez donc à l'honneur : ce sera peut-être une princesse du sang.

J'écris de Poltava. — Il pleut depuis ce matin, et lorsqu'il a fallu monter cette satanique montagne qui se trouve à mi-chemin, les chevaux refusèrent presque d'obéir; mon père prit place sur le siège, le cocher descendit et nous accompagna, courant dans la boue et fouettant les chevaux qu'il a fallu mettre au galop pour ne pas leur donner le temps de réfléchir sur la difficulté. Le bruit des clochettes, les claquements du fouet, les cris du valet, du cocher et de papa, l'étonnement muet de Chocolat... c'était un spectacle excitant; il me rappelait une course vivement disputée tirant à sa fin.

On arriva en ville à huit heures. Droit chez le prince, qui partit ce matin à cinq heures pour mettre sa maison en état. — Une petite maison fort simple à l'extérieur, mais charmante à l'intérieur. Rien n'était fini encore; le tapis était posé, les lampes, les glaces, les lits, et les vins achetés et placés.

Dans toutes les maisons russes il y a, après l'ant
chambre, une salle; cette salle est toute blanche; pui
un charmant salon marron et une chambre à couche
pour moi, pleine de tous les détails nécessaires et gra
cieux, à chaque pas des attentions délicates... Pensez
j'ai trouvé sur la toilette du blanc et du rouge!

Mais tout cela a occupé le temps jusqu'à sept heures
A sept heures on s'est aperçu qu'il n'y avait rien
manger! Et lorsque nous arrivâmes, Michel feignit d
ne plus nous avoir attendus, mentit très maladroite
ment et, attaqué impitoyablement par nos railleries,
demeura tout confus pendant le dîner qu'on apporta
du cercle vers dix heures du soir. Des coupes en argent doré m'ont induite en tentation, j'en ai bu deux,
ce qui m'embellit et me délia singulièrement la langue,
juste assez pour être animée. D'ailleurs depuis le
matin je le suis.

Le plan de mon père est *fichu;* ceux qu'il voulait
me montrer sont à la campagne.

Et, Michel renvoyé, nous parlâmes de la bêtise de
Gritz.

— Qu'il est bête! m'écriai-je. Non, écoutez, mon père
et mon frère. En vérité, avec mes idées ambitieuses,
ayant étudié, lu, vu, j'irais me marier avec M. M...!

— Hum! fit mon père, oui, sans doute il est bête.

Et il me regardait, ne sachant pas s'il devait prendre
des airs de dédain, ou bien dire sa pensée qui était
ceci pour sûr :

— M.... est un parti désirable, — même pour toi.

Et à présent couchons-nous dans le lit fait par M. le
prince lui-même.

— *Le ha fatto il letto!* s'écriait Amalia. *Un principe!
Dio! Lei è propio una regina!*

En ce moment j'entends des cris aigus..... C'est

Amalia qui hurle parce que Paul a ouvert la fenêtre qui donne sur la galerie et la regarde se baigner. Quel garçon ! Pacha et le prince dorment depuis longtemps.

J'ai à peine la place pour mon cahier, la table est encombrée de flacons, de fioles, de boîtes à poudre, de brosses, de sachets, etc., etc.

Enivrée par mon succès filial, je m'écrie en moi-même : Ceux qui ne m'aiment pas sont des brutes, et ceux qui m'aiment *mal* sont des infâmes !

Mardi 12 septembre (31 août). — Une journée à Poltava ! C'est merveilleux. Ne sachant que faire, mon père me mena à pied par la ville et nous avons eu la chance de voir la colonne de Pierre le Grand qui se trouve au milieu du jardin.

Lundi, à minuit, nous avons quitté Poltava et aujourd'hui mardi nous sommes à Kharkoff. Le voyage a été gai. Nous avons envahi un wagon.

On m'a réveillée près de Kharkoff par un bouquet du prince Michel.

Kharkoff est une grande ville, éclairée au gaz. L'hôtel où nous sommes se nomme le Grand Hôtel et justifie le nom. Tenue par Andrieux, la maison offre tous les conforts ; d'ailleurs, c'est ici que la jeunesse dorée soupe, déjeune, dîne, se grise, fraternisant avec l'aubergiste qui, en dépit de cela, ne s'oublie pas, ce qui m'étonne. De drôles de mœurs ici !

Je me suis fait coiffer par Louis, encore un écorcheur français.

Puis, du thé, du pain d'épice.....

Ah ! oui, j'ai visité une ménagerie, ces pauvres bêtes encagées m'ont rendue triste.

J'ai vu mon oncle Nicolas, le cadet de la famille, qui

fait semblant d'étudier la médecine. Le pauvre oncle m'a jadis aidée à jouer à la poupée, je le battais et lui tirais les oreilles.

Je l'embrassai, prête à fondre en larmes : — Entre, lui dis-je, il n'y a pas de cérémonie. Papa ne t'aime pas, mais moi je t'aime de tout mon cœur. Je suis toujours la même, seulement un peu plus grande, voilà tout. Cher Nicolas, je ne t'invite pas à déjeuner, je ne suis pas seule, et il y a là toute sorte de gens étrangers, mais reviens demain, absolument.

J'arrivai dans la salle à manger particulière, toute montée.

— Il n'y a pas de quoi se fâcher, dit mon père. Si tu avais voulu, tu l'aurais invité, seulement je me serais sauvé sous un ingénieux prétexte.

— Mon père, vous n'êtes pas bon aujourd'hui, et c'est inutile d'en parler davantage, assez !

La timidité de mon père plia devant ma *bouillante sécheresse* et tout fut dit.

Jeudi 2-14 septembre. — On parlait du départ de Pacha pendant que celui-ci allait et venait, échangeant des fusils, car il est un fort chasseur devant le Seigneur, comme Nemrod. Mon père le priait de rester, mais cette nature entêtée, une fois qu'elle a dit : non, n'en démordrait pas pour tout au monde.

Je l'ai nommé, à cause de la jeunesse de ses illusions, « l'homme vert ». Je le dis sans cérémonie parce que j'en suis sûre : l'homme vert me regarde comme tout ce qu'il y a de mieux au monde. Je lui ai dit de rester.

— Ne me priez pas de rester, je vous supplie, car je ne pourrais pas vous obéir.

Je le priai en vain et je n'aurais pas été fâchée de le

retenir, surtout parce que je savais que c'était impossible.

A la gare, nous nous sommes trouvés avec Lola, sa mère et l'oncle Nicolas qui vinrent me voir partir.

Il y avait une foule énorme à l'occasion du départ de cinquante-sept volontaires pour la Serbie. Je parcourais la gare, tantôt avec Paul, tantôt avec Lola, tantôt avec Michel, Pacha, enfin avec chacun à son tour.

— En vérité, Pacha n'est pas aimable, dit Lola en apprenant de quoi il était question.

Alors, m'efforçant de ne pas rire, je m'approchai de l'homme vert et je lui fis un petit discours, très sec et très offensé, et comme il avait les larmes aux yeux et que j'avais envie de rire, je me retirai pour ne pas détruire l'effet produit en éclatant.

On pouvait à peine circuler et c'est à grand'peine que nous parvînmes à notre coupé.

Cette foule m'amusait après la campagne et je me mis à la fenêtre. On se pressait, on criait, et je regardais, et je m'arrêtai court en entendant tout à coup s'élever un concert de ces voix de jeunes garçons plus belles et plus pures que celles des femmes, qui chantaient un chant d'église et qui semblaient un chœur d'anges.

C'étaient les chantres de l'archevêque qui disaient une prière pour les volontaires.

Tout le monde se découvrit, et ces voix sonores et cette harmonie divine m'ôtèrent la respiration, et lorsqu'ils eurent fini et que je vis tout ce monde agiter les chapeaux, les mouchoirs, les mains; les yeux brillants d'enthousiasme et la poitrine gonflée d'émotion, je ne pus rien faire d'autre que de crier : Hourra! comme eux et de pleurer et rire.

Les cris durèrent quelques minutes et ne cessèrent

que lorsque le même chœur entonna l'hymne russe : « *Boje, zaria chrani* ». Mais les prières pour l'Empereur, cela sembla fade après la prière pour ceux qui allaient mourir en défendant leurs frères.

Et l'Empereur laisse faire les Turcs ! Dieu !

Le train partit au milieu de hourras frénétiques. Alors, je me retournai, et je vis Michel qui riait et entendis mon père qui criait : Dourak ! au lieu de hourra !

— Papa, Michel, est-il possible, mais criez donc ! De quoi êtes-vous faits, bon Dieu !

— Vous ne me dites pas adieu ? demanda Pacha raide et rouge.

Le train marchait déjà.

— Au revoir, Pacha, dis-je en lui tendant la main, qu'il saisit et baisa sans rien dire.

Michel fait le jaloux et l'amoureux. Je l'observe quand il me regarde pendant longtemps, puis jette son chapeau à terre et s'en va furieux. Je l'observe et je ris.

Me voilà encore à Poltava, cette ville détestable. Kharkoff m'est plus connue, j'y ai passé un an avant de partir pour Vienne. Je me souviens de toutes les rues, de tous les magasins ; cette après-midi, à la gare, j'ai reconnu un médecin qui avait soigné grand'maman et je vins lui parler.

Il s'étonna de me voir grande, quoique l'oncle Nicolas m'eût déjà nommée devant lui.

J'ai envie de retourner là-bas. « Connais-tu le pays où fleurit l'oranger ? » Pas Nice, mais l'Italie.

Vendredi 15-3 septembre. — Ce matin, Paul m'amena le petit Etienne, le fils de l'oncle Alexandre. Je ne le reconnus pas, au premier moment. Je ne fis aucune attention au plus ou moins de plaisir que causait à mon père la vue d'un Babanine, et je m'occupai du gentil petit.

Enfin mon père m'a conduite chez les notabilités de Poltava.

D'abord nous avons été chez la préfète. La préfète est une femme du monde, bien aimable, en vérité; le préfet aussi, d'ailleurs. Il y avait « comité » chez lui, mais il arriva au salon, et dit à mon père qu'il n'y avait pas de comité qui tînt quand il s'agissait de voir une demoiselle aussi charmante.

La préfète nous reconduisit jusqu'à l'antichambre et nous nous remîmes en quête de gens convenables.

Chez le vice-gouverneur, chez la directrice de l'Institut des demoiselles nobles, chez Mme Volkovitsky (la fille de Kotchoubey) : celle-là est très comme il faut. Puis, je pris un fiacre et j'allai chez l'oncle Alexandre qui est ici à l'hôtel avec sa femme et ses enfants.

Ah! qu'il fait bon se trouver parmi les siens! on ne craint ni critique ni cancans... Peut-être la famille de mon père me semble-t-elle froide et méchante, par contraste avec la nôtre, qui est extraordinairement liée, unie et aimante.

Parlant tantôt d'affaires, tantôt d'amour, tantôt de cancans, j'ai passé deux heures bien agréables, au bout desquelles commencèrent à m'arriver des messagers de mon père. Mais, comme je répondais que je n'étais pas encore disposée à partir, il vint lui-même et je le tourmentai encore pendant une demi-heure et plus, traînant, cherchant des épingles, mon mouchoir, etc., etc.

Enfin, nous partîmes et, lorsque je crus qu'il s'était un peu calmé, je dis :

— Nous avons fait une bien grande impolitesse.

— Et laquelle?

— Nous avons été chez tout le monde, excepté chez Mme M..., elle qui connaît maman et qui m'a connue enfant.

Et là-dessus toute une conversation qui se termina par un refus.

Comme le préfet me demandait combien de temps je restais chez mon père, je dis que j'espérais l'emmener avec moi.

— Tu as entendu ce qu'a dit le préfet, quand tu as dit que tu voulais m'emmener? demanda l'illustre auteur de mes jours.

— Quoi donc?

— Il a dit qu'il me fallait une permission du ministre comme maréchal de la noblesse.

— Eh bien, demande-la vite, pour que rien ne nous retienne ici trop longtemps.

— Bien.

— Alors, vous venez avec moi?

— Oui.

— Tu parles sérieusement?

— Oui.

Il était huit heures passées et l'obscurité de la voiture me permit de tout dire sans que mon fichu visage s'en mêlât.

Samedi 16 (4) septembre. — Tout de même je continue à être contente; les flatteries du gouverneur et de sa femme ont augmenté l'estime de mon père pour moi.

L'effet que je produis le flatte d'ailleurs; je ne suis pas fâchée moi-même qu'on dise : « Vous savez, la fille de Bashkirtseff est une grande beauté. » (Ces pauvres imbéciles, ils n'ont donc rien vu!)

Gavronzi. — *Dimanche 17 septembre.* — En attendant ma future célébrité, je chasse en costume d'homme, une gibecière suspendue au cou.

Nous partîmes, mon père, Paul, le prince et moi, vers deux heures, en char-à-bancs.

Maintenant je me trouve à sec pour décrire, ne sachant ni le nom de... enfin toutes ces choses de chasse : — les ronces, les joncs, les herbes, le bois si épais qu'on y passait avec peine, les branches qui nous rossaient de tous les côtés, et un air délicieusement pur, pas de soleil et une petite pluie faite pour charmer les chasseurs... qui ont chaud.

Nous avons marché, marché, marché.

Je fis le tour d'un petit lac, le fusil armé et prête à faire feu, espérant à chaque instant voir se lever un canard. Mais... rien! Je me demandais déjà si je n'allais pas décharger mon fusil sur les lézards qui me sautaient par-dessus les pieds, ou contre Michel qui marchait derrière moi et dont je sentais les yeux fixés sur ma personne en costume masculin, avec les plus coupables pensées.

J'ai trouvé le juste milieu, ce juste milieu que la France ne peut trouver : j'ai tué raide un corbeau qui perchait tout en haut d'un chêne, ne se doutant de rien, d'autant plus que mon père et Michel, couchés au milieu de la clairière, attiraient son attention.

J'arrachai les plumes de sa queue et je m'en fis une aigrette.

Les autres n'ont pas même tiré une fois, ils ne faisaient que marcher.

Paul a tué une grive, et ce fut toute la chasse.

Une mère qui croit son enfant mort, et mort par sa faute, qui n'est pas certaine de sa mort et qui n'en ose rien dire de crainte de s'en assurer, cette mère retrouve tout à coup cet enfant pleuré qui a causé tant d'angoisses, qui a tant fait douter et souffrir... Cette mère-là doit être heureuse. Il me semble que ce qu'elle sent doit être à peu près la même chose que ce que j'éprouve en retrouvant ma voix après chaque enrouement.

Après avoir bien ri au salon, je m'arrêtai un instant et tout d'un coup *j'ai pu* chanter!

C'est au remède du docteur Valitsky que je dois cela.

Mardi 19 septembre. — Je suis énervée à force d'entendre des allusions blessantes contre les miens, et de ne pouvoir m'en offenser. J'aurais bien fermé la bouche à mon père, si ce n'était cette misérable peur de perdre mon moyen... Il est bon pour moi... Je suis bien bonne de le répéter. Comment pourrait-il agir autrement envers une fille spirituelle, instruite, agréable, douce et bonne (car je suis tout cela ici et il le dit lui-même), qui ne lui demande rien, qui vient lui faire une visite de politesse et qui gratifie sa vanité de toutes les manières ?

En rentrant dans ma chambre, j'avais envie de me jeter par terre et de pleurer, je me retins et cela a passé. C'est ainsi que je ferai toujours. Il ne faut pas accorder aux indifférents le *pouvoir* de vous faire souffrir. Quand je souffre, je suis humiliée; il me répugne de penser que tel ou tel ait pu m'offenser.

Eh bien, malgré tout, la vie est encore ce qu'il y a de mieux au monde.

Vendredi 22 septembre. — Décidément, j'en ai

assez! La campagne m'engourdit, m'hébète. Je l'ai dit à mon père, et comme je lui disais que je voulais épouser un roi, il commença à me montrer que c'était impossible et à recommencer de dauber sur ma famille. Je ne donnais pas mon assentiment; (soi-même on peut dire certaines choses, mais on ne peut pas les entendre dire par les autres.)

Je lui répondis que tout cela était des inventions de Mme T... Je ne la ménage pas, cette bonne tante, et j'ai employé le vrai moyen pour ébranler son influence.

Oh! Rome, le Pincio qui se lève comme une île au-dessus de la campagne coupée par les aqueducs, la porte du Peuple, l'obélisque, les églises du cardinal Gastolo, qui sont à chaque côté de l'entrée du Corso, le Corso, le palais de la République de Venise, puis ces rues sombres et étroites, ces palais noircis par les siècles, les ruines d'un petit temple à Minerve et enfin le Colisée!... Il me semble voir tout cela. Je ferme les yeux et je traverse la ville, je visite les ruines, je vois....

Je suis le contraire de ceux qui disent : Loin des yeux, loin du cœur. A peine loin de mes yeux, l'objet acquiert une valeur double, je le détaille, je l'admire, je l'aime!

J'ai beaucoup voyagé, j'ai vu bien des villes, mais deux seulement ont excité au plus haut point mon enthousiasme.

La première, c'est Baden-Baden, où j'ai passé deux étés étant enfant; je me souviens encore de ces délicieux jardins.. La deuxième, c'est Rome. Rome, c'est une impression bien différente, mais plus forte si c'est possible.

Il en est de Rome comme de certaines personnes qu'on n'aime pas d'abord, mais pour lesquelles le sentiment s'augmente peu à peu. C'est ce qui rend ces affections-là solides et leur donne une grande douceur sans en chasser pour cela la passion.

J'aime Rome, rien que Rome.

Et Saint-Pierre! Saint-Pierre, lorsqu'un rayon de soleil pénètre par en haut et vient tomber, formant des ombres et des trainées lumineuses, aussi régulières que l'architecture de ses colonnes et de ses autels. Le rayon de soleil, qui, à l'aide de ces ombres seules, crée au milieu de ce temple de marbre un temple de lumière!...

Les yeux fermés, je me transporte à Rome...et il est nuit, et demain il viendra des *hippopotames* de Poltava. Il faut être jolie... je le serai...

La campagne m'a fait un bien énorme, jamais je n'ai été aussi transparente et fraîche.

Rome!... et je n'irai pas à Rome!... pourquoi? parce que je ne le veux pas. Et si vous saviez ce que cette résolution me coûte, vous auriez pitié de moi. Tenez... j'en pleure.

Dimanche 24 septembre 1876.— Il commence à faire froid et c'est avec une répugnance assez prononcée que je me fis réveiller à sept heures; à huit heures, je tâchais de gagner encore quelques instants de plus, et à neuf heures j'étais au salon, ma toque de velours noir en tête et mon amazone noire retroussée de manière à montrer mes armes brodées en haut des bottes.

Les chasseurs étaient tous là: Kamenski, un Porthos; Volkovitski, une furie d'Iphigénie en Tauride; Pavelka, un affreux avocat; Salko, un exécrable architecte; Schwabé, le propriétaire de dix-sept chiens de chasse; Lioubowitch, un *Tchinovnik* presque aussi énorme que

Kamenski; un homme dont je ne sais pas le nom, mon père, Michel et Paul.

Tout cela examinait les fusils, discutant sur les cartouches, prenant le thé, et échangeant des plaisanteries aussi plates que vulgaires. J'excepte mon père et nos deux jeunes gens.

Je pris place avec mon père et nos deux fusils; quatre voitures nous suivaient de près.

Savez-vous comment se fait une battue au loup en Russie ? Et d'abord, excusez si je commets des barbarismes cynégétiques : je n'en sais pas le premier mot.

Enfin, voici comment cela se fait :

Depuis une semaine déjà la chasse est annoncée à la commune, au *starosta* ou bailli, afin de rassembler une quantité suffisante d'hommes; mais, à cause d'une foire à Poltava, il n'en arriva que cent vingt. Il y a plus de deux cents hommes, et des filets furent tendus sur une étendue de six à huit kilomètres. Le prince Kotschoubey envoya ses filets, ne pouvant venir lui-même au rendez-vous.

Je grelottais; mon père nous rangea tous, sans distinction, de chaque côté du chemin, nous compta et nous partagea en deux sections : les armés, et les sans armes.

Il se trouva parmi les paysans une vingtaine de porte-fusils; aux autres on distribua des piques, c'est-à-dire de longs bâtons, avec une fleur de lis en fer à l'extrémité, comme chez les anciens gaulois. Ces piques sont pour tuer lâchement la bête prise dans le filet.

Les filets sont tendus de manière à ce que la bête chassée par les cris de ces hommes vienne s'y prendre, en passant premièrement devant les chasseurs qui sont embusqués en avant.

Nous allons commencer. L'intendant polonais à

cheval, en calotte de toile cirée en forme de casque, et sa pique à la main qui, tout à cheval qu'il soit, touche la terre et se lève encore au-dessus de sa tête, galope, va et vient et ne fait rien.

J'arme mon fusil, ajuste ma gibecière contenant un mouchoir de poche et une paire de gants, tousse.. et je suis prête.

Me voilà donc seule au milieu de la forêt avec un fusil tout chargé et armé dans les mains, de l'humidité dans les pieds, et de la *froidure* partout. Mes talons d'acier s'enfonçaient dans cette terre mouillée de la pluie d'hier qui augmentait le froid et m'empêchait de marcher. Que pensez-vous que je fis à peine seule? Oh! c'est bien simple, je regardai d'abord ce qu'on voyait à travers les arbres : du ciel, un ciel gris et froid; ensuite, je regardai autour de moi, je vis des arbres hauts, mais déjà *automnés*, et apercevant le manteau de mon père par terre, je m'étendis dessus et me pris à songer.... En cet instant je sens quelque chose de tiède tout près de moi... je me retourne... Ciel!... trois animaux! aussi doux que caressants. Le grand chien noir et les deux petits chiens noirs, Jouk I et Jouk II

Enfin, je distinguai un coup de fusil : le signal... Aussitôt les cris de nos paysans, très-loin encore. A mesure qu'ils se rapprochaient, ma rêverie s'éloignait, et quand ils furent assez près pour qu'on pût ressentir l'émotion que causent toujours les cris de beaucoup de gens hurlant tous ensemble même pour rire, je me evai sur pied, sautai sur mon fusil et dressai l'oreille. Les cris s'approchaient, j'entendais déjà les coups qu'on donnait aux branches avec les piques pour augmenter le tapage.

Il me semblait à chaque instant entendre des craquements dans les broussailles, car les loups préfèrent les endroits épais.

On criait là-bas de plus en plus, et quand parurent les premiers hommes, mon cœur sautait par bonds saccadés, je crois même que j'ai tremblé un instant ; mais les hommes ne chassaient rien devant eux, les filets se trouvèrent vides ; après l'inspection, on n'y trouva qu'un pauvre lièvre que le géant Kamenski tua d'un coup de pied, l'abominable brute !

On se complimenta sur la guigne générale et on marcha assez gaiement vers la plaine où, sous une meule de paille ou de foin, on se disposa à manger des choses salées et à boire de l'eau-de-vie. Les paysans furent régalés de moutons rôtis, de pâtés et d'eau-de-vie. Ça semble grandiose et ce n'est que naturel en Russie.

Ces braves animaux, non, hommes, examinaient curieusement cette créature moitié femme moitié homme, ou plutôt femme, qui portait un fusil, et leur souriait à pleine bouche. Mon père leur parla de la loi concernant les chevaux ; je crus qu'il les haranguait pour la Serbie.

Reposés, nous nous remîmes dans le bois sombre, mais comme, au lieu de loups, on chassait les lièvres, il fallait marcher, marcher, marcher, — suivre les vingt-neuf chiens, suivis par le chasseur que le prince Kotchoubey a envoyé hier.

Le soleil parut et je serais devenue gaie, si la fatigue n'avait pas remplacé l'humidité. Au bout de deux heures de marche, nous n'avions pas vu la queue d'un lièvre. Ça m'a impatientée et, trouvant notre voiture, je revins avec mon père « *al paterno tetto* ». Je me fis frotter de parfum, m'habillai, et descendis retrouver les autres qui avaient apporté trois lièvres.

J'étais adorablement jolie (toujours parlant relativement autant que je puis être jolie), mais c'était inutile, aucun de ces monstres ne ressemble à un homme.

Avec les paysans, je suis expansive et familière ; avec mes égaux d'éducation, je suis assez agréable, je crois, mais avec ces rustres! Pour éviter de leur parler, j'ai joué et j'ai perdu une centaine de francs avec le géant.

On joua de nouveau, et j'ai été dans la bibliothèque écrire une lettre à un marchand de chevaux à Pétersbourg. Comme de raison, le prince me suivit, et, après m'avoir suppliée de lui donner ma main à baiser, ce que je fis, et même sans trop de répugnance, le petit m'ayant regardée, ayant soupiré, me demanda quel âge j'ai.

— Seize ans.

— Eh bien, quand vous aurez vingt-cinq ans, je vous ferai la cour.

— Ah! fort bien.

— Et alors vous me repousserez comme aujourd'hui.

Cette brillante journée a été terminée par un concert sur l'escalier. Ma voix, c'est-à-dire la moitié de ma voix, les a fait pâmer, mais je crois qu'ils n'y entendent rien et admirent au hasard.

Lundi 23 septembre. — Mon père m'a conduite sur la galerie voir une noce de paysans qui était venue nous saluer. Ils se sont mariés hier. L'homme porte le costume habituel : des bottes noires jusqu'aux genoux, un pantalon foncé et assez large et une *swita*, espèce de paletot froncé à partir de la ceinture, en drap marron naturel, tissé par les femmes de la campagne; la chemise brodée dont on voit le plastron, et un nœud de couleur à la place de la boutonnière.

La femme est en jupe et en veste, pareilles de forme à celle de l'homme, mais d'une étoffe plus douce en couleur. Et sa tête, au lieu d'être coiffée avec des fleurs et des rubans comme celle des filles, est entortillée dans un mouchoir de soie qui cache tous les cheveux et même tout le front, sans couvrir les oreilles ni le cou.

Ils entrèrent au salon, suivis des garçons d'honneur, des filles d'honneur et de ceux qui ont négocié le mariage.

Le mari et la femme s'agenouillèrent à trois reprises devant mon père.

Mercredi 27 septembre. — Je parle avec mon père en riant, ce qui me permet de tout dire. Il a été blessé de ma dernière phrase avant-hier.

Il se plaint, il dit qu'il a mené une vie folle, qu'il s'est amusé; mais qu'il lui manque quelque chose, qu'il n'est pas heureux...

— De qui es-tu donc amoureux? demandai-je en riant de son soupir.

— Veux-tu le savoir?

Et ici, il rougit si fort, qu'il mit ses bras autour de sa tête pour ombrager la figure.

— Je veux, dis!

— De maman.

Et comme sa voix tremblait, je m'émus au point déclater de rire pour cacher cette émotion.

— Je savais bien que tu ne me comprendrais pas! s'écria-t-il.

— Pardon, mais cette passion matrimonialement romanesque te ressemble si peu...

— Parce que tu ne me connais pas! Mais je **te le** jure, je te jure que c'est vrai. Devant cette image de ma grand'mère, devant cette croix, la bénédiction de mon père, et il se signa devant l'image et la croix suspendue au-dessus du lit.

— Peut-être est-ce, reprit-il, parce que je me l'imagine toujours jeune comme alors, parce que je **vis** de l'imagination du passé. Lorsqu'on nous a séparés, j'ai été comme fou, je suis allé à pied en pèlerin prier la Vierge d'Ahtirna, mais on dit que cette Vierge porte malheur et c'est vrai, car cela s'est embrouillé davantage après. Et puis, dois-je le dire, tu riras... Quand vous demeuriez à Kharkoff, j'y allais seul en cachette, je prenais un fiacre et je guettais votre appartement, je restais là une journée pour *la* voir passer, et puis je m'en retournais sans être vu.

— Si c'était vrai, ce serait très-touchant, dis-je.

— Et, dis-moi... puisque nous en sommes à parler de maman... Est-ce que... est-ce qu'elle a de l'aversion pour moi?

— De l'aversion! eh! pourquoi donc? Non, pas du tout.

— C'est que... quelquefois... on a comme cela... des antipathies insurmontables.

— Mais non, mais non.

Enfin nous en avons parlé longuement.

J'en ai parlé comme d'une sainte qu'elle est toujours, depuis l'époque où je me souviens d'avoir compris.

Il était tard, j'allai dormir. — Chez moi, j'aurai soupé, écrit, lu.

Ce matin à huit heures, nous allions partir pour Poltava, quand arriva Mme Hélène K..., la mère de Pacha, une aimable bossue, un peu affectée.

Nous prîmes le thé ensemble et nous partîmes après. Mon père est appelé là-bas pour présider.

⁂

Il fait froid, il pleut de temps en temps. Je me suis promenée et puis on s'est rendu chez le photographe: j'ai posé en paysanne, debout, assise et couchée, endormie.

Nous avons rencontré G.....

— Vous avez vu ma fille? demanda mon père.

— Oui, monsieur, j'ai vu ce...

— On n'en fait pas de meilleure, n'est-ce pas? et il n'y en a pas de meilleure et il n'y en a pas eu.

— Pardon, monsieur, il y en a eu du temps où existait l'Olympe.

— Ah! monsieur G..... vous êtes un faiseur de compliments, je le vois.

Le monsieur est assez laid, assez brun, assez convenable, assez du monde, assez aventurier, assez joueur et assez honnête homme. A Poltava, il est considéré comme le plus instruit et le plus comme il faut.

Le premier froid m'a forcée à mettre ma fourrure de cet hiver. Enfermée qu'elle était, elle a gardé l'odeur qu'elle avait à Rome, et cette odeur, cette fourrure!...

Avez-vous remarqué que pour être transporté à un endroit quelconque, il ne faut qu'un parfum, un air, une couleur?... Passer l'hiver à Paris?... Oh! non!...

Jeudi 28 septembre. — Je pleure d'ennui, je veux partir, je suis malheureuse ici, je perds mon temps, ma vie, je suis misérable, je moisis, je souffre, je suis *agacée.* Oh! c'est bien le mot!

Cette vie m'horripile. Dieu ! Seigneur Jésus ! tirez-moi de là.

Vendredi 29 septembre. — J'étais si désespérée hier, il me semblait que j'étais pour toujours énchaînée en Russie ; cela m'exaspérait, j'étais prête à grimper au mur et j'ai pleuré amèrement.

La mère de Pacha me gêne. Pourquoi ? Parce qu'elle a dit plusieurs choses par lesquelles je vois en quels termes exaltés son fils lui a parlé de moi. Et enfin, comme j'insistais pour qu'elle le fit venir, elle me dit, moitié riant, moitié sérieusement :

— Non, non, il faut qu'il reste là-bas. Tu t'ennuies ici et, n'ayant rien à faire, tu le tourmentes ; il m'est revenu tout écrasé et étourdi.

Ce à quoi je répondis avec beaucoup de candeur :

— Je ne pense pas que Pacha soit homme à s'offenser de quelques plaisanteries amicales. Si je plaisante et le taquine un peu, c'est qu'il est mon proche parent, presque mon frère.

Elle m'examina longtemps et dit :

— Savez-vous ce qui est le comble de la folie ?

— Non.

— C'est de devenir amoureux de Moussia.

Rattachant instinctivement cette phrase à d'autres et à d'autres encore, je rougis jusqu'aux oreilles.

Dimanche 1er octobre. — Nous avons été chez le prince Serge Kotchoubey.

Mon père s'était fait beau, si beau qu'il avait même des gants un peu trop clairs.

J'étais en blanc comme aux courses de Naples ; seulement j'avais un chapeau tout en plumes noires, de cette forme du classique comme il faut, russe, que je n'aime pas, mais qui est appropriée à la circonstance.

La campagne du prince est à huit kilomètres de Gavronzi, cette fameuse Dikanka chantée par Pouschkine en même temps que les amours de Mazeppa et de Marie Kotchoubey.

La propriété a surtout été embellie par le prince Victor Pavlovitch Kotchoubey, grand chancelier de l'Empire, remarquable homme d'Etat, le père du prince actuel.

Dikanka peut rivaliser, comme beauté de jardin, de parc, de bâtiments, avec les villas Borghèse et Doria à Rome. Sauf les débris antiques inimitables et irremplaçables, Dikanka est peut-être plus riche, presque une petite ville. Je ne compte pas les cabanes de paysans, je ne parle que de la maison et des dépendances. Je suis émerveillée de trouver cette résidence en pleine Petite Russie. Et quel dommage! on en ignore même l'existence. Il y a plusieurs cours, des écuries, des fabriques, des machines, des ateliers... Le prince a la manie de bâtir, de fabriquer, d'orner. Mais, la porte de la maison ouverte, toute ressemblance italienne disparaît. L'antichambre est mesquine par rapport au reste, et on ne voit qu'une belle maison de grand seigneur, mais de cette splendeur, de cette majesté, de cet art divin, qui vous ravissent l'âme dans les palais italiens... point.

Le prince est un homme de cinquante à cinquante-cinq ans, veuf depuis deux années, je crois. Le type du grand seigneur russe, un de ces hommes de l'ancien temps qu'on commence à regarder comme des animaux d'une autre espèce que la nôtre.

Ses manières et sa conversation me rendirent un peu confuse au commencement, abrutie comme je le suis;

mais au bout de cinq minutes j'étais très heureuse.

Il me conduisit, à son bras, devant les principaux tableaux et par tous les salons. La salle à manger est superbe. On me donna la place d'honneur à droite, à gauche le prince et mon père. Plus loin, plusieurs personnes qui ne furent pas présentées et qui vinrent humblement prendre leurs places : — les tenanciers du moyen âge.

Tout allait à ravir, quand il m'arrive un malaise, la tête me tourne ; je me levai de table, et d'ailleurs on avait fini.

Entrée au salon mauresque, je m'assis et je me suis presque trouvée mal. On me montra les tableaux, les statuettes, le portrait du prince Basile et sa chemise tachée de sang, suspendue dans une armoire à laquelle le portrait sert de battant. On me mena voir les chevaux ; mais je ne voyais rien et nous dûmes partir.

Samedi 14 octobre. — J'ai reçu des robes de Paris ; je me suis habillée et je suis sortie avec Paul.

Poltava est une ville plus intéressante qu'on ne le pense. Il y a d'abord de remarquable la petite église de Pierre le Grand. Elle est en bois et on a fait pour la conserver un étui en briques ; entre cet étui et les murs de l'église, un homme peut passer librement.

Tout à côté de l'église se trouve la colonne dressée à l'endroit même où, après avoir gagné la bataille du juin 1709, l'empereur a daigné se reposer assis sur une pierre. La colonne est en bronze.

J'entrai dans la vieille église de bois, je me mis à genoux et j'ai touché trois fois le plancher de mon front. On dit qu'en faisant ainsi dans une église où l'on se trouve pour la première fois, la chose pour laquelle on prie se réalisera.

En poursuivant mes visites aux curiosités, je suis allée voir le grand couvent de Poltava.

Il se trouve au sommet de la seconde colline. Poltava est située sur deux collines.

Il n'y a là de remarquable que l'iconostase en bois miraculeusement sculpté.

C'est là qu'est enterré mon aïeul, le père de grand-papa Babanine; j'ai salué sa tombe.

Mardi 17 octobre. — Nous jouions au croquet.

— Pacha, que feriez-vous à la personne qui m'aurait offensée, cruellement offensée?

— Je la tuerais, répondit-il simplement.

— Vous avez sur la langue de fort belles paroles!!! mais vous riez, Pacha.

— Et vous?

On m'appelle le diable, l'ouragan, le démon, la tempête... Je suis tout cela depuis hier.

Je ne deviens un peu tranquille que pour émettre des opinions plus diverses les unes que les autres sur l'amour.

Mon cousin a des pensées idéalement vastes et Dante aurait pu lui emprunter son divin amour pour la Béatrix.

— Je serai sans doute amoureux, dit-il, mais je ne me marierai pas.

— Comment, homme vert, mais on rosse les gens pour de pareilles paroles!

— Parce que... continua-t-il, je voudrais que mon amour durât toujours, au moins dans l'imagination, conservant sa pureté divine et sa violence... Le mariage éteint l'amour, justement parce qu'il le donne.

— Oh! oh! fis-je.

— Très bien, dit sa mère, pendant que l'orateur farouche rougissait et s'anéantissait, confus de ses propres paroles.

Et au milieu de tout cela, je me regardais dans la glace et me coupais les cheveux, devenus trop longs, sur le front.

— Tenez, dis-je à l'homme vert, en lui jetant une petite touffe de fils d'or roussis, je vous les donne pour souvenir.

Non seulement il les prit, mais sa voix, son regard tremblèrent; et comme je les lui voulus reprendre, il me regarda si drôlement, comme un enfant s'étant emparé d'un joujou qui lui semble un trésor.

Je donnai à mon cousin à lire *Corinne;* après quoi, il partit.

Corinne et lord Melvil traversent à pied le pont Saint-Ange... « C'est en passant sur ce pont, dit lord Melvil, qu'en retournant du Capitole j'ai pour la première fois longtemps pensé à vous. » Je ne sais vraiment ce qu'il y a dans cette phrase... mais elle m'a fait littéralement pâmer hier soir... D'ailleurs, c'est ainsi chaque fois que je la retrouve en ouvrant ce livre.

— Ne m'a-t-on pas dit quelque chose de semblable?

Il y a dans ces quelques mots tout simples quelque chose de magique, peut-être est-ce leur simplicité? ou bien l'association?...

Vendredi 20 octobre. — A huit heures du matin, par un temps gris et la terre noire légèrement poudrée de neige comme la figure de Mme B.....; nous sommes déjà en chasse. Michel a amené sa meute de lévriers. A peine aux champs, je me mis à cheval sans me débarrasser de la pelisse que j'attachai avec une courroie autour de ma taille; on me donne trois chiens en laisse.

La gelée, la neige, les chevaux et les têtes fines de lévriers me remplissaient de joie, je triomphais.

Pacha, à cheval comme moi, était très aimable, ce qui lui va très mal et me déconcerte... Pourtant non, ses changements d'humeur ne sont pas à dédaigner.

— Pacha, il y a une personne qui me gêne horriblement (rassurez-vous, ce n'est pas ma tante T...) et cette personne je voudrais d'une manière polie l'exterminer.

— Bien ; disposez de moi.
— Vraiment?
— Essayez.
— Parole d'honneur? Et vous ne direz rien?
— Parole d'honneur, rien à personne.....

A cause de ces quelques mots, il existe à présent entre moi et l'homme vert une sorte de lien.

Nous avons à nous parler bas, en anglais, quand sa mère n'est pas là.

Pacha voulut continuer à faire l'aimable, je lui ai donné mes deux mains à baiser, une poésie de Victor Hugo à lire, je le traite en frère, comme il est.

Lundi 23 octobre. — Hier, nous nous fourrâmes dans un coupé à six chevaux et nous partîmes pour Poltava.

Le voyage fut gai. Les pleurs à l'heure de quitter le toit paternel provoquèrent un épanchement général, et Pacha s'écria qu'il était amoureux fou.

— Je jure que c'est vrai, s'écria-t-il; mais je ne dirai pas de qui.

— Si vous n'êtes pas amoureux de moi, m'écriai-je, je vous maudis!

J'avais froid aux pieds, il ôta sa pelisse et m'en couvrit les pieds.

— Pacha, jurez-moi de dire la vérité.

— Je vous le jure.

— De qui êtes vous amoureux?

— Pourquoi?

— Cela m'intéresse, nous sommes parents, je suis curieuse et puis... et puis... ça m'amuse.

— Vous voyez, cela vous *amuse!*

— Sans doute, mais ne prenez pas le mot dans un sens mauvais, je m'intéresse à vous, vous êtes un **brave** garçon.

— Vous voyez bien que vous riez, vous vous moquerez de moi après.

— Voici ma main, et ma parole que je ne ris pas. Mais ma figure riait.

— De qui êtes-vous amoureux?

— De vous.

— Bien vrai?

— Parole d'honneur! Je ne parle jamais comme dans les romans, et faut-il donc tomber à genoux et débiter un tas de bêtises?

— Oh! mon cher, vous parodiez quelqu'un que je connais.

— Comme il vous plaira, Moussia, mais je dis la vérité.

— Mais, c'est une folie!

— Eh! sans doute, c'est ce qui me plaît! C'est un amour sans espoir, c'est ce qu'il me fallait. J'avais besoin de souffrir, de me tourmenter, et puis, quand la personne sera partie, j'aurai à quoi songer, quoi regretter. Je me martyriserai, ce sera mon bonheur.

— Homme vert!

— Homme vert? homme vert?

— Mais nous sommes frère et sœur.

— Non, cousins.
— C'est la même chose.
— Oh ! non.

Alors, je me mis à taquiner mon amoureux. — Toujours celui que je ne cherche pas !

Je partis avec Paul, renvoyant Pacha à Gavronzi. A la gare nous vîmes le comte M.... et ce fut lui qui me rendit les quelques petits services, là, et en wagon.

On me réveilla à la troisième station et j'ai passé devant le comte tout endormi pour l'entendre me dire :

— Je ne me suis pas endormi exprès pour vous voir passer.

On m'attendait à Tcherniakovka ; mais je me couchai de suite brisée, oh ! brisée !

Etienne et Alexandre avec leurs femmes et les enfants me vinrent trouver dans mon lit.

Je veux retourner auprès des miens ! Déjà ici, je me sens mieux. Là, je serai tranquille.

J'ai vu ma nourrice Marthe.

Mardi 24 octobre. — Je n'ai pas eu d'enfance, mais la maison où j'ai vécu toute petite m'est sympathique, sinon chère. Je connais tout le monde et toutes choses. Les serviteurs de pères en fils, vieillis à notre service, s'étonnent de me voir si grande et je jouirais de quelque doux souvenir si mon esprit n'était empoisonné par les préoccupations présentes.

On m'appelait Mouche, Mouka, et comme je ne pouvais aspirer l'*h !* à la russe, je disais, comme les Français, *Moucha*, ce qui veut dire : martyrisation. Une lugubre coïncidence.

J'ai rêvé d'A.... pour la première fois depuis Nice.

Dominica et sa fille arrivèrent le soir à la suite de mon billet de ce matin. On resta longtemps dans la salle à manger qui communique avec la salle par un arc sans draperie.

Ma robe Agrippine a un grand succès. J'ai chanté en marchant pour dominer cette peur qui me gagne toujours lorsque je chante.

Pourquoi écrire? Qu'ai-je à raconter? Je dois ennuyer les gens à périr... Patience!

Sixte-Quint n'était qu'un gardeur de pourceaux, et Sixte-Quint devint pape!

Reprenons.

Avec Lola, il m'arriva comme un courant d'air de Rome... Il me semblait que nous revenions de l'Opéra ou du Pincio.

L'immense bibliothèque de grand-papa offre un immense choix d'ouvrages curieux et rares. J'en ai choisi quelques-uns pour lire avec Lola.

Jeudi 26 octobre. — Béni soit le chemin de fer! Nous sommes à Kharkoff, chez le fameux aubergiste Andrieux, — partis sur les chevaux âgés de trente ans, les chevaux de grand-papa. Et le départ a été un véritable feu d'artifice de gaieté simple et honnête. On respire autrement avec des gens qui ne vous veulent que du bien.

Ma colère est passée et, de nouveau, je rêve à Pietro. Au théâtre, je n'écoutais pas la pièce et je rêvais, mais je suis dans l'âge où l'on rêve à quoi que ce soit, pourvu qu'on rêve.

Dois-je aller à Rome, ou travailler à Paris?

C'est crevant, la Russie telle que les circonstances me la font. Mon père m'appelle télégraphiquement.

Samedi 27 octobre. — En revenant de Tcherniakow dans notre vieux nid, je trouvai une lettre de papa.

Et pendant toute la soirée, Alexandre et sa femme n'ont fait que me conseiller d'emmener mon père à Rome.

— Tu le peux, dit Nadine, fais-le, ce sera un vrai bonheur.

Je répondis par monosyllabes, car je me suis fait une espèce de promesse de ne parler de cela à personne.

Chez moi, j'ai décroché une à une toutes les images couvertes d'or et d'argent. Je les placerai dans mon oratoire, *là-bas*.

Dimanche 29 (17) octobre. — J'ai décroché les tableaux comme j'ai décroché les images. Il y a un Véronèse, dit-on, un Dolci; mais je le saurai à Nice. Une fois en train, j'aurais voulu tout emporter. L'oncle Alexandre semblait mécontent, mais le premier pas me coûta seul; une fois *partie* j'étais à mon aise.

Nadine est la protectrice des écoles voisines. Elle a entrepris avec une énergie admirable l'œuvre de la civilisation de nos paysans.

Ce matin je suis sortie avec Nadine voir son école, et ensuite je me suis fatiguée à démêler les vieilles hardes et à les donner à droite et à gauche. Il arriva une foule de femmes qui avaient chacune servi ou été près de la maison; il fallut donner.

Il est probable que je ne reverrai plus Tcherniakoff. Longtemps j'ai erré de chambre en chambre et cela m'a été vraiment bien doux. On se moque des gens qui trouvent des souvenirs, des douceurs, dans les meubles et les tableaux, qui leur disent : Bonjour, adieu; qui voient comme des amis dans ces morceaux de bois et d'étoffe, qui, à force de vous servir et d'être sous vos yeux, prennent une parcelle de votre vie et semblent une partie de votre existence.

Moquez-vous! Les sentiments les plus subtils sont les plus facilement ridiculisés. Et où la moquerie règne, la suprême finesse du sentiment disparaît.

Mercredi 1ᵉʳ novembre. — Aussitôt Paul sorti, je me suis trouvée seule avec cet être honnête et admirable qui se nomme Pacha.

— Alors, je vous plais toujours?

— Ah! Moussia, comment voulez-vous qu'on vous en parle!

— Mais simplement. Pourquoi ces réticences? Pourquoi ne pas être simple et franc? Je ne me moquerai pas; si je ris, ce sont les nerfs et rien d'autre. Alors je ne vous plais plus?...

— Pourquoi?

— Ah! mais, pour, pour... je ne sais plus.

— On ne peut pas se rendre compte de cela.

— Si je ne vous plais pas, vous pouvez le dire, vous êtes assez franc pour cela, et moi, assez indifférente... Voyons, est-ce le nez? ou les yeux?

— On voit que vous n'avez jamais aimé.

— Pourquoi?

— Parce que du moment où l'on analyse les traits, où le nez prime les yeux, ou les yeux la bouche... cela veut dire qu'on n'aime pas.

— C'est tout à fait vrai; qui vous l'a dit?

— Personne.

— Ulysse?

— Non... reprit-il; on ne sait pas ce qui plaît... je vous dirai franchement... c'est votre air, vos manières, votre caractère surtout.

— Il est bon?

— Oui, à moins que vous ne jouiez la comédie, ce qu'il est impossible de faire toujours.

— Encore vrai... Et ma figure?

— Il y a des beautés... ce qu'on nomme classiques.

— Oui, nous le savons. Après?

— Après? Il y a des femmes qu'on voit passer, qu'on dit jolies, et on n'y pense plus après... Mais il y a des figures qui... sont jolies et charmantes... et qui laissent une longue impression, un sentiment agréable... charmant.

— Parfait... et puis?

— Comme vous questionnez!

— Je profite de l'occasion pour savoir un peu ce qu'on pense de moi; je ne rencontrerai pas de sitôt un autre que je pourrai questionner ainsi, sans me compromettre. Et comment cela vous a-t-il pris? C'est venu tout à coup, ou peu à peu?

— Peu à peu.

— Hum, hum!

— C'est mieux, c'est plus solide. Ce qu'on aime en un jour, on cesse de l'aimer en un jour, tandis que...

— Rimez donc... ça dure toujours!

— Oui, toujours.

La conversation dura longtemps encore, et je me mis à éprouver un respect considérable pour cet homme dont l'amour est respectueux comme une religion et qui ne l'a jamais souillé ni d'une parole ni d'un regard... profane.

— Aimez-vous à parler d'amour? demandai-je tout d'un coup.

— Non; en parler avec indifférence, c'est une profanation.

— Cependant ça amuse.

— *Amuse!* se récria-t-il.

— Ah! Pacha, la vie est une grande misère... Ai-je jamais été amoureuse?

— Jamais, répondit-il.

— Pourquoi le pensez-vous?

— A cause de votre caractère, vous ne pouvez aimer que par caprice... Aujourd'hui un homme, demain une robe, après-demain un chat.

— Je suis enchantée lorsqu'on pense cela de moi. Et vous, mon cher frère, avez-vous jamais été amoureux?

— Je vous l'ai dit. Mais oui, je vous l'ai dit, vous le savez.

— Non, non, ce n'est pas de cela que je parle, dis-je vivement, mais avant?

— Jamais.

— C'est drôle. Par moments je crois me tromper et vous avoir pris pour plus que vous n'êtes...

On parla de choses indifférentes et je montai chez moi. Voilà un homme, non, ne le pensons pas excellent, la désillusion serait trop désagréable. Il m'a avoué tantôt qu'il se ferait soldat.

— Pour gagner de la gloire, je vous le dis franchement.

Eh bien, cette phrase partie du fond du cœur, moitié timide moitié hardie, et vraie comme la vérité, m'a fait un énorme plaisir. Je me flatte peut-être; mais il me semble que l'ambition lui était inconnue. Je crois me rappeler l'effet étrange que produisirent mes premières phrases d'ambition, et un jour que je parlais dans ce sens tout en peignant, l'homme vert se leva subitement et se mit à arpenter la chambre en murmurant :

— Il faut faire quelque chose, il faut faire quelque chose!

Jeudi 2 novembre. — Mon père me « chicane » sur tout. Cent fois j'ai envie de tout envoyer au diable et cent fois je me retiens, ce qui me cause une peine indicible.

Il fallut un « tas d'histoires » pour l'amener à Poltava ce soir. A l'assemblée de la noblesse, un piano quatuoriste donne un concert. Je voulus y aller pour me faire voir, et ce sont des obstacles sans fin.

Ce n'est pas assez de ne m'avoir pas procuré le moindre plaisir, d'avoir chassé ceux qui pouvaient m'être des égaux, d'avoir fait la sourde oreille à toutes mes insinuations et même à mes demandes concernant un fichu spectacle d'amateurs. Ce n'est pas assez ! Voilà qu'au bout de trois mois de câlineries, de gentillesses, de frais d'esprit, d'amabilité, j'obtiens... une forte opposition à ce que j'aille à ce misérable concert. Ce n'est pas tout, et de ceci je vins à bout, mais alors il fallut faire une histoire sur le choix de la toilette. Il fallut m'imposer une robe de laine, un costume de promenade. Que c'est petit, tout cela, que c'est indigne d'êtres intelligents !

Je n'avais pas absolument besoin de mon père. J'avais Nadine et l'oncle Alexandre, Paul et Pacha, mais je l'emmenai par caprice et à mon grand déplaisir.

Mon père me trouva trop belle et ce fut une autre histoire, il eut peur que je parusse trop différente des dames de Poltava, et il me supplia cette fois de me mettre autrement, lui qui m'avait priée de m'habiller ainsi à Kharkoff. Il en résulta une paire de mitaines mises en pièces, des yeux furibonds, une humeur de l'autre monde et... aucune modification dans ma mise. Nous arrivâmes à la moitié du concert, j'entrai au bras de mon père, la tête haute et de l'air d'une femme sûre d'être admirée... Nadine, Paul et Pacha suivaient. Je passai devant Mme Abaza sans la saluer, et nous nous plaçâmes au premier rang à côté d'elle.

J'ai été chez Mlle Dietrich qui, devenue Mme Abaza, ne m'a pas rendu ma visite. Je me tins avec une assurance insolente et ne la saluai pas, malgré tous ses regards. Nous fûmes de suite entourées par tout le monde. Tous ces nigauds du Club, qui est dans la même maison, vinrent dans la salle « pour voir ».

Le concert finit vite et nous partîmes accompagnés des cavaliers d'ici.

— As-tu salué Mme Abaza? demanda à plusieurs reprises mon père.

— Non.

Et, sur ce, je fis une tirade où je conseillai de moins mépriser les autres et de se regarder avant soi-même. Je le piquai au vif, en sorte qu'il retourna au club et revint me dire qu'Abaza en appelait à tous les domestiques de l'hôtel, et assurait m'avoir rendu visite le lendemain même avec sa nièce.

Du reste, mon père était radieux ; on l'avait comblé de compliments sur mon compte.

Samedi 4 novembre (23 octobre). — Je devais prévoir que mon père saisirait toutes les occasions grandes ou petites pour se venger de sa femme. Je me le disais vaguement ; mais je crus en la bonté de Dieu. Maman n'est pas fautive, on ne peut pas vivre avec un pareil homme. Il s'est tout à coup révélé. Je puis juger à présent.

Il neige depuis ce matin, la terre est blanche et les arbres sont couverts de givre, ce qui produit des teintes délicieusement vagues vers le soir. On voudrait s'enfoncer dans ce brouillard grisâtre de la forêt, cela semble un autre monde.

Mais le doux balancement de la voiture, le parfum délicieux de la première neige, le vague, le soir, toutes ces puissances calmantes, ne diminuèrent en rien mes soubresauts d'indignation au souvenir d'A..., souvenir qui me traque comme une bête fauve et qui ne me donne pas un instant de tranquillité.

A la campagne, à peine fûmes-nous au salon que mon père commença à lancer ses coups d'épingle et enfin, voyant que je me taisais, il s'écria :

— Ta mère me dit que je finirai mes jours chez elle à la campagne ! Jamais !

Répondre, c'eût été partir à l'instant même. — Encore ce sacrifice, pensai-je, et au moins j'aurai tout fait, je ne m'accuserai pas. Je demeurai assise et je ne dis pas un mot ; seulement je me souviendrai longtemps de cette minute, tout mon sang s'est arrêté, et mon cœur cessa de battre un instant pour palpiter ensuite comme un oiseau dans l'agonie.

Je me mis à table, toujours muette et d'un air délibéré. Mon père comprit son erreur et se mit à tout trouver mauvais, à gronder les domestiques avec affectation pour avoir ensuite pour excuse un état d'irritation.

Tout à coup il s'assit sur le bord de mon fauteuil et m'entoura de ses bras. Je me dégageai aussitôt.

— Oh ! non, dis-je d'une voix ferme et qui n'avait cette fois aucun accent pleurard. Je ne veux pas rester près de toi.

— Mais si, mais si !

Et il tâchait de tourner à la plaisanterie.

— Mais c'est moi qui devrais me fâcher, ajouta-t-il.

— Aussi je ne me fâche point...

Mardi 7 novembre. — J'ai cassé mon miroir ! Mort

ou grand malheur. Cette superstition me glace et quand on regarde par la fenêtre on est encore plus glacé. Tout est blanc sous un ciel gris perle. Il y a longtemps que je n'ai vu un pareil tableau.

Paul, avec cette avidité naturelle de la jeunesse, de montrer aux nouveaux du nouveau, fit atteler un petit traîneau et m'emmena promener tout triomphant. Ce traîneau est bien impertinent de s'appeler ainsi, c'est tout bonnement quelques misérables bûches clouées ensemble, remplies de foin et recouvertes d'un tapis. Le cheval, étant très près, nous lançait la neige au visage, dans les manches, dans mes pantoufles, dans les yeux. Cette poussière glacée recouvrait les triples dentelles sur ma tête et s'amassant dans les plis, gelait.

— Vous m'avez dit de venir à l'étranger en même temps que vous, dit tout à coup l'homme vert.

— Oui, et pas par caprice ; vous me feriez une grâce en venant et vous ne voulez pas ! Vous ne faites rien pour moi, pour qui ferez-vous donc ?

— Eh ! vous savez bien pourquoi je ne peux pas venir.

— Non.

— Mais vous le savez... c'est parce qu'en partant avec vous je continuerais de vous voir et que cela me fait un mal affreux !

— Et pourquoi ?

— Parce que... je vous aime.

— Mais en venant, vous me rendriez un tel service !

— Moi, vous être utile !

— Oui.

— Non, je ne peux pas venir... je vous regarderai de loin... Et si vous saviez, reprit-il d'une voix douce et navrante, si vous saviez ce que je souffre quelquefois...

Il faut avoir ma force morale pour paraître toujours le même et calme. Ne vous voyant plus...

— Vous m'oublierez.

— Jamais.

— Mais alors?

Mon accent avait perdu toute teinte de raillerie, j'étais touchée.

— Je ne sais pas, dit-il; seulement cet état de choses me fait trop mal.

— Pauvre!...

Je me repris aussitôt, cette pitié est une insulte.

Pourquoi est-ce si délicieux d'entendre les confessions des souffrances qu'on cause? Plus on est malheureux d'amour pour vous, plus vous êtes heureuse.

— Venez avec nous, mon père ne veut pas emmener Paul, venez.

— Je...

— Vous ne pouvez pas — nous le savons. Je ne vous en prie plus. Assez!

Je pris un air d'inquisition ou comme une personne qui s'apprête à bien s'amuser d'une méchanceté.

— Alors j'ai l'honneur d'être votre première passion? c'est admirable! Vous êtes un menteur.

— Parce que ma voix ne change pas de ton, et parce que je pleure pas! J'ai une volonté de fer, voilà tout.

— Et moi qui voulais vous donner... quelque chose.

— Quoi?

— Ça.

Et je lui montrais une petite image de la Vierge suspendue à mon cou par un ruban blanc :

— Donnez-la-moi.

— Vous ne la méritez pas.

— Eh! Moussia, fit-il en soupirant, je vous assure

que je la mérite. Ce que je sens, c'est un attachement de chien, un dévouement sans bornes...

— Approchez, jeune homme, et je vous donnerai ma bénédiction.

— Votre bénédiction?

— Ma vraie. Si je vous fais parler ainsi c'est pour savoir un peu ce que sentent ceux qui aiment, car supposez que je me mette à aimer un jour, il faudra bien que j'en reconnaisse les symptômes.

— Donnez-moi cette image, dit l'homme vert qui ne la quittait pas des yeux.

Il s'agenouilla sur la chaise, dont le dossier me servait d'appuie-bras, et voulut prendre l'image, mais je l'arrêtai.

— Non, non, au cou.

Et je la lui passai au cou toute chaude encore de moi.

— Oh! fit-il, pour cela, merci, bien merci!

Et il me baisa la main *tout seul*, pour la première fois.

Mercredi 8 novembre. — Il y a un *archine* de neige par terre, mais le temps est clair et beau. On alla de nouveau se promener dans un traîneau plus grand et aussi mal organisé, car la neige n'est pas encore assez ferme pour supporter les lourds traîneaux à fers.

Paul conduisait, et profitant des moments où Pacha était le plus mal assis, il lançait les chevaux à fond de train, nous éclaboussant de neige et faisant crier l'homme vert et rire ma vénérée personne. Il nous mena par de tels chemins et dans de tels amas de neige que l'on ne fit que demander grâce et rire. La promenade en traîneau, quelque sérieux qu'on soit semble toujours un jeu d'enfant.

Paul était à ma droite et Pacha à ma gauche : je lui fis passer les bras derrière moi, de façon à ce que ce bras, son corps et celui de Paul me fissent comme un fauteuil bien commode.

Le froid m'épouvantait moins ; je n'avais que ma pelisse et une toque de loutre, cela rendait mes mouvements plus libres et mes paroles aussi.

Le soir, je me mis au piano, je jouai la lecture de la lettre de Vénus, un adorable morceau qui se trouve dans la *Belle Hélène*.

Mais la *Belle Hélène* est une composition ravissante. Offenbach commençait et ne s'était pas encore encanaillé à force de faire des opérettes à deux sous.

Je jouai fort longtemps... je ne sais plus quoi, quelque chose de lent et de passionné, de tendre et d'adorable comme les romances sans paroles de Mendelssohn, bien comprises, peuvent seules être.

Je pris quatre tasses de thé en parlant de musique.

— Elle a une grande influence sur moi, dit l'homme vert, je me sens tout étrange, elle me produit un effet... sentimental... et en l'écoutant on dit ce qu'on n'oserait jamais dire autrement.

— C'est une traîtresse, Pacha ; méfiez-vous de la musique, elle fait faire bien des choses qu'on ne ferait pas, la tête reposée. Elle vous empoigne, vous entortille, vous entraîne... et puis, c'est terrible.

Je parlai de Rome et du somnambule Alexis.

Pacha écoutait et soupirait dans son coin ; et quand il s'approcha de la lumière l'expression de sa figure me dit plus que toutes les paroles du monde ce que le pauvre garçon souffrait.

(Remarquez cette vanité féroce, cette avidité de constater des ravages dont on est la cause. Je suis une vulgaire coquette ou bien.., non, — femme, voilà tout.)

— Nous sommes mélancolique ce soir? dis-je doucement.

— Oui, fit-il avec effort, vous avez joué et... je ne sais, j'ai la fièvre, je crois.

— Allez dormir, mon ami, je vais monter. Seulement aidez-moi à porter mes livres.

Jeudi 9 novembre. — Mon séjour ici m'aura du moins servi à connaître la littérature splendide de mon pays. Mais de quoi parlent ces poètes et ces écrivains? *De là-bas.*

Et d'abord citons Gogol, notre étoile humoristique. Sa description de Rome m'a fait et pleurer et gémir, et on ne peut en avoir une idée qu'en lisant.

Demain ce sera traduit. Et ceux qui ont eu le bonheur de voir Rome comprendront mon émotion.

Oh! quand donc sortirai-je de ce pays gris, froid, sec, même en été, même au clair du soleil? Les feuilles sont chétives et le ciel est moins bleu que... là-bas.

Vendredi 10 novembre. — J'ai lu jusqu'à ce moment... je suis dégoûtée de mon journal, anxieuse, découragée...

Rome, je ne peux rien dire de plus.

Je suis restée cinq minutes avec ma plume en l'air et je ne sais que dire, tant mon cœur est plein. Mais le temps approche et je vais revoir A... Revoir A... — me fait peur. Et pourtant je crois que je ne l'aime pas, j'en suis même sûre. Mais ce souvenir, mais mon chagrin, mais l'inquiétude sur l'avenir, la crainte d'un affront... A...! Que ce mot revient souvent sous ma plume et qu'il m'est odieux!

Vous pensez que je veux mourir! Fous que vous êtes! J'adore la vie telle qu'elle est, et les chagrins, les déchirements, les larmes que Dieu m'envoie, je les bénis et je suis heureuse!

Au fait... je me suis tellement faite à l'idée d'être malheureuse qu'en rentrant en moi-même, enfermée seule chez moi, loin du monde et des hommes, je me dis que je ne suis peut-être pas trop à plaindre...

Pourquoi pleurer alors?

Samedi 11 novembre. — Ce matin à huit heures, j'ai quitté Gavronze et non sans un tout léger sentiment, de regret?... non, mais d'habitude.

Tous les domestiques sortirent dans la cour; je donnai à tous de l'argent et à la femme de ménage un bracelet en or.

La neige fond, mais il en reste bien assez pour nous éclabousser durant le chemin et, malgré mon vif désir de rester la face découverte pour faire mes observations philosophiques comme M. Prudhomme, je me vis forcée par un vent inexorable à m'emmitoufler entièrement.

J'entrai droit chez l'oncle Alexandre, dont je vis le nom sur la planche, et il me raconta l'anecdote suivante :

Un monsieur voyage avec un officier et se place dans le même wagon. On engage tant bien que mal une conversation sur la nouvelle loi concernant les chevaux.

— C'est vous, monsieur, qui êtes envoyé dans notre district? demande le monsieur au militaire.

— Oui, monsieur.

— Alors vous avez sans doute inscrit les chevaux *isabelle* de notre maréchal Bashkirtseff.

— Oui, c'est moi, monsieur.

Et l'officier en détailla les qualités et les défauts.

— Connaissez-vous Mlle Bashkirtseff?

— Non, monsieur, je n'ai pas cet honneur. Je l'ai seulement vue, mais je connais M. Bashkirtseff. Mlle Bashkirtseff est une ravissante personne, c'est une vraie beauté, mais une beauté « indépendante, originale, naïve » ; je l'ai rencontrée dans un wagon près de Pétersbourg, et elle nous a positivement frappés, moi et mes camarades.

— Cela m'est d'autant plus agréable, dit le monsieur, que je suis son oncle.

— Ah! et moi, monsieur, je me nomme Soumorokoff. Mais votre nom?

— Babanine.

— Enchanté.

— Charmé, etc., etc.

Le comte ne cessait de répéter que ma place est à Pétersbourg et qu'il est odieux de me garder à Poltava.

Ah! monsieur mon père!!

— Mais mon oncle, dis-je à Alexandre, vous avez sans doute inventé tout cela.

— Que je ne revoie jamais ma femme et mes enfants, si j'ai inventé une seule parole, et que la foudre m'écrase!

Mon père rage, ce à quoi je ne fais pas la moindre attention.

POLTAVA. — *Mercredi 15 novembre.* — C'est dimanche soir que je suis partie avec mon père, après avoir vu, pendant mes deux derniers jours de Russie, le prince Michel et le reste.

A la gare, il n'y a que ma famille avec moi, mais beaucoup d'inconnus regardaient notre « bataclan » avec curiosité.

Le voyage seul jusqu'à Vienne me coûte près de cinq cents roubles. J'ai payé pour tout moi-même. Les chevaux partent avec nous sous l'escorte de Chocolat et de Kousma, valet de chambre de mon père.

J'allais en prendre un autre, mais Kousma, dévoré du désir de voyager, vint supplier à la manière russe de le prendre.

Chocolat surveillera, car Kousma est une manière de lunatique, qui peut très facilement s'oublier à compter les étoiles et peut se laisser enlever les chevaux et même son habit.

Ayant épousé une fille qui l'aimait depuis longtemps, après la cérémonie il s'enfuit au jardin et resta plus de deux heures à pleurer et à se plaindre comme un fou. Il l'est un peu, je crois, et son air effaré le rend très remarquable comme imbécillité.

Mon père rageait toujours. Quant à moi, je me promenais par la gare comme chez moi. Pacha se tenait éloigné en me regardant tout le temps.

Au dernier moment, on s'aperçut qu'un paquet manquait; il s'éleva comme une tempête et on se mit à courir de tous côtés. Amélia se justifiait, je lui reprochais de mal servir. Le public écoutait et s'amusait; ce que voyant, je redoublais d'éloquence dans la langue du Dante. Ça m'amusait surtout parce que le train nous attendait. Voilà ce qu'il y a de beau dans ce fichu pays: on y règne.

Alexandre, Paul et Pacha entrèrent dans le coupé; mais la troisième sonnette annonçait le départ et on se pressait autour de moi.

— Paul, Paul, disait l'homme vert, laisse-moi lui dire adieu, au moins!

— Laissez-le avancer, dis-je.

Il me baisa la main et je l'embrassai sur la joue près de l'œil. C'est l'usage en Russie, mais je ne m'y étais jamais conformée.

On n attendait que le sifflet et il ne tarda pas.

— Eh bien? fis-je.

— J'aurai encore le temps, dit l'homme vert.

Le train secoué s'ébranla lentement et Pacha commença à parler fort vite, mais ne sachant pas ce qu'il disait.

— Au revoir, au revoir, sautez donc!

— Oui, adieu, au revoir!

Et il sauta sur la plate-forme, après m'avoir baisé encore une fois la main. Baiser de chien fidèle et respectueux.

— Eh bien! eh bien! criait mon père du coupé, car nous étions dans le corridor du wagon.

Je vins auprès de lui, mais si affligée de la douleur dont j'étais la cause, que je me couchai aussitôt et fermai les yeux pour songer à mon aise.

Pauvre Pacha! cher et noble enfant, si je regrette quelque chose en Russie, c'est ce cœur d'or, ce caractère loyal, cet esprit droit.

Suis-je vraiment affligée? Oui. Comme s'il était possible d'être insensible au juste orgueil d'avoir un pareil ami.

Cette nuit de mardi à mercredi, j'ai dormi fort bien dans un lit, comme à l'hôtel.

.*.

Je suis à Vienne. Physiquement parlant, mon voyage a été parfait, j'ai bien dormi, bien mangé et je suis propre. C'est le principal, et possible en Russie seulement où l'on chauffe avec du bois et où les wagons ont des cabinets de toilette.

Mon père a été très passable; nous avons joué aux

cartes et nous nous sommes moqués des voyageurs. Seulement, ce soir, il fit une histoire à sa façon.

Il prit une loge à l'Opéra, mais refusa de m'y accompagner, sinon en robe de voyage.

— Vous profitez de ma position, lui dis-je, mais je ne permets pas qu'on se donne le luxe de me tyranniser. Je n'irai pas. Bonsoir!

Et me voilà chez moi. Ma position? oui, je n'ai pas le sou, car je n'ai que des traites sur Paris, qui ne peuvent me servir auparavant.

Devant abandonner mes chevaux, j'ai donné cinq cents roubles à Kousma et suis restée avec mes traites. Je le dis à mon père, qui s'offensa et prit l'attitude la plus noble, en criant qu'il se moquait des dépenses et que dépenser pour moi ne lui coûtait rien, tant il avait dépensé dans sa vie.

Ça sent l'Europe ici, les maisons hautes et fières me relèvent les esprits presque aussi haut que leur dernier étage. Les basses habitations de Poltava m'écrasaient. Ce que je regrette, c'est l'éclairage des wagons d'hier.

Samedi 18 novembre. — Ce matin à cinq heures nous sommes entrés dans Paris.

Nous trouvâmes une dépêche de maman, au Grand-Hôtel. On prit un appartement au premier. Je pris un bain et attendis maman. Mais je suis si désespérée que rien ne me touche plus.

Elle arriva avec Dina, Dina heureuse, tranquille et continuant son œuvre de sœur de charité, d'ange gardien.

Vous devinez bien que je n'ai jamais été aussi embarrassée. Papa et maman! Je ne savais où me mettre.

Il y eut plusieurs chocs, mais rien de trop inquiétant.

Nous sommes sortis, ma mère, mon père, moi et Dina. On dîna ensemble, et on alla au théâtre. Je me tins dans le coin le plus obscur de la loge et les yeux si appesantis par le sommeil que j'y voyais à peine.

Je me couchai avec maman et, au lieu de tendres paroles, après une si longue absence, il ne s'échappa de mes lèvres qu'un torrent de doléances, qui cessèrent bientôt d'ailleurs, car je m'endormis.

Lundi 21 novembre. — Après avoir dîné, nous sommes allés voir *Paul et Virginie*, le nouvel opéra de V. Massé, et dont on dit le plus grand bien.

Les loges parisiennes sont des instruments de torture : nous étions quatre dans une première loge à cent cinquante francs et nous ne pouvions remuer.

Un intervalle d'une ou deux heures entre le dîner et le théâtre, une large et bonne loge, une robe élégante et commode : voilà dans quelles conditions on peut comprendre et adorer la musique. J'étais dans des conditions précisément contraires, ce qui ne m'a pas empêchée d'écouter de toutes mes oreilles Engally, la Russe, et de regarder de tous mes yeux Capoul, le bien-aimé des dames. Sûr de l'admiration, le bienheureux artiste se fendait comme dans une salle d'escrime en poussant des notes déchirantes...

Deux heures de la nuit déjà.

Maman, qui oublie tout pour ne penser qu'à mon bien-être, a longtemps parlé à mon père.

Mais mon père répondait par des plaisanteries ou bien par des phrases d'une indifférence révoltante.

Enfin, il dit qu'il comprenait bien ma démarche, que les ennemis mêmes de maman n'y verraient rien que de bien naturel, et qu'il serait convenable que sa fille, arrivée à l'âge de seize ans, eût un père pour chaperon. Aussi promet-il de venir à Rome comme nous le proposons.

Si je pouvais croire!

Vendredi 25 novembre. — Jusqu'au soir, tout s'est passé tant bien que mal, mais, tout d'un coup, on engage une conversation, fort sérieuse, fort modérée, fort honnête sur mon avenir. Maman s'est exprimée en termes convenables sous tous les rapports.

C'est alors qu'il fallait voir mon père! Il baissait les yeux, il sifflait et quant à répondre, nenni.

Il y a un dialogue petit-russien qui caractérise la nation et qui pourra en même temps donner une idée de la manière de mon père.

Deux paysans :

Premier paysan. — Nous marchions ensemble sur le grand chemin?

Deuxième paysan. — Oui, nous marchions.

Premier paysan. — Nous avons trouvé une pelisse?

Deuxième paysan. — Nous l'avons trouvée.

Premier paysan. — Je te l'ai donnée?

Deuxième paysan. — Tu me l'as donnée.

Premier paysan. — Tu l'as prise?

Deuxième paysan. — Je l'ai prise.

Premier paysan. — Où est-elle?

Deuxième paysan. — Quoi?

Premier paysan. — La pelisse!

Deuxième paysan. — Quelle pelisse?

Premier paysan. — Nous marchions sur le grand chemin?

Deuxième paysan. — Oui.

Premier paysan. — Nous avons trouvé une pelisse?

Deuxième paysan. — Nous l'avons trouvée.

Premier paysan. — Je te l'ai donnée.

Deuxième paysan. — Tu me l'as donnée.

Premier paysan. — Je l'ai prise.

Premier paysan. — Où est-elle donc?

Deuxième paysan. — Quoi?

Premier paysan. — La pelisse?

Deuxième paysan. — Quelle pelisse?

Et ainsi de suite, jusqu'à l'infini. Seulement, comme le sujet n'était pas bien drôle pour moi, j'étouffais et il me montait quelque chose au gosier, qui me faisait un mal affreux, surtout parce que je ne me permettais pas de pleurer.

Je demandai à rentrer avec Dina, laissant maman et son mari au restaurant russe.

Pendant une heure entière, je suis restée immobile, les lèvres serrées et la poitrine oppressée, ne sachant ni ce que je pensais, [ni ce qui se faisait autour de moi.

Alors mon père vint me baiser les cheveux, les mains, la figure, avec des plaintes hypocrites et me dit :

— Le jour où tu aurais vraiment besoin de secours ou de protection, dis-moi un mot et je te tendrai la main.

J'ai ramassé mes dernières forces et me raidissant le gosier, je répondis :

— Le jour est venu, où est votre main?

— A présent, tu n'as pas encore besoin, se hâta-t-il de répondre.

— Si, j'ai besoin.

— Non, non.

Et il parla d'autre chose.

— Pensez-vous, mon père, que le jour vienne où j'aurai besoin d'argent? — Ce jour-là je me ferai chanteuse ou professeur de piano, mais je ne vous demanderai rien !

Il ne s'offensa pas, il lui suffisait de me voir si malheureuse que je n'en pouvais plus.

Samedi 25 novembre. — Maman est si malade qu'on ne peut penser à l'emmener à Versailles. Nos amis nous vinrent prendre. J'étais habillée de blanc, comme toujours, mais j'avais un bonnet de velours noir qui dorait admirablement mes cheveux blonds. Il pleuvait. Nous étions déjà en wagon lorsque arriva un monsieur décoré, jeune encore.

—Permettez, chère petite, dit la baronne, que je vous présente M. J. de L..., l'un des chefs du parti napoléonien.

Je m'inclinai, pendant que les autres présentations se faisaient autour de moi.

Ce train de députés me rappella les trains du tir aux pigeons à Monaco; seulement, au lieu des fusils on a des portefeuilles. MM. de L..., nous placèrent au premier rang, à droite, au-dessus des bonapartistes; de sorte que nous étions juste en face des bancs républicains. La salle ou, du moins, le fauteuil du président, et la tribune me rappelèrent encore le tir aux pigeons. Seulement monsieur Grévy, au lieu de tenir la ficelle des cages, s'escrimait avec la sonnette, ce qui n'empêcha point la gauche d'interrompre plusieurs fois l'excellent discours du garde des sceaux, monsieur Dufaure.

C'est un honnête homme et il a bravement et savamment lutté contre les infamies des chiens républicains.

26 novembre. — Mon père est parti! Depuis quatre mois, je respire enfin pour la première fois.

28 novembre. — Maman m'a menée chez le docteur Fauvel, et ledit docteur m'a examiné la gorge avec son nouveau laryngoscope; il m'a déclarée atteinte d'un catarrhe, d'une laryngée chronique, etc. (ce dont je ne doute pas, vu le mauvais état de ma gorge) et que pour guérir il me faut six semaines de traitement énergique. Ce qui fait que nous passerons l'hiver à Paris, hélas !

C'est mon père qui est charmant ! D'abord il m'a fait dépenser de l'argent pendant que j'étais chez lui; ensuite il n'a pas payé mon voyage, et, comme il avait honte, il appela l'oncle Alexandre, se prit à l'embrasser et à l'assurer qu'il me rendrait mes dépenses. Il pouvait ne pas le dire, on ne lui demandait rien. Ensuite il permit à son Kouzma d'accompagner ses chevaux de malheur. J'ai payé le trajet et Kouzma. Et à présent voilà que maman décachète une lettre de cet homme à mon père.

« J'attends vos ordres, Monsieur, arrêté au milieu du chemin. Quant à Chocolat, je l'ai, toujours selon vos ordres, renvoyé à Poltava. »

Sans compter que mon cher père m'a forcée de donner 500 roubles à Kouzma, que Kouzma est en train de manger en route.

Voilà, sur ma foi, un beau cadeau !

— « Vous avez éloigné de votre fille *tout le monde*, pour qu'on pût dire qu'on n'en avait pas voulu. Vous l'avez cachée, car vous ne vouliez pas qu'on la vît telle qu'elle est, n'ayant pas vous-même donné un sou pour son éducation? » disait maman. Et il répondait par des petites plaisanteries plates et révoltantes, sans jamais nier ou s'expliquer.

Vendredi 1ᵉʳ décembre. — Hier nous avons quitté Paris. Maman, avec ses trente-six paquets, me réduisait au désespoir. Ses cris, ses alarmes, ses boîtes sont d'une bourgeoisie écœurante..

Enfin !

Nice. — *Samedi 2 décembre.* — Ma tante m'apporta elle-même le café ; je fis déballer quelques malles, et je devins moi pour la première fois depuis mon voyage. En Russie le soleil me manquait ; à Paris, les robes.

Je prie d'observer mon genre de vie. Emballer, déballer, essayer, acheter, voyager. Et c'est toujours ainsi !

En descendant au jardin, j'ai trouvé M. Pélican avec son docteur Broussais, Ivanoff, l'oculiste de grand-papa, le général Wolf, le général Bihovitz et puis les Anitchkoff. Il fallut se montrer et contenter mes mères qui ne se sentent pas d'aise de me voir engraisser.

Voyez-vous ce bonheur ! Mais je les abandonne tous pour voir mes femmes de la rue de France.

Voilà un accueil !

On m'annonça les mariages, les morts, les naissances.

Je demandai comment va le commerce.

— Mal, me répondit-on.

— Eh pardi, m'écriai-je, tout va mal depuis que la France est en République !

Et me voilà partie. Quand on apprit que j'avais vu la Chambre, on se recula avec un grand respect, puis on s'empressa autour de moi. Et alors, le poing sur la hanche, je leur fis un discours entremêlé de jurons, d'exclamations niçoises, leur montrant les républicains avec leurs mains dans l'or du peuple : Comme mes mains dans ce riz ! — Et je plongeai ma patte dans un sac de riz...

Après une si longue absence, le ciel de Nice me transporte. Et je me sens bondir en respirant cet air pur, en regardant ce ciel transparent.

La mer à peine argentée par un soleil caché sous des nuages d'un gris doux et chaud, la verdure éclatante... Que c'est beau et qu'il ferait bon de vivre dans ce paradis ! Je me mis à marcher dans la promenade sans me soucier de ma tête découverte et d'assez nombreux passants. Puis je rentrai mettre un chapeau et prendre ma tante et Bihovitz. J'allai jusqu'au pont du Midi et revins prise d'une tristesse incomparable.

Eh bien, vraiment la famille a son charme. On a joué aux cartes, on a ri, on a pris du thé et je me suis sentie pénétrée d'aise au sein des miens, entourée de mes chers chiens, Victor avec sa grosse tête noire, Pincio blanc comme la neige, Bagatelle, Prater... Tout cela me regardait dans les yeux, et en ce moment je vis les vieillards faisant leur partie, ces chiens, cette salle à manger.... Oh ! cela m'oppresse, m'étouffe, je voudrais m'enfuir, il me semble qu'on m'enchaîne comme dans un cauchemar. *Je ne puis pas !!!* Je ne suis pas faite pour cette vie, je ne puis pas !

Un instant j'ai éprouvé quelque vanité à parler des choses sérieuses avec les vieillards... mais après tout, ce sont des vieillards obscurs ; que me font-ils ?

J'ai une telle peur de rester à Nice que j'en deviens folle. Il me semble que cet hiver sera de nouveau perdu, et que je ne ferai rien.

On m'ôte les moyens de travailler !

Le général Bihovitz m'a envoyé une grande corbeille de fleurs, et le soir maman l'arrosa pour conserver les fleurs... Eh bien, ces petits riens me mettent hors de moi, cette affectation de bourgeoisie me désespère !

Ah ! miséricorde divine ! Ah ! par le Dieu du ciel ! je vous assure que je ne plaisante pas !

Je suis rentrée du pavillon par un clair de lune

enchanteur, éclairant mes roses et mes magnolias...

Ce pauvre jardin qui ne m'a jamais donné que des pensées tristes et de dépit atroce !

Je suis rentrée chez moi les yeux humides et triste, bien triste.

Samedi 2 décembre. — Le souvenir de Rome me fait pâmer... Mais je ne veux pas y retourner. Nous irons à Paris...

O Rome ! Que ne puis-je la revoir ou bien mourir ici ! Je retiens mon souffle et je m'étire comme si je voulais m'*allonger* jusqu'à Rome.

Dimanche 3 décembre. — Pour tout divertissement les changements du ciel. Hier il était pur et la lune brillait comme un pâle soleil; ce soir, il est couvert de noirs nuages déchirés pour laisser entrevoir les parties claires et brillantes comme hier... J'ai fait ces observations en traversant le jardin pour venir du pavillon chez moi. A Paris on n'a pas cet air, cette verdure et la pluie parfumée de cette nuit.

Jeudi 7 décembre. — Les petites misères domestiques me rendent découragée.

Je m'enfonce dans les lectures sérieuses et je vois avec désespoir que je sais si peu ! Jamais, il me semble, je ne saurai tout cela. J'envie les savants jaunes, décharnés et vilains.

J'ai la fièvre des études, et personne pour me guider.

Lundi 11 décembre. — Je me passionne chaque jour davantage pour la peinture. Je n'ai pas bougé de la journée, j'ai fait de la musique et cela m'a monté la tête et le cœur. Il fallut deux heures de conversation sur l'histoire de Russie, avec grand-papa, pour me remettre en état. Je déteste être... *sensible*... Dans une jeune fille cela frise... un tas de choses... triviales.

Grand-papa est une encyclopédie vivante.

Je connais quelqu'un qui m'aime, qui me comprend, qui me plaint, qui emploie toute sa vie à me rendre plus heureuse, quelqu'un qui fera tout pour moi et qui réussira, quelqu'un qui ne me trahira jamais plus, bien qu'il m'ait trahie avant. Et ce quelqu'un, c'est *moi-même*.

N'attendons rien des hommes, nous n'en aurions que déceptions et chagrin.

Mais croyons fermement en Dieu et en nos propres forces. Et, ma foi, puisque nous sommes ambitieuse, justifions nos ambitions par quelque chose.

Lundi 18 décembre. — Hier on me réveille par une carte de mon père avec ces mots : « Je suis à l'hôtel du Luxembourg avec mes sœurs; si tu peux, viens de suite. »

D'après le conseil de mes mères, à une heure juste je me rends à cette invitation et avant d'entrer, encore je demande si c'est *convenable ?* Pour toute réponse la tante Hélène et mon père de malheur viennent à la voiture et m'emmènent fort tendrement chez eux.

La tante Hélène et la princesse, ne se mêlant de rien, me parlent du cardinal et me conseillent d'aller à Rome quérir son neveu et ses écus.

— Ce pauvre petit, fais-je, il est là-bas.

— Où ?

— En Serbie.

— Mais non, il est à Rome.

— Peut-être est-il de retour, car on ne se bat plus : hier j'ai dîné avec un volontaire russe qui arrive de Serbie.

Alors on parla de Tutcheff, je la traitai de la dernière façon, la menaçant d'un procès en diffamation.

Qu'on s'attaque à ma famille, à ma mère, elles peuvent se défendre! Mais qu'on ne me touche pas, car, aussi vrai que je suis une créature sans défense qu'il est lâche de calomnier, je me vengerai vaillamment ! Et ça pour une excellente raison, parce que je ne crains rien.

San Remo. — *Samedi 23 décembre.* — Si j'emmenais mon père? Il y consent, mais avec maman, pour deux jours. En attendant maman, à qui j'ai télégraphié de venir, je passe quelques heures à la villa Rocca, chez la princesse Eristoff. Ma tante Romanoff, héroïque créature, reste seule à s'ennuyer à l'hôtel. Elle ne veut naturellement pas se mêler aux gens que je fréquente. Mais voyez-vous le rôle que joue cette femme pour mon caprice? je l'adore.

Lundi 25 décembre. — Nous sommes partis hier de San Remo, mon père, ma mère et moi. Ce que j'ai pensé durant le voyage?.. mais de charmantes rêveries, des fantaisies dans les nuages, dominaient tous les autres sentiments et me composaient comme d'habitude *une* vie détachée des choses humaines.

Etat fort agréable, interrompu par l'arrêt du train auprès de la station d'Albiasola, à cause de l'éboulement de la voie. Il fallut descendre, empoigner son bagage et marcher quelques minutes à la rencontre d'un train qui était venu nous chercher. Le tout à la lueur tremblante de torches, ce qui, sur un horizon noir et au bruit des flots en courroux, a été pittoresque.

Cet accident nous fit lier conversation avec nos compagnons de voyage, dont un militaire.

Ils nous portèrent nos sacs et nous soutinrent nous-mêmes pendant ce difficile trajet. L'officier était un homme assez instruit et intelligent. Aussi, à son étonnement, l'engageai-je dans une conversation sérieuse et extravagante même ; — politique.

Dès le matin, je fus à la fenêtre pour ne pas perdre un seul instant la vue de la campagne de Rome.

Que ne sais-je dire toutes les belles choses qu'elle me fait penser et que tant d'autres ont dites tant de fois et d'une façon si charmante !

J'étais si occupée à reconnaître les lieux !... La tête de notre train était déjà sous le toit vitré de la gare que je cherchais encore le toit peuplé de Saint-Jean de Latran.

L'ambassadrice d'Espagne était là, venue à la rencontre de quelques dames; j'ai détourné la tête lorsqu'elle me reconnut. J'étais honteuse de venir à Rome... il me semblait qu'on me regardait en... intruse.

Nous descendons au même hôtel, dans le même appartement. Je monte l'escalier et m'appuie sur la boule du coin de la rampe, comme je m'y étais appuyée *l'autre* soir.

Je jette un regard contrarié à la porte de l'escalier et je viens occuper la chambre de damas rouge... Le croirait-on ? avec la pensée de Pietro.

Mercredi 27 décembre. — Maman parlait de la mort de Rossi. Lorsque cet aimable homard entra en caracolant en arrière.

— Eh bien, dit-il après les premières politesses, ce pauvre Pietro A... a perdu son oncle.

— Oui, le pauvre. Il n'a rien eu ?

— Si, l'argenterie de table,

Ce fut une gaieté générale. Après quoi, avec une franchise très-commode, je demandai à Rossi ce qu'on a dit. Nous parlions italien.

— Vous comprenez, ajoutai-je, on ne nous connaît pas, et on pouvait fort bien me prendre pour une de ces étrangères qui viennent à Rome chercher un mari.

Nous avons causé assez longtemps et je crois être convaincue que le public n'a attaché aucune importance à la chose.

— Personne n'a songé à lui pour vous, dit Rossi; c'est un pauvre garçon qui n'a ni fortune ni position. Au commencement on a cru... Dans tous les cas, vous lui avez donné un choc et peut-être à présent va-t-il se corriger, c'est-à-dire se former.

— Mais c'est un garçon perdu.

— Oh! non, pauvre enfant, il souffre beaucoup...

1877

Nice. — *Mercredi 17 janvier*. — Quand donc saurai-je ce que c'est que cet amour dont on parle tant?

J'aurais aimé A.; mais je le méprise. J'ai aimé le duc de H... étant enfant, jusqu'à l'exaltation. Amour dû tout entier à la fortune, au nom, aux extravagances du duc et à une imagination... hors ligne.

Mardi 23 janvier. — Hier soir, j'ai eu une attaque de désespoir qui allait jusqu'aux gémissements et qui m'a poussée à noyer dans la mer la pendule de la salle à manger. Dina m'a couru après, redoutant quelque projet sinistre, mais ce n'était que la pendule. Elle était en bronze, avec un Paul sans Virginie, pêchant à la ligne, en très gentil chapeau. Dina vient chez moi, la pendule semble l'amuser fort, j'ai ri aussi.

Pauvre pendule!

La princesse Souvaroff est venue chez nous.

Jeudi 1er février. — Ces dames se disposaient à aller perdre agréablement quelques misérables centaines de francs à Monaco. Je les ai ramenées à la raison par un discours des plus amers, et nous sommes allées, moi et maman en panier, nous montrer au grand jour, puis chez la comtesse de Ballore qui est si aimable et que nous négligeons comme des mal élevées. Nous avons vu Diaz de Soria, le chanteur incomparable. Je l'invite, puisqu'il a fait une visite; il m'a semblé voir un ami.

Je suis bien disposée pour aller dans l'avant-scène gauche du rez-de-chaussée au Théâtre-Français, où Agar de la Comédie-Française donne une représentation. J'ai entendu *les Horaces*. Le nom de Rome a vingt fois retenti à mes oreilles d'une façon superbe et sublime.

Rentrée, j'ai lu Tite-Live. Les héros, les plis des toges... le Capitole, la Coupole... le bal masqué, le Pincio!..

O Rome!

Rome. — *Jeudi 8 février*. — Je me suis endormie à Vintimille et je ne me suis réveillée qu'à Rome, moralement et physiquement. Malgré moi j'ai dû rester jusqu'au soir, car le train pour Naples part à dix heures seulement. Toute une journée à Rome!

heures vingt je quitte Rome, je m'endors et je suis à Naples. Je n'ai cependant pas assez bien dormi pour ne pas entendre un monsieur grincheux qui se plaignait au conducteur de la présence de Prater. Le galant conducteur a donné raison à notre chien.

Mais voici Naples. Êtes-vous comme moi? A l'approche d'une grande et belle ville, je suis prise de palpitations, d'inquiétudes, je voudrais prendre la ville pour moi.

Nous mettons plus d'une heure pour arriver à l'hôtel du Louvre. Un encombrement et surtout des cris et un désordre prodigieux.

Les femmes ont des têtes exorbitantes ici; on dirait des femmes que l'on montre dans les ménageries avec les serpents, les tigres, etc.

A Rome, je n'aime que ce qui est vieux. A Naples, il n'y a de joli que ce qui est neuf.

Dimanche 11 février. — Pour comprendre notre situation au milieu du Toledo, il faut savoir ce que c'est qu'un jour où l'on jette des *coriandoli* (confetti avec de la chaux ou de la farine). Ah! mais, qui n'a pas vu ne peut pas s'imaginer ces milliers de mains au bout de bras noirs et décharnés, ces haillons, ces chars superbes, ces plumes et ces dorures, ces mains surtout qui s'agitent avec ces doigts dont l'agilité ferait crever de jalousie Liszt lui-même. Au milieu de cette pluie de farine, de ces cris, de cette masse grouillante, nous nous sommes sentis enlevés par Altamura et presque portés jusqu'à son balcon. Là nous trouvons une quantité de dames... Et tous ces gens qui m'offrent à manger, à boire, qui me sourient, qui sont aimables! Je suis allée dans un salon à demi obscur, et là, drapée dans mon bédouin de la tête aux pieds, je me mis à verser des larmes, tout en admirant les plis antiques de la laine. J'étais très chagrinée, mais d'un chagrin qui fait plaisir. Comprenez-vous comme moi de la douceur dans le chagrin?

Naples. — *Lundi 26 février.* — Je continue mes

excursions, nous allons à San Martino. C'est un ancien couvent. Et je n'ai jamais rien vu d'aussi sympathique. Les musées glacent, celui de San Martino amuse et attire. L'ancien carrosse du syndic... et la galère de Charles III m'ont monté la tête. Et ces corridors aux planchers de mosaïque et ces plafonds aux moulures grandioses. L'église et les chapelles sont quelque chose de merveilleux, leur grandeur modérée permet d'apprécier les détails. Cet assemblage de marbres luisants, de pierres précieuses, de mosaïques, dans chaque coin, de haut en bas, au plafond comme sur le parquet. Je ne crois pas avoir vu beaucoup de toiles remarquables; oui, celles de Guido Reni, du Spagnoletto. Les patientes œuvres de Fra Buenaventura. Les anciennes porcelaines de Capo-di-Monte. Les portraits en soie et un tableau sur verre représentant l'épisode de la femme de Putiphar. La cour de marbre blanc avec ses soixante colonnes est d'une rare beauté.

Notre guide nous dit qu'il ne reste plus que cinq moines; trois frères et deux laïques qui demeurent quelque part en haut dans une aile abandonnée.

On monte dans une sorte de tour avec deux balcons suspendus au-dessus des autres, hauteurs qui semblent des précipices; la vue de là est belle à étourdir. On voit les montagnes, les villas, les plaines et Naples, à travers une sorte de brouillard bleu qui n'est rien autre que la distance.

— Que se passe-t-il donc aujourd'hui à Naples? dis-je en prêtant l'oreille.

— Mais rien, c'est le peuple napolitain, répondit en souriant le guide.

— C'est toujours ainsi?

— Toujours.

Il s'élevait de cet amas de toits une clameur, un

hurlement continuel, comme des explosions de voix non interrompues, dont on ne se fait pas l'idée dans la ville même. Vraiment cela vous donne une sorte d'épouvante, et cette rumeur qui s'élève avec le brouillard bleu fait étrangement sentir à quelle hauteur on se trouve et donne le vertige.

Ces chapelles de marbre m'ont ravie. Le pays qui possède ce que possède l'Italie, est le pays le plus riche du monde. Je compare l'Italie avec le reste de l'univers, comme un magnifique tableau avec un mur blanchi à la chaux.

Comment ai-je osé juger Naples l'année passée ? Avais-je seulement vu !

Samedi 3 mars 1877. — Ce soir, je suis allée à l'église qui se trouve dans l'hôtel même; il y a un charme infini dans la méditation amoureuse au milieu d'une église. Vous voyez le prêtre, des images, la lueur des cierges que fait vaciller l'obscurité et je me suis souvenue de Rome !!! extase divine, parfum céleste, transport délicieux, ah ! écrire !!!

On ne pourrait exprimer le sentiment qui m'a envahie, qu'en chantant.

Les colonnes de Saint-Pierre, ses marbres, ses mosaïques, la profondeur mystérieuse de l'église, la splendeur étourdissante de la majesté de l'art, l'antiquité, le moyen âge, les grands hommes, les monuments, voilà tout.

Samedi 31 mars. — A quoi bon se plaindre mes larmes n'y feront rien, je suis condamnée à être malheureuse. Encore cela, puis la gloire artistique. Et si... j'échoue !... Soyez tranquille, je ne vivrai pas pour moisir quelque part dans les vertus domestiques.

Je ne veux pas parler d'amour, parce que j'ai usé ces mots pour rien. Je ne veux plus invoquer Dieu, je eux mourir.

Mon Dieu Seigneur Jésus-Christ, faites-moi mourir! J'ai peu vécu, mais l'enseignement est grand : tout m'a été contraire. Je veux mourir, je suis incohérente et saccagée comme mes écrits, je me déteste comme tout ce qui est misérable.

Mourir... mon Dieu ! Mourir ! J'en ai assez !

Une mort bien douce, mourir en chantant quelque bel air de Verdi ; aucune méchanceté ne se réveille comme avant, je voulais vivre *exprès* pour que les *autres* ne jouissent et ne triomphent pas. A présent cela m'est égal, je souffre trop.

Dimanche 1ᵉʳ avril. — Je suis comme le chimiste patient et infatigable qui passe des nuits devant ses cornues pour ne pas perdre l'instant attendu et désiré. Il me semble que *cela* va arriver tous les jours et je pense et j'attends... et que sais-je?.. Je m'examine curieusement et avec des yeux ébahis, je me demande avec anxiété, est-ce que par hasard ce serait *cela ?* Mais je me suis fait une telle opinion de *cela,* que j'en suis arrivée à croire que *cela* n'existe pas ou bien que *cela* a déjà été et que ça n'a rien de *fameux.*

Mais alors toutes mes imaginations, et les livres et les poètes?... Auraient-ils eu l'audace d'inventer quelque chose qui n'existe pas pour en couvrir la saleté naturelle? Non... autrement on ne s'expliquerait pas les préférences...

NAPLES. *Vendredi 6 avril.* — Le Roi (Victor-Emmanuel) est arrivé hier, et ce matin à dix heures il est venu faire une visite au Prince de Prusse. Au moment de son arrivée, je me suis trouvée sur l'escalier et comme il arrivait en face de moi, je dis :

— Deux mots, Sire, de grâce.

— Qu'est-ce vous désirez ?

— Rien absolument, Sire, que pouvoir me vanter toute ma vie d'avoir parlé au Roi le plus aimable et le meilleur du monde.

— Vous êtes bien bonne, je vous remercie beaucoup.

— C'est absolument tout, Sire.

— Je vous remercie bien, je ne sais comment vous remercier, vous êtes bien bonne.

Et il m'a serré la main gauche avec ses deux mains.

Circonstance à la suite de laquelle je me gante pour huit jours. C'est à cause de mes gants que j'écris comme vous voyez. J'aurai des ongles superbes dans huit jours.

Que dites-vous de moi ? Je n'étais pas trop effrayée.

En faisant ce que j'ai fait, j'avais tout prévu, excepté *moi*. A une autre, cette extravagance aurait rapporté un tas de choses charmantes ; à moi, un tas de désagréments. Je suis vouée aux infortunes.

Doenhoff est revenu du palais où le Prince a été rendre la visite du Roi. L'aide de camp du Roi a dit : « Quelle drôle de manière de cette jeune fille de se trouver sur le passage du Roi ! » Et le prince de Prusse dit au Roi que les jeunes filles en Russie sont très exaltées pour la famille royale, qu'elles font des folies pour l'Empereur et qu'elles sont aussi pures que les anges du ciel. — Merci, charcutier !

Doenhoff a dit un tas de choses. Enfin, il est venu nous rassurer.

Après une agitation, une stupeur et une terreur folle, je commence à revenir à moi. Je n'ai jamais de ma vie été si effrayée. En une heure, j'ai vécu deux années ! Comme tout le monde est heureux de n'avoir pas parlé au Roi !

On se promène. La princesse Marguerite et Humbert sont arrivés. Doenhoff est là, en face de nos fenêtres, avec des messieurs du Roi.

(J'ai ôté les gants.)

Comme nous rentrions des courses, nous trouvâmes dans l'antichambre un monsieur. J'allais demander qui ? lorsque Rosalie accourut au-devant de moi et me prenant à part :

— Venez vite, seulement ne vous excitez pas.

— Qu'y a-t-il ?

— C'est l'aide de camp du Roi, qui vient pour la troisième fois déjà : il vient de la part du Roi faire des excuses.

J'étais devant l'homme et un instant après nous étions tous au salon. Il parlait italien, et j'ai parlé cette langue avec une facilité dont je suis étonnée.

— Mademoiselle, commença-t-il, je viens de la part du Roi qui m'envoie exprès, pour vous exprimer tout le regret qu'il a de ce qui a pu vous arriver de désagréable hier. Sa Majesté a su que vous aviez été..... grondée par madame votre mère, qui a peut-être pensé que le Roi avait été contrarié. Il n'en est rien ; le Roi est ravi, enchanté ; il en a parlé tout le temps ; et le soir, il m'a appelé et m'a dit : Va et dis à cette demoiselle que je la remercie de l'acte de courtoisie qu'elle m'a fait ; dis-lui que sa gentillesse et son mouvement généreux m'ont très touché, que je la remercie, elle et toute sa famille. Loin d'être fâché, je suis enchanté, dis-le à sa maman, « *sua mamma* », dis que je me souviendrai toujours de cela. Le Roi a vu que ce mouvement venait de votre bon cœur, et c'est ce qui l'a flatté; le Roi sait que vous n'avez besoin de rien, que vous êtes étrangères; c'est justement pour cela qu'il est si touché. Il en a parlé tout le temps et il m'envoie faire ses excuses pour le désagrément que vous avez eu.

« Maman » a fait accroire au comte Doenhoff que j'avais été enfermée pendant vingt-quatre heures pour punition de l'escapade, et ce bruit s'est aussitôt répandu, d'autant plus facilement que je suis restée derrière les vitres du balcon pendant que Dina se promenait avec maman.

J'avais interrompu dix fois et enfin j'ai *débordé* en un flot de paroles de gratitude et de joie.

— Le Roi était trop, trop bon de penser à me rassurer. J'étais une folle qui croyais être dans mon pays..... et voir mon empereur à qui j'ai parlé (c'est vrai). Je serais au désespoir si le Roi avait eu le moindre ennui de ce que j'ai fait. J'avais une peur atroce d'avoir offensé le Roi. Je l'ai peut-être effrayé par ma brusquerie.....

— Sa Majesté n'est jamais effrayée quand il s'agit d'une « *bella ragazza* », et je vous le répète au nom du Roi, — ce sont ses paroles, je n'ajoute rien, — que loin d'être mécontent, il est enchanté, ravi, reconnaissant. Vous lui avez fait un plaisir extrême. Le Roi vous a remarquée l'année passée à Rome et au carnaval de Naples..... et le Roi a été très mécontent contre M. le comte Doenhoff, dont il a noté lui-même le nom, qui vous a dit quelque chose et vous a empêchée d'être là lorsque le Roi sortait.

Il faut vous dire que Doenhoff dans sa frayeur avait fermé la porte, ce dont je ne me suis pas aperçue, étant trop excitée pour songer à revoir le Roi.

— J'ai tout le temps parlé au nom de Sa Majesté, répétant ses propres paroles.....

— Eh bien, monsieur, répétez-lui les miennes ; dites au Roi que je suis ravie et trop honorée, que cette attention me touche au plus haut degré, que jamais je n'oublierai la bonté et la délicatesse exquise du Roi ; que je suis trop heureuse et trop honorée. Dites au Roi que j'ai agi comme une folle, mais puisqu'il n'en est pas trop fâché.....

— Enchanté, mademoiselle.

— Ce sera mon meilleur souvenir. Et comment ne pas adorer la famille royale quand elle est si bonne, si affable? Je comprends bien l'amour qu'on a pour le Roi, le prince Humbert et la princesse Marguerite.

Et enfin ce monsieur a prié maman de lui donner sa carte pour la transmettre au Roi.

A présent je n'ai plus peur qu'on en parle, au contraire. Sonnez, fanfares !

Du moment que le Roi n'a pas été furieux, je suis aux anges.

On raconte à l'hôtel qu'il m'a baisé la main

***

Doenhoff vient du Palais, où il y avait un dîner de cent trente couverts. Le Roi a parlé de moi et a répété plusieurs fois : « Elle est excessivement jolie. »

Le Roi est bon juge, ça m'embellit singulièrement aux yeux de Doenhoff et de tous.

Mardi 17 avril. — Chaque citoyen doit faire son temps de service militaire ; de même chaque personne doit avoir aimé. J'ai fait mes huit jours et je suis libre jusqu'à nouvel ordre...

Remittuntur ei peccata multa quare dilexit multum.

Dulciores sunt lacrymæ orantium quam gaudia theatrorum.
(AUGUSTIN.)

FLORENCE. — *Mardi, 8 mai.* — Voulez-vous savoir la vérité? eh bien, mais souvenez-vous bien de ce que je vais vous dire : Je n'aime personne et je n'aimerai jamais qu'une personne qui caressera agréablement mon amour-propre... ma vanité.

•
• •

Quand on se sait aimé, on agit pour *l'autre* et alors on n'a pas honte; au contraire, on se sent héroïque.

Je sais bien que je n'irai rien demander pour moi, mais pour une autre je ferais cent bassesses, car ce sont des bassesses qui élèvent.

C'est toujours pour vous prouver que les plus belles actions se font par égoïsme... Demander pour moi serait sublime, parce qu'il m'en coûterait... Oh! rien que d'y songer, l'horreur!.. Mais pour un autre, on se fait plaisir et on a l'air de l'abnégation, du dévouement, de la charité en personne.

Et on croit soi-même à son mérite dans ce moment-là. On croit naïvement qu'on est véritablement charitable, dévouée, sublime!

Vendredi 11 mai. — Ai-je dit que Gordigiani a été chez nous, m'a encouragée, m'a promis un avenir artistique, a trouvé beaucoup de bon dans mes esquisses et a désiré beaucoup faire mon portrait?

FLORENCE. — *Samedi 12 mai.* — Mon cœur se serre de quitter Florence...

Aller à Nice! Je m'y prépare comme pour traverser un désert, je voudrais me raser la tête pour ne pas avoir la peine de me coiffer.

On emballe, on part! L'encre sèche sur ma plume jusqu'à ce que je me décide à écrire un mot, tant les regrets m'obsèdent.

NICE. — *Mercredi 16 mai.* — J'ai couru toute la matinée chercher quelques bagatelles qui manquent à mon antichambre, mais dans ce fichu pays on ne trouve rien. J'ai eu recours à un peintre de vitraux d'église, à un ferblantier, à qui sais-je?

L'idée que mon journal ne sera pas intéressant, l'impossibilité de lui donner de l'intérêt en ménageant des surprises, me tourmentent. Si je n'écrivais que par intervalles, je pourrais peut-être... mais ces notes de chaque jour ne trouveront patience que chez quelque penseur, quelque grand observateur de la nature humaine... Celui qui n'aura pas la patience de tout lire ne pourra rien lire et surtout rien comprendre.

Heureuse dans mon nid bien doux et bien élégant, dans mon jardin fleuri. Nice n'existe pas, je suis à la campagne chez moi.

NICE. — *Mercredi 23 mai.* — Oh! quand je pense qu'on ne vit qu'une fois et que chaque minute nous rapproche de la mort, je deviens folle!!

Je ne crains pas la mort, mais la vie est si courte, que la gaspiller est une infamie!!

Jeudi 24 mai. — On a trop peu de deux yeux, ou il faut ne rien faire. La lecture et le dessin me fatiguent énormément et, le soir, en écrivant ces malheureuses lignes, j'ai sommeil.

Ah ! le beau temps que la jeunesse !

Comme je me souviendrai avec bonheur de ces journées d'étude, d'art ! Si je faisais ainsi toute l'année, mais un jour, une semaine par hasard... Les natures auxquelles Dieu a tant donné s'usent à ne rien faire.

Je tâche de me calmer en pensant que cet hiver, pour sûr, je me mettrai au travail. Mais mes dix-sept ans me font rougir jusqu'aux oreilles; presque dix-sept ans et qu'ai-je fait? Rien... Cela m'anéantit.

Je cherche, parmi les célébrités, ceux qui ont commencé tard, — pour me consoler; oui, mais un homme à dix-sept ans, ce n'est rien, tandis que la femme de dix-sept ans en aurait vingt-trois, si elle était homme.

Aller vivre à Paris... dans le Nord, après ce beau soleil, ces nuits si pures et si douces! Que peut-on désirer, que peut-on aimer après l'Italie!... Paris, le cœur du monde civilisé, de l'intelligence, de l'esprit, des modes, sans doute, on y va, on y reste, on s'y plaît; il faut même y aller pour... un tas de choses, pour retourner avec plus de plaisir dans le pays de Dieu, pays des bienheureux, pays enchanté, merveilleux, divin et dont tout ce qu'on peut dire n'égalera jamais la suprême beauté, le charme mystérieux !

On arrive en Italie et l'on se moque de ses bicoques de ses lazzaroni, on a même beaucoup d'esprit en se moquant et l'on a souvent raison de se moquer, mais oubliez un instant que vous êtes une personne d'esprit et qu'il est fort amusant de se railler de tout, et vous serez, comme moi, en extase, pleurant et riant d'admiration...

J'allais dire qu'il fait un clair de lune enchanteur et que dans le grand Paris je n'aurai plus ce calme, cette poésie, ces jouissances divines de la Nature, du Ciel.

Mardi 29 mai. — Plus j'avance vers la vieillesse de ma jeunesse, plus je me recouvre d'indifférence. Peu de chose m'agite et tout m'agitait ; de sorte qu'en relisant mon passé, j'accorde trop d'importance aux bagatelles en voyant comme elles me faisaient bouillir le sang.

La confiance et cette susceptibilité de sentiments qui est comme le duvet du caractère ont été vite perdues.

Je regrette d'autant plus cette fraîcheur de sensation qu'elle ne se retrouve jamais. On est plus calme, mais on ne jouit plus autant. Les déceptions ne devraient pas m'arriver si vite. Si je n'en avais pas eu, je serais devenue quelque chose de surnaturel, je le sens.

Je viens d'avaler un livre qui m'a dégoûtée de l'amour. Une charmante princesse amoureuse d'un peintre ! Fi ! Ce n'est pas pour dire une injure aux peintres par une bêtise affectée, mais... je ne sais, cela jure. J'ai toujours eu des idées aristocratiques et je crois aux races des hommes comme aux races des animaux. Souvent, c'est-à-dire toujours dans le commencement, les races nobles ne devenaient telles que par suite de l'éducation morale et physique, qui communique ses effets de père en fils. Qu'importe la cause !

Mercredi 30 mai. — J'ai feuilleté l'époque d'A...., c'est vraiment surprenant comme je raisonnais. Je suis émerveillée et remplie d'admiration. J'avais oublié tous ces raisonnements si justes, si vrais, j'étais assez inquiète qu'on ne crût à un amour (passé) pour le comte A..... Dieu merci, on ne peut pas le croire, grâce à ce cher journal. Non, vrai, je ne pensais pas avoir dit tant de vérités et surtout les avoir pensées. Il y a de cela un an et vraiment j'avais peur d'avoir écrit des bêtises; non, vrai, je suis contente. Seulement je ne comprends pas comment j'ai pu me conduire aussi sottement et raisonner aussi bien?

J'ai besoin de me répéter qu'aucun conseil au monde ne m'aurait empêchée de faire quoi que ce fût et qu'il me fallait l'expérience

Je suis désagréablement impressionnée d'être si savante, mais il le faut et, quand j'y serai habituée, je penserai que c'est tout simple, je me lèverai de nouveau dans cette pureté idéale qui est toujours quelque part au fond de l'âme, et alors, ce sera encore mieux, je serai plus calme, plus fière, plus heureuse, parce que je saurai l'apprécier, bien qu'à présent je sois vexée comme pour une autre.

C'est que la femme qui écrit et celle que je décris font deux. Que me font à *moi* toutes ses tribulations? J'enregistre, j'analyse, je copie la vie quotidienne de ma personne, mais, à *moi, à moi-même*, tout cela est bien indifférent. C'est mon orgueil, mon amour-propre, mes intérêts, ma peau, mes yeux qui souffrent, qui pleurent, qui jouissent; mais *moi*, je ne suis là que pour veiller, pour écrire, raconter et raisonner froidement sur toutes les grandes misères, comme Gulliver dut regarder ses Lilliputiens.

J'ai à dire beaucoup encore, toujours pour m'expliquer, mais assez!

Lundi 11 juin. — Hier soir, pendant qu'on jouait aux cartes, j'ai fait une espèce de croquis à la lueur de deux bougies que le vent faisait osciller beaucoup trop, et ce matin j'ai ébauché sur toile nos joueurs.

J'ai la tête montée de peindre quatre personnes assises, de faire les poses des mains, des bras, les expressions. Je n'ai jamais fait que des têtes séparées en grand et en petit, je me contenterai de les semer comme des fleurs sur la toile.

PARIS. — *Samedi 7 juillet.* — Je crois pouvoir dire avec assez de raison que, depuis fort peu de temps d'ailleurs, je suis devenue plus raisonnable, je vois les choses sous un jour assez naturel et je suis revenue de bien des illusions et de bien des chagrins.

On n'apprend la vraie sagesse que par sa propre expérience.

Dimanche 15 juillet. — Je m'ennuie au point de désirer de mourir. Je m'ennuie tant, que rien au monde, ce me semble, ne peut m'amuser, m'intéresser. Je ne désire rien, je ne veux rien! Si, je désirerais beaucoup, n'avoir pas honte de m'abrutir tout à fait. Pouvoir, en un mot, ne rien faire, ne penser à rien, vivre comme une plante, sans en avoir de remords.

Le capitaine B.... a passé la soirée chez nous, nous avons causé ; je suis assez dégoûtée de ma causerie depuis que j'ai lu ce que dit Mme de Staël sur l'imitation de l'esprit français par les étrangers. A l'écouter, on n'a qu'à se cacher dans son trou et ne jamais oser affronter le contact du sublime génie français.

Lecture, dessin, musique, mais ennui, ennui, ennui! Il faut en dehors de ses occupations, de ses délassements, quelque chose de vivant, et je m'ennuie.

Je ne m'ennuie pas parce que je suis une grande fille à marier, non, vous avez trop bonne opinion de moi pour le croire. Je m'ennuie parce que ma vie est tout de travers et que je m'ennuie!

Paris me tue! C'est un café, un hôtel bien tenu, un bazar. Enfin, il faut espérer qu'avec l'hiver, l'Opéra, le Bois, les études, je m'y ferai.

Mardi 17 juillet. — J'ai passé la journée à voir de vraies merveilles de broderies antiques et artistiques, des robes qui sont des poèmes chevaleresques ou des bucoliques. Toutes sortes de splendeurs qui m'ont fait entrevoir un luxe que je n'ai presque pas soupçonné. Et ce luxe, non pas dans le demi-monde, mais dans le vrai monde.

Ah! l'Italie!... Si je consacre un mois deux fois par an à mes hardes, c'est pour ne plus m'en occuper après. C'est si bête, les robes, quand on s'en occupe spécialement! mais moi, les robes me mènent aux costumes et les costumes à l'histoire.

Mercredi 18 juillet. — Ce seul mot : l'*Italie!* me fait tressaillir comme jamais aucun nom, aucune présence.

Oh! quand est-ce que j'irai là!

Je serais si fâchée, si on croyait que j'écris des *Oh!* et des *Ah!* par affectation.

Je ne sais pourquoi je m'imagine qu'on ne me croit pas, et alors, j'assure, je jure et c'est, tout en n'étant pas agréable, assez bête.

C'est que, voyez-vous, je veux changer, je veux écrire très simplement, et je crains qu'en comparant avec mes exaltations passées, on ne comprenne plus ce que je veux dire.

Mais écoutez ceci : depuis Naples, c'est-à-dire depuis mon voyage en Russie, j'ai tâché déjà de me corriger et il me semble que cela va un peu mieux.

Je veux dire les choses tout naturellement, et si

j'ajoute quelques figures, ne pensez pas que ce soit pour orner, oh ! non, c'est tout bonnement pour exprimer aussi parfaitement que possible la confusion de mes idées.

Je suis si agacée de ne pouvoir écrire quelques mots qui fassent pleurer ! et je voudrais tant faire sentir aux autres ce que je sens ! Je pleure et je dis que *je pleure*. Ce n'est pas cela que je voudrais, je voudrais raconter tout cela... attendrir enfin !

Cela viendra, et cela ne vient pas tout seul; il ne faut pas chercher cela.

Jeudi 26 juilllet. — Aujourd'hui j'ai dessiné toute la journée; pour reposer mes yeux, je jouai de la mandoline, puis de nouveau le dessin, puis le piano. Il n'y a rien au monde comme l'art, quel qu'il soit, au commencement comme au moment de son plus grand développement.

On oublie tout pour ne penser qu'à ce qu'on fait, on regarde ces contours, ces ombres avec respect, avec attendrissement, on crée, on se sent presque grand.

Je crains de me gâter les yeux et je ne lis pas le soir depuis trois jours. Ce dernier temps, j'ai commencé à voir tout trouble à la distance de la voiture au trottoir. Ce n'est pourtant pas bien loin.

Cela m'inquiète. Si, après avoir perdu ma voix, j'allais être obligée de ne plus dessiner et lire ! Alors, je ne me plaindrais pas, parce que cela voudrait dire qu'il n'y a dans tous mes autres ennuis de la faute de personne et que telle est la volonté de Dieu.

Lundi 30 juillet. — On dit que beaucoup de *jeunes filles* écrivent leurs impressions et cette stupide *Vie parisienne* le dit d'une manière assez dédaigneuse

J'espère bien que je ne suis pas cet être neutre, envieux, ignorant, aspirant les mystères et les dépravation par tous les pores.

Fauvel fait cesser mes voyages à Enghien et va peut-être m'envoyer en Allemagne, ce qui va de nouveau tout mettre sens dessus dessous. Walitsky est un habile homme, il s'entend à toutes les maladies; j'ai espéré qu'il se trompait en me conseillant Soden, et voilà que Fauvel va être de son avis.

Mercredi 1ᵉʳ août. — « Deux sentiments sont communs aux natures altières et affectueuses, celui de l'extrême susceptibilité de l'opinion et de l'extrême amertume quand cette opinion est injuste. »

Quelle est donc l'adorable créature qui a écrit cela ? Je ne sais plus, mais j'ai déjà cité cette ligne, il y a juste un an, et je vous prie d'y penser quelquefois en pensant à moi.

Dimanche 5 août. — Quand on manque de pain, on n'ose vraiment pas parler de confitures. Ainsi, à présent, j'ai honte de parler de mes espérances artistiques, je n'ose plus dire que je voudrais tel ou tel arrangement pour mieux travailler, que je veux l'Italie pour y étudier. Tout cela m'est très gênant à dire.

Même si on me donnait *tout*, je crois que je ne pourrais plus être contente comme je l'aurais été avant.

Rien ne redonne la confiance perdue et comme tout ce qui est irrévocable, cela me désole !

On est désappointé, triste, on ne remarque rien, personne, on a une figure soucieuse, ce qui m'enlaidit en m'ôtant cette expression confiante que j'avais avant. On ne sait plus rien dire, vos amis vous regardent avec étonnement d'abord et s'en vont ensuite. Alors on veut être amusant et l'on devient extraordinaire, extravagant, impertinent et bête!

Lundi 6 août. — Vous croyez que je ne suis pas inquiète de la Russie?! Quel est l'être assez malheureux, assez méprisable pour oublier sa patrie en danger?... Vous croyez que cette fable de la course du lièvre et de la tortue, appliquée à la Russie et à la Turquie, ne me fait pas de mal? Parce que je parle de pigeons et d'Américaines, est-ce que je ne suis pas inquiète, sérieusement inquiète de notre guerre?

Pensez-vous que les 100,000 Russes égorgés seraient morts, s'il n'avait fallu pour les sauver que mes vœux, et mes anxiétés pour les défendre?

Mardi 7 août. — J'ai été m'abrutir au Bon Marché, qui me plaît comme tout ce qui est bien organisé. On a soupé chez nous, on a ri, j'ai ri aussi, mais, c'est... égal... je suis triste, désespérée.

Et c'est impossible!! Mot affreux, désespérant, horrible, hideux!!! Mourir, mon Dieu, mourir!!! Mourir!!!! Sans avoir rien laissé après moi? Mourir comme un chien!! comme sont mortes 100,000 femmes dont le nom est à peine gravé sur leurs tombes! Mourir comme...

Folle, folle, qui ne voit pas ce que veut Dieu! Dieu veut que je renonce à tout et me consacre à l'art! Dans cinq ans, je serai encore toute jeune, peut-être serai-je belle, belle de ma beauté... Mais, si je ne devenais qu'une médiocrité artistique comme il y en a tant?

Avec le monde, ce serait bien, mais, consacrer sa vie à cela et ne pas réussir!..

A Paris comme partout, il y a une colonie russe!!

Ce n'est pas ces mesquines considérations qui m'enragent, mais c'est que, quelque mesquines qu'elles soient, elles me désespèrent et m'empêchent de songer à ma grandeur.

Qu'est-ce que la vie sans entourage, que peut-on faire toujours seule? Cela me fait haïr le monde entier, ma famille, me haïr moi-même, blasphémer! Vivre, vivre!.. Sainte Marie, Mère de Dieu, Seigneur Jésus-Christ, mon Dieu, venez à mon aide!

Mais si on se consacre aux arts, il faut aller en Italie!!! Oui, à Rome.

Ce mur de granit contre lequel je viens me briser le front à chaque instant!..

Je resterai ici.

Dimanche 12 août. — J'ai ébauché le portrait de la femme de chambre de la maison, Antoinette. Elle a une figure charmante et des yeux bleus, grands et brillants et d'une naïveté et d'une douceur exquises. Voilà ce que c'est; l'ébauche réussit toujours, mais pour savoir finir il faut avoir étudié.

Vendredi 17 août. — Je me suis persuadée que je ne puis pas vivre hors de Rome. En effet, je dépéris tout bonnement, mais au moins, je n'ai envie de rien. J'aurais donné deux ans de ma vie, pour n'avoir pas encore été à Rome.

Malheureusement on n'apprend comment faire que lorsqu'il n'y a plus rien à faire.

La peinture m'enrage! Parce que chez moi, il y a de quoi faire des merveilles et que je suis, sous le rapport des études, plus malheureuse que la première gamine venue, chez qui on remarque des dispositions et qu'on envoie à l'école. Enfin, j'espère au moins qu'enragée d'avoir perdu ce que j'aurais pu créer, la postérité décapitera toute ma famille.

Vous croyez que j'ai encore envie D'ALLER DANS LE MONDE ? Non, plus. Je suis aigrie, dépitée et je me fais artiste, comme les mécontents se font républicains.

Je crois que je me calomnie.

Samedi 18 août. — Lorsque je lisais Homère, je comparais ma tante en colère à Hécube dans l'incendie de Troie. Quelque abrutie qu'on soit et honteuse de confesser ses admirations classiques, personne, il me semble, ne peut échapper à cette adoration des anciens. On a beau avoir de la répugnance à répéter toujours la même chose, on a beau avoir peur de paraître transcrire ce qu'on a lu dans les admirateurs par *profession* ou de redire les paroles de son professeur, surtout à Paris, on n'ose pas parler de ces choses-là, on n'ose vraiment pas.

Et pourtant aucun drame moderne, aucun roman, aucune comédie à sensation, de Dumas ou de George Sand, ne m'a laissé un souvenir aussi net et une impression aussi profonde, aussi naturelle que la description de la prise de Troie.

Il me semble avoir assisté à ces horreurs, avoir entendu les cris, vu l'incendie, été avec la famille de Priam, avec ces malheureux qui se cachaient derrière les autels de leurs Dieux où les lueurs sinistres du feu qui dévorait leur ville allaient les chercher et les livrer....

Et qui peut se défendre d'un léger frisson en lisant l'apparition du fantôme de Créuse ?

Mais quand je pense à Hector, venu au bas de ces remparts avec de si excellentes intentions, fuyant devant Achille et faisant trois fois le tour de la ville toujours poursuivi.... Je ris !....

Et le héros qui passait une courroie dans ou autour des pieds de son ennemi mort, le traîne cette fois autour des mêmes remparts ; je me figure un horrible gamin galopant à cheval sur un bâton et un immense sabre de bois au côté...

Je ne sais pas... mais il me semble qu'à Rome seulement je pourrai satisfaire mes rêveries universelles....

Là, on est comme au sommet du monde.

J'ai jeté au diable le *Journal d'un diplomate en Italie*; cette élégance française, cette politesse, cette admiration banale m'offensent pour Rome. Un Français m'a toujours l'air de disséquer les choses avec un long instrument qu'il tient délicatement entre ses doigts, un lorgnon sur le nez.

Rome doit être, comme ville, ce que je m'imaginais être comme femme. Toute parole employée avant et pour d'autres appliquées à.... *nous* est une profanation.

Dimanche 19 août. — Je viens de lire *Ariane* par Ouida. Ce livre m'a attristée et cependant j'envie presque le sort de Gioja.

Gioja a été élevée entre Homère et Virgile ; son père mort, elle vient à pied à Rome. Là, l'attend une terrible déception. Elle s'attendait à la Rome d'Auguste.

Pendant deux ans, elle étudie dans l'atelier de Marix, le plus célèbre sculpteur de l'époque qui, sans le savoir, l'aime. Mais elle ne voit que son art jusqu'à l'apparition d'Hilarion, poète qui fait pleurer le monde entier sur ses poèmes et qui se moque de tout, millionnaire, beau comme un Dieu et adoré partout. Pendant que Marix adore en silence, Hilarion se fait aimer par caprice.

La fin du roman m'a attristée et pourtant j'accepterais à l'instant le sort de Gioja. D'abord, elle adorait Rome ; ensuite, elle a aimé de toute son âme. Et si elle a été abandonnée, c'était par *lui*, si elle a souffert, c'était à cause de lui. Et je ne comprends pas qu'on puisse se trouver malheureuse de quoi que ce soit venant de celui qu'on aime... comme elle aimait et comme je pourrai aimer, si j'aime jamais !...

Elle n'a jamais su qu'il ne l'avait prise que par caprice.

— « Il m'a aimée, disait-elle, c'est moi qui n'ai pas su comment le retenir. »

Elle a eu la gloire. Son nom a été répété avec une admiration mêlée de stupeur.

Elle n'a jamais cessé de l'aimer, il n'est jamais descendu au rang des autres hommes pour elle, elle l'a toujours cru parfait, presque immortel, elle ne voulut pas mourir *alors* « parce qu'il vit ». Comment peut-on se tuer, quand celui qu'on aime ne meurt pas ? disait-elle.

Et elle est morte dans ses bras en l'entendant dire : Je vous aime.

Mais pour aimer ainsi, il faut trouver Hilarion. L'homme que vous aimerez ainsi ne doit pas être issu on ne sait de quelle famille. Hilarion était fils d'un noble autrichien et d'une princesse grecque. L'homme que vous aimerez ainsi ne doit jamais avoir besoin d'argent, ne doit jamais être un joueur faible ou un homme qui a peur de quoi que ce soit au monde.

Lorsque Gioja s'agenouillait et baisait ses pieds, j'aime à croire que ses ongles étaient roses et qu'il n'avait pas de cors.

C'est que la voilà, la terrible réalité !

Cet homme enfin ne doit jamais éprouver de difficultés, à la porte d'un palais ou d'un cercle, jamais d'embarras devant un marbre qu'il veut acheter, ou d'ennui de ne pouvoir faire quoi que ce soit, la chose la plus folle même. Il doit être au-dessus des froissements, des difficultés, des ennuis des autres. Il ne peut être lâche qu'en amour, mais lâche comme Hilarion qui brisait le cœur d'une femme en souriant, et qui pleurait en voyant qu'une femme manquait de quelque chose.

C'est très compréhensible, d'ailleurs. *Comment brise-t-on les cœurs ?* En n'aimant pas ou plus. Est-ce volontaire? Y peut-on quelque chose ? Non. Eh bien, on n'a donc pas à faire de ces reproches si bêtes et pourtant si usités.

On reproche sans se donner la peine de comprendre.

Un pareil homme doit toujours trouver sur son chemin un palais à lui pour s'y arrêter ; un yacht pour le transporter où sa fantaisie veut le conduire, des bijoux pour parer une femme, des serviteurs, des chevaux, des joueurs de flûte même, que diable!

Mais c'est un conte! Fort bien, mais alors, cet amour aussi est une invention. Vous me direz qu'on aime des gens qui gagnent 1,200 francs par an ou qui reçoivent 25,000 francs de rente, économisant les gants, calculant les invitations, mais alors ce n'est plus du tout cela, du tout, du tout!

Alors, on est amoureux, on aime, on est désespéré, on s'asphyxie, on tue sa rivale ou l'infidèle lui-même. Ou bien, on se résigne. Mais ce n'est pas cela, mais ce n'est pas du tout cela. Oh! du tout!

Susceptible comme je le suis, la moindre des choses me froisse.

« Marix et Crispin avaient juré de le tuer, mais elle ne comprit pas qu'on pût se venger. — Me venger de quoi! disait-elle ; il n'y a rien à venger. J'ai été heureuse, il m'a aimée.

« Et lorsque Marix se jeta à ses pieds et lui jura d'être un ami et un vengeur, elle se détourna avec horreur, avec dégoût.

« — Mon ami? dit-elle, et vous lui voulez du mal? »

Je comprends qu'on puisse en vouloir à mort à l'homme *qu'on a aimé*, mais pas à celui qu'on *aime*.

Je n'aimerai jamais *ainsi*, si je ne trouve que ce que j'ai déjà vu. Je serais trop humiliée dans *lui*.

Pensez donc! logé au deuxième chez ses parents et je parie (d'après ce qu'on sait par Visconti) que sa mère ne lui donnait que deux fois par mois des draps blancs.

Mais voyez plutôt Balzac pour ces analyses au microscope, mes faibles efforts, mes malheureux efforts ne peuvent pas me faire comprendre.

Jeudi 23 août. — Je suis à Schlangenbad! Comment et pourquoi? voici. Parce que je ne sais pas pourquoi je m'ennuie d'être séparée des autres et, puisqu'il faut souffrir, il vaut mieux souffrir ensemble.

Ils se sont logés dans une espèce de pension à Schlangenbad, mais comme j'ai plus qu'assez de la pension de madame la baronne, je dis que je veux avoir des chambres au Badehaus, qui est ce qu'il y a de mieux ici.

Ma tante et moi, prenons deux chambres au Badehaus, pour mes bains; c'est commode.

Fauvel m'a ordonné le repos, le voici. Seulement, je ne me crois pas encore guérie et, dans les choses désagréables, je ne me trompe jamais.

Bientôt j'aurai dix-huit ans. C'est peu pour les personnes qui en ont trente-cinq, mais c'est beaucoup pour moi, qui en quelques mois de vie de jeune fille n'ai eu que peu de plaisir et beaucoup d'ennuis.

L'art! Si je n'avais dans le lointain ces quatre lettres magiques, je serais morte.

Mais pour cela on n'a besoin de personne, on ne dépend que de soi, et, si on succombe c'est qu'on n'est rien et qu'on ne doit plus vivre. L'art! je me le figure comme une grande lumière là-bas, très loin, et j'oublie tout le reste et je marcherai les yeux fixés sur cette lumière... Maintenant, oh! non, non, maintenant, mon Dieu, ne m'effrayez pas! Quelque chose d'horrible me dit que... Ah! non! Je ne l'écrirai pas, je ne veux plus me porter malheur! Mon Dieu... on essayera et si... C'est qu'il n'y aura rien à dire... et... que la volonté de Dieu soit faite!

J'étais à Schlangenbad il y a deux ans. Quelle différence!

Alors j'avais toutes les espérances; à présent, aucune.

L'oncle Étienne est comme alors avec nous, et avec un perroquet comme il y a deux ans. La même traversée du Rhin, les mêmes vignes, les mêmes ruines, des châteaux, des vieilles tours à légendes...

Et ici, à Schlangenbad, de ravissants balcons, comme des nids de verdure, mais ni les ruines, ni les maisonnettes neuves et gentilles ne me charment. Je reconnais le mérite, le charme, la beauté lorsqu'il y a lieu, mais je ne puis rien aimer que *là-bas*.

Et d'ailleurs qu'y a-t-il dans le monde de comparable? Je ne sais comment dire, mais les poètes l'ont assuré et les savants l'ont prouvé avant moi.

Grâce à l'habitude de porter avec moi « un tas de choses inutiles », au bout d'une heure je suis partout un peu comme chez moi; mon nécessaire, mes cahiers, ma mandoline, quelques bons gros livres, ma *chancel-*

lerie et mes portraits. Voilà tout. Mais, avec cela, n'importe quelle chambre d'auberge devient convenable. Ce que j'aime le plus, ce sont mes quatre gros dictionnaires rouges, mon Tite-Live gros vert, un tout petit Dante, un Lamartine moyen et mon portrait, de la grandeur cabinet, peint à l'huile et encadré dans du velours bleu foncé dans une boîte de cuir de Russie. Avec cela, mon bureau est élégant tout de suite, et les deux bougies, projetant leur lumière sur ces teintes chaudes et douces à l'œil, me raccommodent presque avec l'Allemagne.

Dina est si bonne... si gentille! Je voudrais tant la voir heureuse!...

En voilà un mot! Quelle vilaine blague que la vie de certaines personnes!

Lundi 27 août. — J'ai ajouté une clause à ma prière de tous les soirs, cinq mots : Protégez nos armées! mon Dieu!

Je dirais bien que je suis inquiète, mais dans des intérêts si grands, que suis-je pour dire quoi que ce soit? Je déteste les compassions oisives. Je ne parlerais sur notre guerre que si j'y pouvais quelque chose. Je me borne à persister *quand même* à admirer notre famille impériale, nos grands-ducs et notre pauvre cher empereur.

On trouve que nous allons mal. Je voudrais bien voir les Prussiens dans ce pays sauvage, aride, rempli de traîtres et de ruses! Ces excellents Prussiens marchaient dans un pays riche et fertile comme la France, où à chaque instant ils trouvaient des villes et des campagnes, où ils avaient à manger, à boire et à voler. Je voudrais les voir dans les Balkans!

Sans compter que nous nous battons, tandis qu'eux

achetaient pour la plupart et puis faisaient une boucherie d'hommes.

Nos braves meurent comme des brutes disciplinées, disent les gens de parti pris; comme des héros, disent les honnêtes gens.

Mais tout le monde est d'accord pour dire que jamais encore on ne s'est battu comme se battent les Russes à présent. L'histoire vous le dira.

Mercredi 29 août. — Étant depuis longtemps tourmentée par le point obscur pour moi du passage de l'empire à la royauté, au morcellement définitif de l'Italie, j'ai pris un livre d'Amédée Thierry et m'en suis allée dans le bois où j'ai lu, cherché et appris ce qu'il fallait, tout en errant à l'aventure, ne sachant où j'allais et m'imaginant vainement des rencontres comme celle que j'ai décrite l'année passée.

Les Russes vont de mal en pis. On lisait les nouvelles de la guerre : le défilé de Chipka est encore aux Russes; demain nous saurons le résultat de l'action décisive. Aussitôt j'ai fait vœu de ne pas dire un mot jusqu'à demain, pour que les nôtres gagnent.

Moi, à dix-huit ans, c'est une absurdité! Mes talents à l'état d'herbes, mes espérances, mes manies, mes caprices vont devenir ridicules à dix-huit ans. Commencer la peinture à dix-huit ans, quand on a eu la prétention de tout faire avant et même mieux que les autres!

Il y en a qui trompent les autres, moi j'ai trompé moi-même.

Jeudi 30 août. — Je n'ai pas parlé, et ce soir à Wiesbaden nous avons appris que Chipka est aux Russes, que les Turcs sont battus (du moins dans le moment) et que de grands renforts nous arrivent.

Samedi 1ᵉʳ septembre. — Je suis beaucoup toute seule, je pense, je lis sans guide aucun. C'est peut-être bien, mais c'est peut-être mal aussi.

Qui me garantit que je ne suis pas pavée de sophismes et remplie d'idées erronées! C'est de quoi on jugera après ma mort.

Pardon, pardonne. Voilà un mot et un verbe beaucoup employés dans ce monde. Le christianisme nous ordonne le pardon.

Qu'est-ce que le pardon?

C'est la renonciation à la vengeance ou à la punition. Mais lorsqu'on n'avait eu l'intention ni de se venger, ni de punir, peut-on *pardonner*? Oui et non. *Oui*, parce qu'on se le dit et le dit aux autres et qu'on agit comme si l'offense n'avait pas existé !

Non, parce qu'on n'est pas pas maître de sa mémoire, et tant qu'on se *souvient*, on n'a pas *pardonné*.

J'ai passé toute la journée dans la maison d'en face avec les miens, où j'ai raccommodé avec mes propres doigts un soulier de cuir de Russie à Dina ; ensuite j'ai lavé une grande table de bois, comme la première fille de chambre venue, et sur cette table je me mis à faire des *Vareniki* (pâte faite de farine, d'eau et de fromage frais). Les miens se sont amusés à me voir pétrissant de la farine mouillée, les manches retroussées et une calotte de velours noir sur la tête « comme Faust ».

Et puis j'ai mis un paletot Robespierre couleur caoutchouc blanc, et je suis allée avec Dina étonner la Tyrolienne qui vend un tas de petites choses en lui demandant la tête morte de M... Elle ne comprenait pas, je lui acheté un ours et nous sommes parties.

Dimanche 2 septembre. — Comment des gens libres

et que personne n'y force vont-ils passer une journée à Wiesbaden?

Nous y allons pourtant, pour voir le peuple le plus ridicule du monde célébrer la défaite du plus élégant.

J'avais sommeil et prenais de temps en temps du café noir.

Jeudi 6 septembre. — Rester à Paris. C'est à quoi je me suis définitivement arrêtée et ma mère aussi. Je suis restée toute la journée avec elle. Nous ne nous querellions pas et cela irait très bien si elle n'était pas malade, surtout dans la soirée. Depuis hier, elle ne quitte presque pas le lit.

Je suis décidée à rester à Paris, où j'étudierai et d'où pendant l'été j'irai m'amuser aux eaux. Toutes les fantaisies sont épuisées; la Russie m'a fait défaut, et je suis bel et bien corrigée. Et je sens que le moment est enfin venu de M'ARRÊTER. *Avec mes dispositions, en deux années je rattraperai le temps perdu.*

Ainsi donc, au nom du Père, du Fils et du Saint-Esprit et que la protection divine soit avec moi. Ce n'est pas une décision éphémère comme tant d'autres, mais définitive

FIN DU TOME PREMIER

BIBLIOTHÈQUE CHARPENTIER
11, RUE DE GRENELLE, 11, PARIS
A 3 FR. 50 LE VOLUME

MÉMOIRES ET CORRESPONDANCES

ALEXANDRE (CH.)
Souvenirs sur Lamartine. . . . . 1 vol.

BANVILLE (TH. DE)
Mes Souvenirs. 1 vol.

BASHKIRTSEFF (MARIE)
Journal. . . . . 2 vol.

BERGERAT (ÉMILE)
Théophile Gautier. . . . . 1 vol.

DELACROIX
Lettres. . . . . 2 vol.

FLAUBERT (G.)
Lettres de Gustave Flaubert à George Sand. . . . . . 1 vol.
Correspondance. . . . . 3 vol.

GONCOURT (J. DE)
Lettres. . . . . 1 vol.

GONCOURT (ED. ET J. DE)
Journal (tome Ier). . . . . 1 vol.

LANFREY (PIERRE)
Correspondance. . . . . 2 vol.

MONTLUC (L. DE)
Correspondance de Juarez et de Montluc. . . . . . . 1 vol.

REGNAULT (H.)
Correspondance. . . . . 1 vol.

SCHANNE (A.)
Souvenirs de Schaunard. . . . . 1 vol.

VITROLLES (BARON DE)
Mémoires et Relations politiques. . . . . 3 vol.
Correspondance entre le baron de Vitrolles et Lamennais. . 1 vol.

Imprimeries réunies, A, rue Mignon, 2, Paris. — 1677.

CARTE POSTALE

POSTKARTE

LA JETÉE PROMENADE. La Jetée Promenade se détache de la promenade des Anglais et relie au littoral, une manière d'îlot construit par la main de l'homme pour le plaisir des promeneurs.

Raphael Tuck et Fils Ltd. Paris
Un mot à la poste (Dépôt)
COLLECTION "VILLES DE FRANCE"
FOURNISSEURS DE L.L. M.M. LE ROI ET LA R[EI]NE D'ANGLETERRE.
NICE II
Série 762 P N° 7
OILETTE

Bonnes et heureuses
année !
Robert Vallery[-Radot]

Monsieur et Madame
Maurice Barrès
de l'Académie Française
à Neuilly sur
Seine, Dans la
ville.

CONSEIL MUNICIPAL
DE PARIS

République Française
Liberté, Egalité, Fraternité

1897

Mes très chers jeunes
Madame Bashkirtseff
Amis, donnez
moi de vos nouvelles

Paris, 63 Rue de Prony.

Madame Bashkirtseff
serait heureuse de connaître
Monsieur Maurice Barrès.

Je suis malheureuse par
le malheur à Paris. Que
d'amis disparus! Merci
pour la belle photographie, j'ai
celles de Mme Harris et du
petit Philippe.
Votre amie M.
Bashkirtseff

Et priez Monsieur Harris
de venir la voir 65 Rue
de Prony à Paris, en
fixant l'heure et le
jour de votre visite

Vous êtes prié d'assister à la Messe Anniversaire qui sera célébrée le Jeudi 31 Octobre 1889, à **ONZE HEURES** du matin, en l'Eglise Russe (Rue Daru), pour le repos de l'âme de

Mademoiselle Marie BASHKIRTSEFF

𝔓𝔯𝔦𝔢𝔷 𝔭𝔬𝔲𝔯 𝔈𝔩𝔩𝔢 !

De la part de Madame Veuve M. BASHKIRTSEFF, sa mère et de toute la Famille,

www.ingramcontent.com/pod-product-compliance
Lightning Source LLC
Chambersburg PA
CBHW052136230426
43671CB00009B/1274